Dieter Rösel • Zwölf Jahre Dienst in der Bundeswehr

DIETER RÖSEL

Zwölf Jahre Dienst in der Bundeswehr

Erfahrungen und Erinnerungen eines Zeitsoldaten

Bibliografische Information der Deutschen Nationalbibliothek
Die Deutsche Nationalbibliothek verzeichnet diese Publikation in der Deutschen Nationalbibliografie; detaillierte bibliografische Daten sind im Internet über http://dnb.d-nb.de abrufbar.

Rheinstraße 46, 12161 Berlin
Telefon: 0 30 / 76 69 99-0
www.frieling.de

ISBN 978-3-8280-3536-2
1. Auflage 2020
Bildnachweise: Archiv des Autors
Umschlaggestaltung: Michael Beautemps

Printed in Germany

Inhalt

Vorwort

Die Vielzahl der Erlebnisse bei der Bundeswehr veranlassten mich, diese schriftlich festzuhalten und meiner Nachwelt zur Kenntnis zu geben. Die in der nachstehenden Autobiografie enthaltenen und der Wirklichkeit entsprechenden Episoden fußen auf Tagebuchnotizen und Erinnerungen. Der Leser erhält einen interessanten Einblick in meine zwölfjährige Dienstzeit bei der Bundeswehr. Aus Gründen des Datenschutzes wurden die Namen geändert. Bilder bzw. Fotos entstammen meinem privaten Fotoarchiv.

Ich wünsche den Leserinnen und Lesern viel Freude und Spannung beim Lesen.

Dieter Rösel
Sankt Augustin, den 23. Juni 2017

TEIL I

In der Heimat

Unna

Zehn Jahre nach dem Zusammenbruch des „Dritten Reiches" und der bedingungslosen Kapitulation vollzog sich eine Wende in der großen Politik. Man sprach von einer Bedrohung aus dem Osten. Daraufhin wurde im Jahre 1949 die Nordatlantische Verteidigungsgemeinschaft gegründet. Deutschland wurde 1955 Mitglied dieser Gemeinschaft. Das bedeutete für Deutschland die Übernahme von Rechten und Pflichten aus dieser Verbindung. Zu den Pflichten gehörte u. a. die Wiederaufrüstung der Bundesrepublik. Es wurde die Bundeswehr ins Leben gerufen, deren Gesamtstärke sich auf 500.000 Mann belaufen sollte. In der Bevölkerung gab es viel Pro und Kontra. Auch in meiner Firma wurde viel darüber diskutiert. Ich muss ehrlich gestehen, in mir wuchs ein gewisses Interesse an den neuen Streitkräften. Zu Hause hatte ich mich in meiner Freizeit schon immer mit dem Bau von Flugzeugmodellen beschäftigt. Ich erinnere mich, als siebenjähriger Junge wollte ich unbedingt später einmal Soldat werden. Mein Hauptinteresse galt sowohl der Luftwaffe als auch der Panzertruppe.

Meine Meldung zur Bundeswehr

Bald stand mein Entschluss fest. Ich wollte mich freiwillig zur neu ins Leben gerufenen Bundeswehr melden. Als ich mit meinem Vater meine Absicht besprach, mich freiwillig zur Bundeswehr zu melden, riet er mir: „Wenn du schon zur Bundeswehr gehst, dann gehe zur Luftwaffe." Mutter war ganz und gar gegen meinen Plan. Sie weigerte sich einfach, meinen Entschluss zur Kenntnis zu nehmen. Ungeachtet dessen bewarb ich mich bei der Freiwilligen-Annahmestelle in Münster zur Luftwaffe. Da ich damals mit 19 Jahren noch nicht volljährig war, bedurfte meine Bewerbung der Zustimmung des gesetzlichen Vertreters. Diese Zustimmung erteilte mein Vater in Schriftform vor einem Notar. Das entscheidende Schriftstück sandte ich unverzüglich an die Freiwilligen-Annahmestelle in Münster. Als Mutter davon erfuhr, war zu Hause die Hölle los. Sie machte meinem Vater die bittersten Vorwürfe. Eine ihrer Anschuldigungen lautete: „Walter, weißt du, was du tust? Du nimmst mir meinen Jungen weg." Dann brach sie in Tränen aus. Objektiv gesehen, war **ich** der eigentlich Schuldige. Ich begann, mir Vorwürfe zu machen. Schon viele Wochen vorher hatte ich etliche innere Kämpfe mit mir ausgefochten. Aber jedes Mal war ich zu dem Ergebnis gekommen, dass meine Entscheidung die richtige sei. Nun aber hing der Familiensegen schief. Das Verhältnis der Eltern zueinander war schwer belastet und Mutter schenkte mir kaum noch Beachtung. Von der Freiwilligen-Annahmestelle in Münster hörte ich nichts mehr, obwohl ich meine Bewerbung bereits im Juni abgeschickt hatte. Es war inzwischen August geworden. Mutter sprach kaum ein Wort mit mir. Eines Tages sagte sie: „Du hast Post von der Freiwilligen-Annahmestelle. Ansonsten willst du ja nichts mehr mit uns zu tun haben." Diese Aussage traf mich sehr hart.

Das Schreiben der Freiwilligen-Annahmestelle beinhaltete meine Einberufung zur Luftwaffe. Ich hatte mich zum 1. Oktober 1956 beim Luftwaffenausbildungsregiment 1 in Uetersen/ Schleswig-Holstein zu melden. Bei Bekanntgabe dieser Nachricht brach unsere Mutter, wie nicht anders zu erwarten, in Tränen aus. Während der nächsten Tage und Wochen hing der Familiensegen arg schief. Die Kommunikation zwischen Mutter und mir beschränkte sich auf ein Minimum.

Abschied vom Elternhaus

Der Tag des Abschieds vom Elternhaus und der Eintritt in

einen neuen Lebensabschnitt rückten immer näher. Die Stimmung in der Familie war sehr gedrückt. Nun war er da, der Tag des Abschieds. Von meinem Bruder Klaus und meiner Schwester Uschi hatte ich mich schnell verabschiedet. Vater und Mutter begleiteten mich zu Fuß zum Bahnhof Unna. Mein ganzes Reisegepäck bestand aus einem kleinen schwarzen Koffer, bekannt als Stadtkoffer. Beim Abschied am Bahnhof war Mutter völlig in Tränen aufgelöst. Auch beim Vater kullerten einige Tränen die Wangen herunter, während ich heftig gegen die Tränen anzukämpfen versuchte. Als zukünftiger Soldat durfte ich mir jedoch keine Schwäche anmerken lassen! Vom abfahrenden Zug aus habe ich meinen Eltern bei geöffnetem Fenster noch lange zugewunken, bis sie außer Sichtweite waren.

Während der Reise musste ich einige Male umsteigen. Unterwegs fand des Öfteren eine Fahrscheinkontrolle statt. Es genügte, den Einberufungsbescheid vorzuzeigen. Er diente gleichzeitig als gültiger Fahrausweis. Während der Fahrt fiel mir auf, dass viele junge Männer mit großen und kleinen Koffern sowie mit grob verschnürten Pappkartons den Zug bestiegen. Als ich mit einigen Zusteigern ins Gespräch kam, stellte sich heraus, dass sie das gleiche Ziel hatten wie ich. Ihr Einberufungstermin war ebenfalls der 1. Oktober 1956. In Hamburg endete die D-Zugreise. Von dort aus ging es mit einem Personenzug bis Pinneberg. Am Pinneberger Bahnhof standen schon Bundeswehrbusse bereit, um uns Neuankömmlinge in die Kasernen nach Uetersen zu bringen.

Uetersen I

Die ersten Eindrücke

Am späten Nachmittag passierte unser Bus die Hauptwache des Fliegerhorstes Uetersen. Er hielt vor einem großen, roten Backsteingebäude. Wir zukünftigen Rekruten wurden angewiesen, uns im Karree und in Dreierreihen vor dem Gebäude aufzustellen. Bald darauf traten mehrere Offiziere und Unteroffiziere aus dem Gebäude und bauten sich vor uns auf. Kritisch wurden wir von ihnen gemustert. Neugierig und mit gemischten Gefühlen beäugten wir Neuankömmlinge unsere zukünftigen Vorgesetzten. Nachdem wir Rekrutenanwärter uns zur Zufriedenheit der Unterführer vor dem Gebäude aufgestellt hatten, trat aus dem Kreis der Offiziere eine größere, Achtung gebietende Gestalt hervor und stellte sich als Oberstleutnant und gleichzeitig als Fliegerhorstkommandant vor. Er hieß uns im Fliegerhorst willkommen und gab nach einer kurzen Rede das Wort weiter an einen Hauptfeldwebel. Dieser hielt eine lange Namensliste in der Hand und rief die Namen der Neuankömmlinge auf. Jeder der Aufgerufenen hatte sich mit einem lauten „Hier“ zu melden. Ferner wurde uns mitgeteilt, dass wir nach einer Übernachtung in Uetersen am nächsten Morgen nach List auf der Insel Sylt (nördlichste der nordfriesischen Inseln) weitergeleitet würden. Ein Raunen ging durch die Reihen. Viele der Kandidaten hatten sich innerlich schon auf die Nähe zur Welt- und Hafenstadt Hamburg mit der Reeperbahn eingestellt. Nun wollte man sie an den „Arsch der Welt“ versetzen. Das passte vielen Kameraden gar nicht. Aber wer A sagt, muss auch B sagen! Am nächsten Morgen wurden wir nach einem kleinen Frühstück mit Lkws der Marke **Ford,** bekannt als NATO-Ziege, wieder zum Bahnhof nach Pinneberg gekarrt. Von dort ging es mit Begleitpersonal der Bundeswehr per Bahn durch Schleswig-Holstein, über die Rendsburger Hochbrücke und später über den Hindenburgdamm nach Westerland. In Westerland stiegen wir um in eine Schmalspurbahn mit dem Beinamen „Feuriger Elias“, die uns nach List brachte.

List auf Sylt

Vom Lister Kleinbahnhof aus bewegte man sich in lockerer Formation zum Fliegerhorst List, der während des Krieges allerdings ein Marinestützpunkt war. Beim Passieren der Wache konnte man feststellen, dass es sich um eine relativ neue Kasernenanlage handelte. Es schien alles vom Feinsten zu sein. Vor dem Stabsgebäude, das rechts und links von zweigeschossigen, roten Backsteingebäuden flankiert war, machte die Kolonne halt. Wir wurden wieder angewiesen, vor dem Eingang zum Stabsgebäude ein Karree zu bilden und auf weitere Anweisungen zu warten. Nach einer zackigen Meldung durch einen der anwesenden Offiziere an den Fliegerhorstkommandanten, einem Major, begrüßte uns dieser mit den Worten: „Meine lieben jungen Freunde, seid willkommen im Fliegerhorst List!“ Damit war vorerst das Eis gebrochen und die Spannung löste sich bei uns Neuankömmlingen. Nach einer kurzen Ansprache wurden wir in vier Kompanien eingeteilt. Ich landete bei der 3. Kompanie des Luftwaffenausbildungsregimentes 4. Danach marschierten die einzelnen Kompanien zu ihren Unterkünften. Es erfolgte wiederum eine Aufteilung in Züge und Gruppen. Anschließend wies man uns unsere Stuben zu. Außerdem wurden uns unsere zukünftigen Gruppen- und Zugführer vorgestellt. Von hier aus ging es dann im Laufschritt zur Kleiderkammer, wo wir neu eingekleidet wurden. Nachdem wir die Zivilkleidung gegen einen Drillichanzug getauscht hatten, ließ uns der Unteroffizier vom Dienst unter Benutzung einer besonders lauten Trillerpfeife vor dem Kasernenblock antreten, um dem Kompaniechef Meldung zu machen. Der Kompaniechef, ein Oberleutnant, hielt nach einer kurzen Begrüßung eine längere Ansprache, die u. a. verschiedene Verhaltensmaßregeln zum Inhalt hatte. Aus dem Munde des Kompaniechefs erfuhren wir außerdem, dass wir zunächst eine dreimonatige, infanteristische Grundausbildung zu durchlaufen hätten und während der ersten sechs Wochen Ausgangssperre herrsche. Danach bezogen wir Rekruten unsere Stuben und die Ausbilder (Gruppenführer und deren Stellvertreter) zeigten uns, wie die Spinde einzurichten waren und unterwiesen uns im Bettenbau. Mir wurde mit sieben weiteren Kameraden die Stube 36 im 1. Stock von Block 3 zugewiesen. Die Stuben waren frisch renoviert. Die Fenster hatten eine Doppelverglasung und der Fußboden bestand aus Parkett. Solch schicke Unterkünfte habe ich während meiner ganzen Bundeswehrdienstzeit nicht mehr gesehen.

Stube 36

Wir Bewohner der Stube 36 gehörten alle der 8. Gruppe des 3. Zuges an. Nachdem wir unser Abendbrot beim Fourier der Kompanie im Keller unseres Gebäudes abgeholt hatten, machten wir Neulinge uns erst einmal miteinander bekannt. Da waren zunächst die Kameraden Otto, Rolf, Peter, Harry, Hans, Edgar, Hermann und meine Wenigkeit. Kamerad Otto war mit seinen 25 Lenzen der Älteste, aber auch Kleinste unter uns. Wir wählten ihn zum Stubenältesten. Der aus Viernheim bei Mannheim stammende Rolf wollte, wie die meisten von uns, Flugzeugführer werden. Er erzählte noch monatelang von seiner ersten großen Liebe, Marianne, die er bei seinem letzten Urlaub in Berchtesgaden kennengelernt hatte. Peter war ein eigenartiger Typ. Auf eine Frage, was ihn bei den Mädchen am meisten anziehe, sagte er: „Die Schuhe." Er war der Meinung, dass Schuhe Rückschlüsse auf den Charakter der Trägerin zulassen. Dieser Meinung konnte ich mich allerdings nicht anschließen. Bei mir sind immer noch die **Augen** das Spiegelbild der Seele, welche Rückschlüsse auf den Charakter zulassen. Harry war ein kleiner, molliger Hamburger. Seine Devise lautete: „Man kann alles machen, man darf sich nur nicht erwischen lassen." Hans war ein gereifter Zwanziger, der sich stark für Flugzeugtechnik interessierte und auf diesem Sektor bereits hervorragende Kenntnisse besaß. Edgar war der Jüngste unter uns. Wie er mit 17 Jahren bei der Bundeswehr angenommen werden konnte, war uns allen ein Rätsel. Er erwähnte einmal, dass ein Oberst sich für ihn eingesetzt habe. Edgar muss eine harte Jugend gehabt haben. Das bewies nicht nur eine ausgeprägte Narbe an seiner linken Wange, sondern auch sein ganzes Auftreten, das erkennen ließ, dass er sich in seinem jungen Leben stets hart durchsetzen musste. Kamerad Hermann stammte aus der Umgebung von Trier und war musikalisch veranlagt.

Infanteristische Grundausbildung bei der Luftwaffe

Am nächsten Morgen, Punkt sechs Uhr, wurde die Kompanie durch das schrille und durchdringende Geräusch einer Trillerpfeife geweckt, begleitet von dem nicht zu überhörenden Ruf des Unteroffiziers vom Dienst: „Kompanie aufstehen!" Jetzt begann für uns Rekruten der Ernst des Lebens. Dreißig Minuten später ertönte wieder die Trillerpfeife und es erschallte der Ruf: „Kaffeeholer raustreten!" Bis dahin hatten wir angekleidet (im Drillich) zu sein und die Betten mussten ebenfalls „gebaut" sein. In der Regel brachte der Kaffeeholer auch die Kaltverpflegung für die Stubenbelegschaft mit. Um 07:15 Uhr hieß es: „Kompanie raustreten!" Alle drei Züge traten dann vor dem Kasernengebäude an mit Blick auf den Eingang. Dort standen schon die Unterführer und ließen die Kompanie sich ausrichten, um anschließend Meldung an den Kompaniechef zu machen mit den Worten: „Kompanie zum Appell angetreten." Nach der Begrüßung durch den Kompaniechef ließ dieser den Kompaniefeldwebel den Tagesbefehl verlesen. Der Tagesbefehl enthielt auch den Dienstplan für den jeweiligen Tag. Der Dienst bestand aus Formalausbildung, Gefechtsausbildung, Sport, Schießen, Waffenkunde und Bekanntmachung von Dienstvorschriften. Eine der wichtigsten Dienstvorschriften war die Heeresdienstvorschrift (HDV) 10/5. Sie regelte den inneren Dienst (dazu zählten natürlich auch Hygieneregeln). Bei einem der üblichen Morgenappelle ermahnte der Kompaniefeldwebel (Spieß) die Kompanie ganz eindringlich, beim Duschen sämtliche Körperteile zu berücksichtigen und dabei „Kimme und Korn" nicht zu übersehen. Nach dem Appell ging es geschlossen zur Waffenkammer, wo jeder Rekrut seine „Braut" (Gewehr) in Empfang nahm. Wir wurden damals mit dem amerikanischen, halb automatischen Gasdrucklader vom Typ M 1 Rifle (Garant) ausgestattet. Außerdem erhielt jeder Soldat ein Fallmesser mit einer im Griff versenkbaren Klinge, wie es die Fallschirmjäger besaßen.

Zwischen zwölf und ein Uhr mittags wurde die Kompanie vom Unteroffizier vom Dienst (UvD) geschlossen zum Mittagessen in den großen Speisesaal geführt. Hier gab es die einzige warme Mahlzeit am Tage. Die Nachmittage waren ausgefüllt mit den oben beschriebenen Tätigkeiten. Gelegentlich kam noch Waffenreinigen oder Putz- und Flickstunde hinzu. Zwischen 17:00 Uhr und 17:30 Uhr war meistens Dienstschluss. Ab 18:00 Uhr war Abendessen angesagt. Der für den Tag eingeteilte Kaffeeholer war abends auch für den obligatorischen Tee sowie Brot, Margarine oder Schmalz mit Wurst aus Konservendosen zuständig. Hinter vorgehaltener Hand erfuhr man, dass Kaffee und Tee reichlich mit einer besonderen Zutat (man nannte diese Hängolin) versehen worden sei, welche die Produktion von Sexualhormonen bzw. männlichem Samen stark einschränken sollte, um sexuelle Auswüchse zu verhindern. Um 22:00 Uhr war Zapfenstreich, da hatten alle Rekruten in den Betten zu sein. Vorher ging der UvD durch die Stuben und überzeugte sich, dass die Stuben aufgeräumt, gereinigt und gelüftet waren. Die Meldung des Stubenältesten lautete dann stets: „Stube 36 gereinigt und gelüftet. Keine besonderen Vorkommnisse.“ An Samstagen war großes Stubenreinigen angesagt. Dazu zählten: Fensterputzen, Parkettfußboden abschmirgeln und bohnern, Abfallkörbe entleeren und Spinde vorbildlich einräumen. Um 14:00 Uhr war Dienstschluss.

Nun möchte ich einige Bemerkungen zum hierarchischen Aufbau unserer Kompanie machen: An der Spitze der Kompanie war ein Oberleutnant. Ihm zur Seite standen zwei Leutnante. Sie waren als Zugführer des 1. und 2. Zuges eingeteilt. Der 3. Zug wurde von einem Feldwebel geführt. Kompaniefeldwebel war ein Hauptfeldwebel. Als Gruppenführer fungierten Stabsunteroffiziere, Unteroffiziere und Gefreite. Nicht zu vergessen ein Feldwebel, der als stellvertretender Zugführer und Springer eingeteilt war. Nebenbei hatte er sich einen Namen als rigoroser Essensverwerter gemacht. Er ließ absolut nichts umkommen. Wir Rekruten hatten zwar den niedrigsten, aber gleichzeitig auch hochtrabendsten Dienstgrad: **Flieger**.

Ein Störfall

Zu unserer Stubengemeinschaft wäre zu sagen, dass wir uns gut verstanden und ein harmonisches Einvernehmen herrschte. Nur einmal wurde die Harmonie gestört: Es geschah an einem Sonntagabend kurz vor dem Zapfenstreich. Bis auf den Kameraden Edgar waren wir alle schon bereit für den abendlichen Stubendurchgang. In allerletzter Minute kam Edgar, unser jüngster Mitstreiter, zur Tür hereingestürmt. Man sah ihm an, dass er ein wenig über den Durst getrunken hatte. Die Haare standen ihm wirr ins Gesicht und seine Kopfbedeckung habe er auf dem Wege vom Gasthaus zur Kaserne verloren, wie er sagte. Jedenfalls war die Stube 36 zum Stubendurchgang vollzählig angetreten. Der UvD nahm die Meldung entgegen und begab sich zur nächsten Stube. Kaum hatte der UvD den

Rücken gekehrt, öffnete der Kamerad Edgar seinen Spind und kramte dort seine Abendration aus, während wir anderen uns zur nächtlichen Ruhe begeben wollten. Dabei machte er reichlich Lärm. An Schlaf war nicht zu denken. Der Stubenälteste ermahnte ihn zur Ruhe. Dabei kam es zu einem lautstarken Wortgefecht. Aber Edgar ließ sich bei der Zubereitung seines Abendessens nicht stören. Mit seinem Fallmesser stocherte er in einer Dose mit Corned Beef herum, sodass ein Teil des Doseninhaltes zur Zimmerdecke spritzte. Nun hatte er aber alle Stubenkameraden gegen sich aufgebracht. Hans, der stellvertretende Stubenälteste, baute sich vor dem Lärmmacher auf und forderte ihn unmissverständlich zur Rücksichtnahme gegenüber den anderen Stubenkameraden auf. Edgar ignorierte die ermahnenden Worte und nahm laut schmatzend sein Abendbrot ein. Daraufhin platzte dem Kameraden Hans der Kragen und er fegte mit einer Handbewegung das Essgeschirr vom Tisch. Der Radaumacher sprang auf und griff Hans tätlich an, ohne jedoch zu wissen, dass er es mit einem Amateurboxer zu tun hatte. Nach einem kurzen Gerangel versetzte Hans dem Edgar einen rechten Kinnhaken, sodass unser Edgar zu Boden ging. Kurz darauf kam dieser wieder hoch und griff erneut an. Im Rauschzustand schien er ungeahnte Kräfte zu entwickeln. Er machte den Eindruck eines „Stehaufmännchens“. Dann krachte eine Rechte an Edgars Kopf. Er ging erneut zu Boden. Dieses Spiel wiederholte sich noch ein halbes Dutzend Mal, bis der Stubenälteste einen Stubenkameraden bestimmte, um den UvD zu holen. Dieser erschien wenige Minuten später auf der Bildfläche und nahm den Randalierer mit in die Ausnüchterungszelle an der Hauptwache. Kamerad Edgar war der Erste und Gott sei Dank auch der Einzige in unserer Kompanie, der für sein unkameradschaftliches Verhalten einen Verweis und Ausgangssperre erhielt.

Rekrutenalltag

Die Tage vergingen mit Formalausbildung, Sport, Gefechtsausbildung und Unterricht. Bei der Formalausbildung wurde uns Fliegern das Marschieren und Grüßen beigebracht. Beim Sport ging es hauptsächlich um Ausdauersport (Langstrecken- und Hindernislauf). Der Unterricht war ausgefüllt mit Wehrkunde und dem Erlernen von Marschliedern. Obwohl ich ansonsten nicht viel für Gesang übrig hatte, haben mir die Gesangsproben während des Dienstes Spaß gemacht. Bei der Gefechtsausbildung standen neben dem Üben von Angriff und Verteidigung auch Märsche auf dem Dienstplan. Die Märsche wiesen unterschiedliche Schwierigkeitsgrade auf. Ich erinnere mich noch an den ersten Marsch mit Helm und Waffe, aber ohne Gepäck, der am Strand des Lister Ellenbogens entlangführte. Die Schnürschuhe sanken tief im Sand ein und begannen ordentlich zu mahlen. Nach fünf Kilometern hatte man das Gefühl, mindestens zwanzig Kilometer marschiert zu sein. Es folgten 10-Kilometer-Märsche mit schwerem Marschgepäck sowie ein 20-Kilometer-Marsch mit Sturmgepäck. Manch einem Kameraden kam hierbei das Lied „Heimweh" in den Sinn, welches mit „Brennend heißer Wüstensand" beginnt (gesungen von Freddy Quinn). Unsere Ausbilder waren zum Teil ehemalige Fallschirmjäger der deutschen Wehrmacht. Auf sie traf der Ausdruck „hart, aber fair" hundertprozentig zu. Neben Härte kam auch Kameradschaft stark zum Ausdruck.

Besorgte Eltern

Anfang November erhielt ich einen Brief von meinen Eltern. Darin verwies Mutter auf den Volksaufstand in Ungarn, der am 4. November 1956 begann. Sie beschwor mich, wieder nach Hause zu kommen. Es könne zu einem Krieg kommen und ich sei in Gefahr. Falls ich nicht den Mut habe sollte, die Bundeswehr zu verlassen, würde sie mich holen. Diese Zeilen stimmten mich nicht gerade erfreut. Ich war doch schließlich kein Kind mehr!

Der erste Ausgang

Als nach sechs Wochen sichergestellt war, dass wir Rekruten ordentlich grüßen und uns in der Öffentlichkeit auch korrekt benehmen konnten, erhielten wir das erste Mal Ausgang. Ich nahm die Gelegenheit wahr, um mit einigen Kameraden die Umgebung zu erkunden. Das Wetter war aber nicht sehr einladend. So lenkten die meisten Kameraden ihre Schritte in eine Gaststätte mit Namen „Möwenflug“. Alsbald wurde der Name verballhornt: Das „w“ im Namen Möwenflug wurde durch ein „s“ ersetzt. Da ich keine Gelüste auf alkoholische Getränke hatte, begab ich mich in ein kleines Café und bestellte eine Tasse Kakao. Er wärmte gut durch bei dem nasskalten Novemberwetter. Lange dauerte der erste Ausgang nicht. Es wurde auch schon früh dunkel und um 22:00 Uhr war bereits Zapfenstreich.

Besuch der besorgten Mutter

An einem späten Samstagnachmittag, die Sonne ging gerade unter, durchstreifte ich mit meinem Stubenkameraden Rolf den Ortsrand von List, als uns in der beginnenden Dämmerung eine Frauengestalt entgegenkam. Bei genauerem Hinsehen erkannte ich meine Mutter. Sie hatte mich aber nicht gleich erkannt, da ich eine Uniform trug. Ich sprach sie an und sagte: „Mutti, was machst du denn hier?“ Worauf sie unter Tränen antwortete: „Ich will dich wieder mit nach Hause nehmen. Wir sind alle recht traurig, dass du uns verlassen hast. Wir vermissen dich schon so sehr.“ Nachdem ich Mutter mit meinem Stubenkameraden bekannt gemacht hatte, zog sich dieser dezent zurück. Mutter sagte mir, dass sie am nächsten Tag mit dem Fliegerhorstkommandanten sprechen werde. Ich könne ja noch während der dreimonatigen Probezeit den Dienst quittieren. Wir gingen gemeinsam in den Ort, wo wir ein nettes Café aufsuchten, um in Ruhe die Angelegenheit zu besprechen. Jedenfalls machte ich Mutter klar, dass ich nicht die geringste Lust verspüren würde, den einmal eingeschlagenen Weg zu verlassen. Im Übrigen war ich über ihr Vorhaben, mich vor dem Fliegerhorstkommandanten zu blamieren und mich wie einen kleinen Jungen dastehen zu lassen, sehr aufgebracht. Auf meine Frage, wo sie eine Unterkunft bekommen habe, gab sie mir zur Antwort: „In einer Pension bei netten Leuten in der Nähe des Fliegerhorstes.“

Mein Entschluss wird auf die Probe gestellt

Am nächsten Tag, die Kompanie kam gegen Mittag gerade von einem Eilmarsch zurück, erschien ein Bote von der Fliegerhorstkommandantur im Kompaniegeschäftszimmer mit der Meldung, dass sich ein Flieger **Rösel** in zehn Minuten beim Fliegerhorstkommandanten zu melden habe. Mich beschlich eine gewisse Vorahnung. Ich zog mich schnell um und begab mich direkt zur Kommandantur. Dort wartete Mutter bereits auf mich. Wir begrüßten uns und wurden auch gleich darauf ins Zimmer des Fliegerhorstkommandanten, eines Majors, gebeten. Der Major begrüßte uns freundlich. Er gab Mutter die Hand, während ich die Hacken zusammenknallte und durch Anlegen der rechten Hand an die Kopfbedeckung zackig grüßte. Danach gab der Major auch mir die Hand. Zunächst fragte der Major die Mutter nach ihrem Anliegen. Nachdem sie ihm ihre Absicht dargelegt hatte, mich nach Hause zu holen, richtete er an mich die Frage, ob ich damit einverstanden sei. Voller Zorn und Trotz antwortete ich klar und deutlich: „Nein, Herr Major! Mir gefällt der Soldatenberuf." Der Major zeigte sich sehr verständnisvoll auch Mutter gegenüber. Er erklärte ihr, dass er sie gut verstehen könne und es mir freigestellt sei, während der ersten drei Monate, also während der Grundausbildung, die Bundeswehr wieder zu verlassen. Er gab mir drei Tage Bedenkzeit. Danach sollte ich mich wieder bei ihm melden und ihn wissen lassen, wie ich mich entschieden habe. Mutter ging ziemlich geknickt aus dem Zimmer, während ich noch einmal einen zackigen Gruß hinlegte, bevor ich das Zimmer verließ. Ich begleitete Mutter noch bis zum Kasernentor. Sie sagte, ich möchte doch nach Dienstschluss bei ihrer Pension vorbeikommen. Sie wohne bei einer netten Familie namens Thays. (Ich kann mich heute, nach über 50 Jahren, nicht mehr so genau an die Schreibweise erinnern.) Nach Dienstschluss fasste ich mir ein Herz und ging zur besagten Pension. Ich klopfte zaghaft an. Dann wurde mir aufgemacht. Ich stellte mich vor und ein Herr Thays hieß mich willkommen. Bei dieser Gelegenheit lernte ich auch Frau Thays und deren etwa 16-jährige Tochter namens Ingrid kennen. Sie war nicht nur hübsch, sondern auch recht klug, wie sich später herausstellte. Mutter und ich wurden ins Wohnzimmer gebeten und Frau Thays bereitete uns einen nordfriesischen Tee. So verbrachten wir einen gemütlichen Abend. Im Verlaufe des Gesprächs stellte sich heraus, dass Herr Thays bei der Standortverwaltung in Westerland tätig war und deren Sohn bei der Wehrbereichsverwaltung in Kiel die Beamtenlaufbahn eingeschlagen habe. Die Tochter besuchte in Westerland das Gymnasium. Ferner stellte sich heraus, dass die gesamte Familie leidenschaftlich Skat spielt. Gegen 21:00 Uhr verabschiedete ich mich, nicht ohne mich für den Tee und den netten Abend zu bedanken. Frau Thays bat mich, am nächsten Abend wieder vorbeizukommen. Ich sagte zu, mit der Einschränkung, sofern mich keine dienstlichen Belange abhielten. Ich kam am darauffolgenden Tag vorbei und es wurde wieder ein gemütlicher und etwas trauriger Abend zugleich. Mutter versuchte immer wieder, mich umzustimmen und sie nach Hause zu begleiten. Aber ich blieb standhaft und bestand darauf, meinen eigenen Weg zu gehen. – Die drei Tage Bedenkzeit waren um. Ich meldete mich beim Kommandeur und Fliegerhorstkommandanten, um ihm mitzuteilen, dass ich mich für einen Verbleib in der Bundeswehr entschieden habe. Er begrüßte meinen Entschluss und wünschte mir für mein weiteres Soldatenleben Glück und viel Erfolg. Am Morgen des vierten Tages gestattete mir mein Kompaniechef, Mutter zur Bahn zu begleiten. Als ich Mutter von der Pension abholte, bat mich Frau Thays, unbedingt wieder vorbeizukommen. Man könne doch am Wochenende einen netten Skatabend veranstalten. Dazu war ich natürlich nicht abgeneigt und sagte zu. Ich brachte Mutter zur Bahn. Es wurde ein einseitiger tränenreicher Abschied. Mutter und den Rest der Familie sollte ich erst zu Weihnachten wiedersehen, während des Weihnachtsurlaubs. Die Familie Thays habe ich noch des Öfteren besucht. Wir verbrachten manchen Skatabend miteinander. Dabei stellte sich heraus, dass das Töchterchen eine ganz ausgebuffte Skatspielerin war und so manches Spiel gewann.

Folgen einer Abschlussfeier

Noch während der Ausbildung wurden alle Rekruten einem Intelligenztest unterzogen, der sich hauptsächlich auf Fragen der Allgemeinbildung erstreckte. Dieser Test erhielt den Beinamen „Idiotentest“. Die Bewertung erfolgte nach einer Notenskala von eins bis neun, wobei **neun** die Bestnote war. Für angehende Flugzeugführer, dazu zählte ich auch, war eine Mindestnote von 5,5 vorgeschrieben. Ich hatte es damals auf 6,9 gebracht. Demnach standen meine Chancen, Pilot zu werden, recht gut. Viele der Kameraden, die bereits in höheren Sphären schwebten, mussten nun der Wirklichkeit ins Auge sehen. Bei einer Benotung von unter 5,5 kam die Laufbahn eines Flugzeugführers nicht infrage. Es wurde den Kameraden nahegelegt, sich für eine andere Laufbahn innerhalb der Luftwaffe zu entscheiden.

Mitte Januar 1957 war die Grundausbildung beendet. Die Abnahme mit Bescheinigung des vorgeschriebenen Ausbildungsstandards erfolgte durch den Kommandeur des Luftwaffenausbildungsregimentes 4. Kein Rekrut war bei den Prüfungen durchgefallen. Ein sichtliches Aufatmen ging durch die Reihen. Ich kann mich noch gut erinnern: Am Abend nach der bestandenen Prüfung hatten die Gaststätten und Tanzlokale in List vermehrten Zulauf. Das Ende der Grundausbildung musste natürlich gebührend gefeiert werden! Mit meinen Stubenkameraden besuchte ich den „Möwenflug“. Wir wollten der Welt unsere Trinkfestigkeit beweisen. Ich hatte bereits sieben Gläschen Steinhäger die Kehle hinuntergekippt. Dann machte ich mit Aquavit weiter. Beim achten Glas hörte ich auf zu zählen. Die Kameraden drängten schon zum Aufbruch. Als ich aus dem Lokal herauskam, erhielt ich einen vermeintlichen Schlag vor den Kopf. Ich übersah die drei Stufen, die zur Straße hinunterführten, und fiel der Länge nach hin. Mein ganzer Körper war wie betäubt. Ich verspürte keinen Schmerz. Zwei Kameraden griffen mir unter die Arme und schleppten mich durch die Hauptwache bis auf meine Stube. An Abendtoilette wie Waschen und Zähneputzen war nicht zu denken. Ich weiß auch nicht mehr, wie ich in meinen Schlafanzug kam. Zum Schluss packten mich die Kameraden an Armen und Füßen und warfen mich in das obere der doppelstöckigen Betten. Am nächsten Morgen verspürte ich einen heftigen Schmerz in meinem linken Daumengelenk. Der Daumen war blau und stark angeschwollen. Vermutlich hatte ich mir am Abend zuvor beim Hinfallen das Gelenk verletzt. Auf Rat der Kameraden kühlte ich das Gelenk unter fließendem kaltem Wasser und wickelte einen festen Verband darum. Es dauerte nicht nur Tage, sondern Wochen, bis ich den Daumen wieder bewegen und belasten konnte. Seit diesem Erlebnis war ich vom Schnaps kuriert.

Abschied von der Insel Sylt

Nach der Grundausbildung erfolgte in den Kompanien eine Aufteilung des Personals entsprechend der zukünftigen Laufbahnen, wie zum Beispiel Flugzeugmetaller, Flugzeugmechaniker, Flugzeugelektriker, Flugzeugelektroniker, Navigator, Flugsicherungspersonal, Flugzeugführer, Ausbilder, Rechnungsführer, Logistiker etc. So wurden die Kameraden Zug um Zug zu ihren neuen Standorten versetzt. Mitte Februar 1957 schlug für uns angehende Flugzeugführer sowie für die Flugsicherungsleute die Stunde des Abschieds von der Insel Sylt. In Marschordnung marschierten die einzelnen Kompanien zum Bahnhof, um nach geraumer Zeit einem der bereitstehenden Personenzugwagen zugeteilt zu werden. Laute Kommandos waren zu hören. Auf dem Bahnsteig herrschte ein fürchterliches Gedränge. Wir Soldaten trugen außer dem üblichen Marschgepäck noch einen prall gefüllten Seesack mit uns herum. An diesem Tage waren gleich zwei Schmalspurlokomotiven im Einsatz. Wenn ich mich recht erinnere, waren es die „Zornige Ameise“ und der „Feurige Elias“, die uns zunächst bis nach Westerland brachten. Von Westerland aus ging es weiter per Bahn zu unserem neuen Bestimmungsort nach Uetersen in Schleswig-Holstein.

Zwei Tage vor der Versetzung nach Uetersen hatte ich mich von der netten Familie Thays verabschiedet und versprochen, mich vom neuen Standort aus zu melden. Das tat ich auch. Bis zu meiner späteren Versetzung nach Memmingen im Allgäu im Juni 1957 stand ich mit der Familie Thays in Briefkontakt. Danach riss der Kontakt ab. Mutter, die ebenfalls noch eine Weile mit der Familie Thays in Kontakt gestanden hatte, berichtete mir, dass bei meiner Abreise von List die gute Frau

Thays mit ihrer Tochter am kleinen Lister Bahnhof gestanden habe, um mir zum Abschied ein Blumensträußchen mit auf die Reise zu geben. Sie hatten mich leider in dem Gedränge nicht ausfindig machen können. Das tat mir im Nachhinein leid. Da ich mit solch einer rührenden Geste nicht gerechnet hatte, habe ich auch nicht großartig nach Frau Thays und Fräulein Tochter Ausschau gehalten. Jedenfalls bleibt mir Familie Thays noch bis heute in guter Erinnerung.

Uetersen II

Die große Enttäuschung: Wachdienst

Was erwartete uns Flugzeugführeranwärter – so nannten wir uns nach der Grundausbildung – an unserem neuen Standort Uetersen? In Ermangelung von Fluggerät und Fluglehrern wurden wir zum Wachdienst eingeteilt. Das war nicht gerade die Tätigkeit, die wir erträumt hatten. Bei der 7. Staffel des Luftwaffenausbildungsregimentes 1 fanden wir eine neue Heimat. Staffelchef war ein Hauptmann. Unsere Aufgabe bestand darin, den gesamten Fliegerhorst einschließlich des Flugfeldes zu bewachen. Mittags um 13:30 Uhr trat der Wachzug vor der Hauptwache zur „Vergatterung" (Belehrung) an. Die für den Flugplatz zuständige Abteilung setzte sich danach in Richtung Rollfeld in Bewegung. Dort erfolgte die Wachablösung. Die für die Haupt- und Nebenwachen zuständigen Soldaten begaben sich selbstständig auf ihre vorgeschriebenen Posten. Auf dem Flugplatz diente eine alte Baracke dem Wachleiter und den Wachsoldaten als Unterkunft. Der Wachdienst vollzog sich wie folgt: Zwei Stunden Streifendienst (Doppelstreife), anschließend vier Stunden Ruhezeit. Dieser Rhythmus erstreckte sich über 24 Stunden. Verpflegung wurde im geländegängigen

UNIMOG herangekarrt. Man schlief während der Ruhezeit in doppelstöckigen Feldbetten, und zwar in den von den derzeitigen Streifengängern frei gewordenen Betten. Während des Streifenganges war Rauchen strengstens verboten. Besondere Vorkommnisse mussten dem Wachleiter gemeldet werden. An einige Vorkommnisse kann ich mich noch gut erinnern: Sie alle vollzogen sich während der Nachtstreife. In einem Fall wurde ein von der Herde abgekommenes und auf dem Flugplatz weidendes Schaf angeschossen, weil das in der Dunkelheit nicht als Schaf zu erkennen gewesen war und auf dreimaligen Anruf nicht reagiert hatte. Ein anderes Mal hatte ein Posten auf einen sich im Winde bewegenden Kohlkopf in einem benachbarten Feld das Feuer eröffnet, weil er dort einen anrobbenden Störer zu erkennen glaubte. Im Nachhinein stellte sich heraus, dass dieser Soldat bereits seit über vier Monaten Wache schob und einem Wachkoller erlegen war. Dies war kein Einzelfall. Mit einem strengen Verweis endete ein anderes Mal ein Wachvergehen, wo der Wachleiter bei einem Kontrollgang des Nachts beide Streifenposten beim Rauchen erwischt hatte. Um 14:00 Uhr des darauffolgenden Tages endete jeweils der Wachdienst. Für den Rest des Nachmittags war dienstfrei. Am Morgen des nächsten Tages begann der ganz normale Kompaniedienst mit Formalausbildung, Sport, Schießen und Unterricht. Ab 13:30 Uhr war wieder Wachdienst angesagt. Der anstrengende Dienst und der unregelmäßige Schlaf brachten mit der Zeit den biologischen Rhythmus ziemlich durcheinander. Kameraden, die bis zu diesem Zeitpunkt Jet-1-tauglich waren, wurden bei der Nachuntersuchung nur noch bedingt tauglich befunden. Es war höchste Zeit, dass wir angehenden Flugzeugführer unserer eigentlichen Verwendung zugeführt wurden. Unser Staffelchef, ein ehemaliger Bomberpilot, dem wir unsere Probleme zur Kenntnis gegeben hatten, konnte sich anscheinend nicht bei den vorgesetzten Dienststellen, wie zum Beispiel dem Kommando der Schulen, durchsetzen. Was man ihm allerdings als mangelnde Fürsorge angekreidet hatte, war die Tatsache, dass er Kameraden, die zur Beförderung heranstanden, nicht der Fliegerhorstgruppe gemeldet hatte. Sein Nachfolger, ein Oberleutnant, war aus einem anderen Holz geschnitzt. Bei ihm trat der Fürsorgeaspekt in den Vordergrund. Als erste Maßnahme hatte er die fälligen Beförderungen bei der Fliegerhorstgruppe durchgepaukt. Andererseits muss man seinem Vorgänger auch Gerechtigkeit widerfahren lassen. Während seiner Zeit als Staffelchef arrangierte er immerhin zwei Wehrbetreuungsfahrten. Eine Fahrt ging zum Marine-Ehrenmal in Laboe und eine weitere Fahrt führte nach Hamburg zu einem Operettenbesuch. Das Theater (Hamburger Operettenhaus) befand sich in der Nähe der Reeperbahn. Es spielte „Die Zirkusprinzessin" von Emmerich Kalman. Es war die erste Operette in meinem jungen Leben. Von der Aufführung war ich ganz angetan.

Ein „fieser Möpp"

Dann gab es in der Kompanie einen unangenehmen Zugführer: Oberfeldwebel R. Der Rheinländer würde ihn einen **fiesen Möpp** nennen. Bei Stubendurchgängen ließ er seinen Blähungen freien Lauf. Dann befahl er dem Stubenältesten das Fenster zu öffnen, weil man es in dieser Stube vor lauter Mief nicht aushalten könne. An meine Stubenkameraden in der 7. Staffel kann ich mich nicht mehr erinnern. Die Stubenbelegschaft wechselte sehr häufig. Es war ein ständiges Kommen und Gehen. Alle paar Wochen kamen Neuzugänge und andere Kameraden wurden wiederum an neue Standorte versetzt. Es ging manchmal zu wie in einem Taubenschlag.

Hamburgs magische Anziehungskraft

An Wochenenden, wo ich wachfreie Zeit hatte, fuhr ich mit einigen Kameraden schon mal nach Hamburg. Dort schauten wir uns die Sehenswürdigkeiten an, wie zum Beispiel den Hafen, die Innenstadt mit dem Rathaus und der Binnenalster oder den „Michel“, eine Kirche mit einem besonders hohen Kirchturm. Dann waren da noch der Tierpark Hagenbeck und der Botanische Garten „Planten und Blomen“. Eine ganz besondere Attraktion war für uns Soldaten natürlich die Reeperbahn mit den vielen Schaubuden, Kneipen und Cafés. Nicht zu vergessen die „Davidswache“, die Polizeihauptwache an der Reeperbahn. In deren Nähe befindet sich auch eine Straße der Sünde, bekannt als Herbertstraße mit einer großen Auswahl „leichter Mädchen“. Uns Soldaten war es seitens des Staffelchefs strengstens verboten, dort in Uniform aufzukreuzen. Es wurde uns auch empfohlen, die Reeperbahn nur in Gruppen zu betreten. Sehr leicht könne man sich in gewissen Etablissements Krankheiten einhandeln. Da die Orte Uetersen und Pinneberg nicht viel an Abwechslung zu bieten hatten, zog es uns junge Soldaten immer wieder nach Hamburg. Häufig sind wir in kleineren oder größeren Gruppen über die Reeperbahn geschlendert und haben das eine oder andere Lokal in Augenschein genommen. Wir sagten dazu: „Lokalkenntnisse sammeln“ oder „(Bier)Stubendurchgänge machen“. In Erinnerung geblieben sind mir u. a. das „Café Keese“ mit dem **„Ball Paradox“** sowie Café Lausen, welches mit Tischtelefonen ausgestattet war. Auf diese Weise war es möglich, per Telefon mit Nachbarinnen Kontakte zu knüpfen.

Vorfall in der „TINKA BAR“

Einmal war ich mit drei Kameraden wieder auf einem sogenannten Stubendurchgang. Dabei landeten wir zu später Stunde in einer dunklen Spelunke, die sich **„Tinka Bar“** nannte. Die Damen, die dort verkehrten, hatten ganz offensichtlich einen zweifelhaften Ruf. Wir hatten an der Bar Platz genommen. Die Getränke waren sündhaft teuer. Man hatte von vornherein das Gefühl, in einem Nepplokal gelandet zu sein. Uns war klar, dass wir nicht lange bleiben würden. Plötzlich schrie einer der Kameraden laut auf: „Verschwinde, du Schlampe! Bleib mir von der Wäsche!“ In diesem Augenblick suchte eine Dame mit einem Zigarettenbauchladen das Weite. Wir fragten den Kameraden, was passiert sei. Er deutete auf die sich entfernende Dame und sagte, dass sich diese „Dame“ mit ihrem Bauchladen seinem Barhocker genähert habe, dabei den Bauchladen über seine Knie geschoben und mit einer Hand seinen Oberschenkel berührt habe und gerade dabei war, seinen Hosenstall zu öffnen. Das war für uns das erste und das letzte Mal, dass wir solch ein zwielichtiges Lokal besucht haben.

Nachtalarme

Der monotone Wachdienst wurde gelegentlich durch Alarme aufgelockert. Am unangenehmsten waren die Nachtalarme. Mitten in der Nacht ertönte eine Trillerpfeife, welche die Kameraden dann aus dem tiefsten Schlaf und den schönsten Träumen riss. Dazu kam der Ruf des UvD: „Alarm! Kompanie in fünf Minuten raustreten! Bereit machen zum Nachtmarsch!“ Beim Ankleiden durfte in den Stuben kein Licht eingeschaltet werden. Hin und wieder geisterte der Strahl einer Taschenlampe durch die Stube. Flüche wurden laut, wenn die entsprechenden Kleidungsstücke nicht am vorgesehenen Platz waren. Noch halb schlaftrunken trat die Kompanie gefechtsmäßig vor dem Kasernengebäude an. Eine Taschenlampe leuchtete kurz auf. Dann hieß es: „Stillgestanden! Rechts um! Ohne Tritt! Marsch!“ Gespenstisch und fast lautlos bewegte sich die Marschkolonne durch die

Nacht. Meistens wurden die vorgegebenen Bereitstellungsräume außerhalb der Ortschaft eingenommen. Dies war aber nicht immer der Fall. So musste die Kompanie zum Beispiel auch schon mal im Eilmarsch mit voller Ausrüstung ein zehn Kilometer entferntes Objekt sichern. In der Morgenfrühe kam die Kompanie völlig abgekämpft wieder in die Kaserne zurück. Da es sich nicht mehr lohnte, sich schlafen zu legen, konnte man gleich das Frühstück einnehmen und zum Tagesdienst übergehen. Hin und wieder machte sich der Kompaniechef ein Vergnügen daraus, einen Nachtalarm auszulösen, die Kompanie vor dem Gebäude in Gefechtsausrüstung antreten zu lassen, sie auf Vollzähligkeit zu überprüfen und anschließend wieder wegtreten zu lassen.

Verblüfft waren wir jedes Mal, wenn bei Nachtalarmen stets die gleichen Kameraden, meist auch von der gleichen Stube, als Erste vor dem Kasernengebäude angetreten waren und dafür ein großes Lob vom Kompaniechef einheimsten. Das konnte doch nicht mit rechten Dingen zugehen! Durch Zufall kam ein Stubennachbar hinter das Geheimnis. Die Stube mit der schnellen Belegschaft besaß ein Radio. Bei einem Sendersuchlauf, so wurde gesagt, stießen sie auf einen Sender, der sich als „Soldatensender 904“ identifizierte und aus der Bundeswehrinterna zu berichten wusste. Unter anderem brachte er täglich zu einer bestimmten Zeit Hinweise auf bevorstehende Alarme für bestimmte Kompanien. Am Schluss verabschiedete sich der Sprecher immer mit: „Euer linker Flügelmann“. Wie sich herausstellte, handelte es sich hierbei um einen Propagandasender der DDR. Demzufolge musste es in der Bundeswehr zahlreiche undichte Stellen gegeben haben.

Die Wehrfliegertauglichkeitsuntersuchung

Im April 1957 wurde für mich und zwei andere Kameraden eine Dienstreise zur Wehrfliegertauglichkeitsuntersuchung nach Bonn-Bad Godesberg angeordnet. Die Untersuchung beinhaltete auch einen Test in der Unterdruckkammer. Hier wurde der Luft der Sauerstoffanteil kontinuierlich entzogen, bis eine simulierte Höhe von 10.000 Metern erreicht war. Während dieser Prozedur bekam man unterschiedliche Aufgaben gestellt. Ich sollte zum Beispiel Veränderungen (Kopfschmerzen, Atemnot, Schwindelgefühl, Schweißausbruch), die ich an meinem Körper verspürte, zu Papier bringen. In dem Moment, wo man das Gefühl hatte, sich nicht mehr unter Kontrolle zu haben, musste ein roter Knopf gedrückt werden. Diesen entscheidenden Moment hatte ich verpasst und fiel in Ohnmacht. Unter einer Sauerstoffmaske, die man mir auf das Gesicht drückte, kam ich wieder zu mir. Man versicherte mir, dass mein Kreislauf angeschlagen sei. Ich führte diese Tatsache auf den monatelangen Wachdienst zurück, wo der biologische Rhythmus außer Takt geraten war. Wie zu erwarten, verlief die Untersuchung leider nicht zu meiner Zufriedenheit. Das Ergebnis lautete: „Bedingt wehrfliegertauglich“. Für mich bedeutete das: Fortsetzung des Wach- und Gammeldienstes. Als Trostpflaster reichte mich der neue Staffelchef zur Beförderung zum Gefreiten ein.

Memmingen

Vom Regen in die Traufe

Ende Juni 1957 erhielt beinahe die halbe Kompanie einen Marschbefehl zur Flugzeugführerschule „S“ nach Memmingen im Allgäu. Die Flugzeugführerschule „S“ war wenige Wochen zuvor eingerichtet worden. Bei uns Fluganwärtern kam so etwas wie eine Jubelstimmung auf. Vielleicht erwartete uns dort eine vorfliegerische Ausbildung. Der Name Memmingen war den wenigsten Kameraden geläufig. „Nie gehört“, war überall zu hören. Die Bahnfahrt von Pinneberg über Hamburg, Hannover, Bebra, Fulda, Würzburg, Ulm nach Memmingen nahm fast einen ganzen Tag in Anspruch. Als uns der Transportleiter bei der dortigen Bodendienststaffel anmeldete, schwante uns nichts Gutes. Dort ließ uns der Spieß, ein Oberfeldwebel, mit unserem Gepäck vor dem nagelneuen Gebäude der Bodendienststaffel antreten, um Meldung an den Staffelchef, einen Hauptmann, zu machen, der eine kurze Rede hielt. Wie wir jetzt erst erfuhren, sollten wir bei der frisch aus dem Boden gestampften Bodendienststaffel Wachdienst versehen. So kamen wir vom Regen in die Traufe. Nur die Schönheit der Landschaft konnte uns einigermaßen versöhnlich stimmen. Der Staffelfeldwebel, auch Spieß genannt, wies uns unsere zukünftigen Stuben zu und sorgte dafür, dass wir noch etwas zu essen bekamen. Zu meiner großen Freude traf ich einige bekannte Gesichter aus der Zeit der Grundausbildung in List auf Sylt wieder. Da war einmal der Kamerad Rolf von meiner Lister Stube 36 und weitere Kameraden von der Nachbarstube 37. Da fiel einem das Einleben am neuen Standort ein wenig leichter. Am nächsten Morgen stellte uns der Staffelfeldwebel unsere zukünftigen Zug- und Gruppenführer vor. Damals konnte ich nicht wissen, dass mir Memmingen eines Tages so gut gefallen würde, dass ich von dort nicht mehr fortwollte. Rückblickend kann ich sagen, dass Memmingen meine schönste Garnison war.

Wachdienst

Wie bereits erwähnt, erwartete uns, wie befürchtet, wieder Wachdienst. Aber diesmal gestaltete sich der Wachdienst interessanter. Außer der Hauptwache fiel auch die Bewachung der Flugzeughallen (Hangars) mit dem Flugvorfeld in den Sicherungsbereich der Bodendienststaffel. Für die Bewachung des Flugvorfeldes wurde stets eine Doppelstreife im DKW-Geländewagen (Mungo) eingesetzt. Gerade dieser Streifenabschnitt war immer sehr begehrt. Hierbei ergab sich die Gelegenheit, des Nachts mit dem „Mungo“ mit Vollgas über die mehr als zwei Kilometer lange Startbahn zu brausen. Die Flugzeuge hatten leider nicht alle Platz in den Hangars. So mussten zwangsläufig einige Maschinen, wie zum Beispiel einige Transportmaschinen vom Typ Noratlas Nord 2501, Verbindungsflugzeuge vom Typ Dornier Do-27 sowie verschiedene Hubschraubertypen (Alouette, Vertol etc.) auf dem Vorfeld abgestellt werden. Diesen Zustand nutzten einige findige Streifenposten aus, um bei miserablem Wetter in den Kabinen des abgestellten Fluggerätes Unterschlupf zu suchen. Natürlich wurde damit gegen die Wachvorschrift verstoßen. Zur Bestrafung gab es jedes Mal einen Verweis und Ausgangssperre.

Mein Aufenthalt bei der Bodendienststaffel war reich an Ereignissen. Eine angenehme Überraschung war zunächst die Beförderung zum Gefreiten. Sie erreichte mich Mitte Juli und wurde von mir als ein nachträgliches Geburtstagsgeschenk betrachtet. Meine ehemaligen Kameraden aus List fielen ebenfalls einer Beförderungswelle zum „Opfer“.

Ernteeinsatz

Eine lustige Episode erlebte unsere Staffel anlässlich eines Ernteeinsatzes bei einem Bauern in Memmingen. Es ging um das Einbringen von Feldfrüchten. Um welche Art von Feldfrüchten es sich handelte, weiß ich heute nicht mehr. Hin und wieder huschten Feldmäuse durch die Furchen. Ein Kamerad schien die kleinen Nager zu mögen und begann sie zu jagen. Es war der Kamerad Löhr. Nach Abschluss des Ernteeinsatzes spendierte der Bauer eine Runde Bier. Jetzt ließen sich auch zwei Töchter des Bauern blicken. Kamerad Löhr machte ihnen gleich schöne Augen. Er ging auf eine der Töchter zu und bat sie, entweder seine Mütze oder sogar Handschuhe aus der großen Seitentasche seiner Drillichhose herauszuholen. Die junge Dame wollte gefällig sein und griff in die Tasche. Kurz darauf zog sie mit einem spitzen Aufschrei die Hand aus der Tasche und ließ anstatt einer Mütze eine Maus zu Boden fallen. Die Umstehenden, die diese Szene mitbekommen hatten, verfielen in ein schallendes Gelächter. Das Töchterchen zog sich sofort schwer beleidigt ins Haus zurück.

Kamerad Löhrs Bekanntschaft mit dem Heiligen Geist

Seitdem waren einige Tage vergangen. Beim abendlichen Stubendurchgang stellte der UvD in unserer Nachbarstube einen merkwürdigen Geruch fest. Er erteilte dem Stubenältesten die Weisung, einmal ordentlich durchzulüften. Dieser Vorgang wiederholte sich in den darauffolgenden Tagen, bis ein Stubenkamerad hinter das Geheimnis des merkwürdigen Geruchs, oder besser gesagt, Gestanks kam. Er bemerkte eines Tages im Spind des Kameraden Löhr einen alten Schuhkarton, der im Deckel eine Menge kleiner Löcher aufwies. Auf die Frage, was er darin habe, antwortete Löhr, das gehe ihn nichts an. Kamerad Hasenmeier teilte seine Beobachtung dem Stubenältesten mit, welcher gleich die Vermutung hatte, dass der merkwürdige Gestank aus Löhrs Schuhkarton in dessen Spind kommen müsse. Die Stubenkameraden beschlossen, in dieser Nacht den „Heiligen Geist“ über Löhr kommen zu lassen. Um Mitternacht, Kamerad Löhr schlief tief und fest, wurde er in einen Bettbezug gesteckt, der oben zugebunden war, und unter die kalte Dusche geschleppt. Man ließ ihn so lange unter der Dusche bibbern und zappeln, bis er das Geheimnis des Kartons lüftete und versprach, denselben am nächsten Tag zu entsorgen. Dies geschah dann auch. In dem

Schuhkarton befanden sich tatsächlich Feldmäuse vom letzten Ernteeinsatz.

Eine sinnvolle Aufgabe

Die Bodendienststaffel glich immer mehr einem Taubenschlag, oder besser gesagt, einem Auffanglager für Soldaten in einer Warteschleife. Es wurden laufend Kameraden entsprechend ihres Verwendungswunsches zu anderen Einheiten versetzt. Dafür wurde die Bodendienststaffel laufend mit Neuzugängen aufgefrischt. Irgendwann kam der Zeitpunkt, wo der Spieß und sein Stellvertreter mit Schriftverkehr derart überhäuft wurden, dass man sich bei den Staffelangehörigen nach einem Kameraden mit Bürokenntnissen umsah. Bei einem Morgenappell gab der Staffelfeldwebel bekannt, dass für das Staffelgeschäftszimmer jemand mit Bürokenntnissen und, wenn möglich, auch mit Maschinenschreibkenntnissen gesucht werde. Interessierte Soldaten sollten sich auf dem Geschäftszimmer melden. Jetzt gab es für mich kein langes Überlegen; denn hier offenbarte sich eine einmalige Chance, aus dem Wachdienst herauszukommen. Also meldete ich mich mit zwei anderen Kameraden auf dem Geschäftszimmer. Die Wahl fiel auf mich, da die anderen Bewerber nicht über Maschinenschreibkenntnisse verfügten. Am nächsten Morgen meldete ich mich mit frisch gebügeltem Dienstanzug – ab jetzt ohne Drillich und Kampfanzug – im Geschäftszimmer. Ich wurde dem Oberfeldwebel Strelnow zugeteilt. Dort lagen stapelweise Akten, die zu bearbeiten waren, wie zum Beispiel Meldungen und Statistiken für die Fliegerhorstgruppe etc. Ich bemerkte gleich, dass weder der Staffelfeldwebel noch sein Stellvertreter „Bürohengste“ waren. Sie waren sehr erleichtert, als sie herausfanden, dass ich nach kurzer Einarbeitungszeit in der Lage war, die meisten Vorgänge selbstständig zu bearbeiten, und ich war nicht weniger froh darüber, endlich eine sinnvolle Aufgabe erhalten zu haben.

Ein sympathischer Vorgesetzter

Nach Dienstschluss bzw. nach dem Abendessen pflegte ich gelegentlich von Memmingerberg, wo unser Fliegerhorst lag, zu Fuß in die Stadt zu gehen. Der Weg bis in die Innenstadt nahm gut 20 bis 30 Minuten in Anspruch. Das war ein guter Ausgleich für die überwiegend sitzende Tätigkeit im Geschäftszimmer. In der mittelalterlich anmutenden Innenstadt suchte ich entweder eine Eisdiele oder ein nettes Café auf. Bei einem Speiseeis oder einem Kännchen Kaffee rauchte ich dann gemütlich eine meiner Lieblingszigaretten. Eines Abends lenkte ich meine Schritte ins Hotel Adler, wo eine etwas gehobene Atmosphäre herrschte und auch der Kaffee besonders aromatisch war. Zu meiner Überraschung entdeckte ich an einem der Tische meinen Vorgesetzten, Oberfeldwebel Strelnow. Er lud mich ein, an seinem Tisch Platz zu nehmen. Gerne bin ich seiner Aufforderung gefolgt. Er hatte ein angenehmes, kameradschaftliches Wesen und war auch in der Staffel sehr beliebt. Er war nicht der Typ, der bei jeder sich bietenden Gelegenheit den Vorgesetzten herauskehrte. Wir kamen miteinander ins Gespräch. Dabei erfuhr ich, dass Oberfeldwebel Strelnow bereits im Jahre 1938 mit der „Legion Condor“ in Spanien gewesen war. Ich hatte mich gewundert, dass er nach Dienstschluss nicht zu Hause war. Auf meine diesbezügliche Frage antwortete er, dass er in Memmingen noch keine Wohnung habe und seine Familie zurzeit noch in Augsburg wohne. Oberfeldwebel Strelnow war genau das Gegenteil von Staffelfeldwebel Rudde. Dieser war typisch preußisch: streng, korrekt, eher autoritär, distanziert und unnahbar. Keiner durfte ihm zu nahe treten. Einmal soll er zu jemandem gesagt haben: „Bitte keine Grenzüberschreitung!“ Unter seiner harten Schale steckte aber ein weicher Kern. Er ging auf Sorgen seiner Untergebenen ein und versuchte, wenn er konnte, deren Probleme zu lösen. Gelegentlich ließ er auch eine humoristische Ader durchblicken. Hygiene wurde bei ihm großgeschrieben. Beim Morgenappell kontrollierte er zum Beispiel die Fingernägel und die Hemdkragen der Soldaten.

Zaubereien

Einige Wochen später saß ich wieder einmal mit Oberfeldwebel S. in einem Café in der Memminger Innenstadt bei einer Tasse Kaffee zusammen, als er mir offenbarte, dass er dem Magischen Zirkel von Deutschland angehöre. Dies weckte natürlich mein Interesse. Ich bat ihn, mir einige Zaubertricks zu zeigen und, wenn möglich, mir auch beizubringen. Da druckste er etwas herum und gab mir zu verstehen, dass er als Angehöriger des Magischen Zirkels von Deutschland sein Wissen nicht an Außenstehende weitergeben dürfe. Er versprach aber, mir bei einem nächsten Treffen ein oder zwei kleine Tricks zu zeigen. Das tat er auch. Er brachte mir ein paar Zigarettentricks bei. Der schwierigste Trick war, aus meiner Sicht, der „Kipptrick im Munde“, bei dem eine brennende Zigarette geschluckt wurde und kurze Zeit später wieder zum Vorschein kam. Später schenkte er mir ein in der Hand zu haltendes Seil, das auf Kommando senkrecht in der Luft stehen konnte und auf ein erneutes Kommando wieder in sich zusammenfiel. Für die Weitergabe dieser Tricks konnte ich dem Oberfeldwebel Strelnow Jahre später noch dankbar sein. Auf Staffelfesten, Geburtstags- und Weihnachtsfeiern hatte ich häufig Gelegenheit, kleine Zaubereien zum Besten zu geben.

Stammgast im „Bauerntanz“

An den Wochenenden besuchte ich ganz gerne ein Gasthaus mit Namen „Bauerntanz“. Es lag an einem kleinen Stadtbach in der Nähe des Ulmer Tores und war wegen seiner guten und preiswerten Küche bekannt. Ich weiß gar nicht, wie oft ich dort ein leckeres Schweineschnitzel mit Kartoffelsalat und Bayerisch Kraut gegessen habe. Die ganze Mahlzeit kostete nicht mehr als 2,50 DM. Getränke waren natürlich ausgenommen. Die Inhaber bzw. Pächter der Gaststätte kannten mich mittlerweile. Vielleicht lag das daran, weil ich hin und wieder in Uniform dort aufkreuzte. Man nannte mich den „Schnitzelesser“. Als ich im Kameradenkreis davon erzählte, war ich bald nicht der einzige Stammgast im „Bauerntanz“. Etliche Kameraden der Bodendienststaffel fühlten sich alsbald von dem guten und preiswerten Essen angezogen. Wie ich bei einem späteren Besuch in Memmingen feststellen musste, existiert diese Gaststätte leider nicht mehr.

Der militärisch geschulte Scharfblick

Es war an einem Montagmorgen. Auf dem Dienstplan war Sport angesagt (bekannt als Alkoholverdunstungsstunde), als sich der Gefreite Löhr beim Staffelfeldwebel ganz korrekt zu einem Zahnarztbesuch abmeldete. Dabei musste sich L. erst einer gründlichen Musterung unterziehen. Wie gewohnt, entging dem militärisch geschulten Scharfblick des Staffelfeldwebels nicht die geringste Kleinigkeit. Dieses Mal entdeckte Staffelfeldwebel Rudde an der doppelreihig geknöpften Jacke vom Ausgehanzug in Brusthöhe zwei feine Einstiche. Auf die Frage, woher die Einstiche auf der Ausgehjacke stammen würden, antwortete der Gefreite L. nur mit einem Schmunzeln. „Nun antworten Sie schon! Was sind das für Einstiche?“, wollte der Staffelfeldwebel wissen. Das Gesicht des Gefreiten L. verzog sich zu einem leichten Grinsen. „Ich frage Sie zum letzten Mal. Haben Sie sich etwa mit fremden Federn, das heißt mit Orden geschmückt, oder was hat sich sonst an dieser Stelle befunden?“ Mit einem breiten Grinsen auf dem Gesicht antwortete der Gefreite Löhr: „Ein Knopf, Herr Staffelfeldwebel!“

Eine Windbestäubung?

In der Bodendienststaffel sprach es sich wie ein Lauffeuer herum: Ein Mädchen aus der Umgebung von Memmingen erwartete ein Kind von einem Angehörigen der Bodendienststaffel! Dieses Mädchen, nicht mehr ganz jung, hatte über einen Anwalt Nachforschungen über den Aufenthaltsort eines bestimmten Staffelangehörigen anstellen lassen. Außerdem hatte sie schon persönlich beim Staffelchef vorgesprochen und verlauten lassen, dass ein Soldat namens Gardt, der sich als Leutnant ausgegeben habe, von dem Tage an, als er erfuhr, dass sie schwanger sei, nichts mehr von sich habe hören lassen und sich auch nicht mehr habe sehen lassen. Der Kamerad Gardt war in der Staffel als ein kleiner Wichtigtuer und Aufschneider bekannt. Er war von geringer Größe, aber dafür sehr von sich eingenommen. Außerdem hatte er große Chancen beim weiblichen Geschlecht. Diesen Vorgang nahm der Staffelchef zum Anlass, beim darauffolgenden Morgenappell vor der angetretenen Staffel eine Ansprache zu halten. Darin forderte er ohne Namensnennung den betreffenden Soldaten auf, sich im Laufe des Vormittags bei ihm zum Rapport zu melden. Ferner ermahnte er die Staffelangehörigen, nur mit demjenigen Mädchen intim zu werden, bei dem man auch bereit sei, es zu heiraten. Im Hinblick auf die weit fortgeschrittene Jugend der Beschwerde führenden Dame beschwor uns unser Staffelchef in Bezug auf Frauen wortwörtlich: „Meine Herren, merken Sie sich eines: Es geht nicht darum, Ruinen zu erstürmen, sondern Burgen zu erobern.“ Eines musste man unserem Hauptmann schon zugutehalten: Er war in jeder Hinsicht ein Vorbild! Wie ging die Geschichte nun weiter? Der Kamerad stritt die ihm angehängte Vaterschaft ab, mit der Begründung, dass er nicht der einzige Freier bei dieser Dame gewesen sei. Dank meiner mehrmonatigen Geschäftszimmertätigkeit bei der Bodendienststaffel bekam ich so manche heitere wie auch traurige Episode hautnah mit.

Nachts auf der Rollbahn

Im Oktober 1957 machten der Kamerad Lukowski und ich bei der Fahrschule Paschen in Memmingen unseren zivilen Pkw- und Motorradführerschein. Die praktische Ausbildung erfolgte auf einem Opel Rekord. Das Fahrzeug besaß eine Lenkradschaltung und war relativ einfach zu bedienen. Auf welchem Motorrad- oder Motorrollertyp die Ausbildung erfolgte, ist mir nicht mehr in Erinnerung. Das ist auch unwesentlich. Nach drei oder vier Wochen hatten wir die Fahrprüfung bestanden. Aber was nutzt schon ein Führerschein, wenn man weder ein Auto noch Fahrpraxis hat? Wie konnte man diesem Übel abhelfen? Da brachte uns ein anderer Kamerad auf eine famose Idee: Wir sollten uns zum motorisierten Streifendienst nachts auf der Startbahn einteilen lassen und mit einem Kameraden, der einen Bundeswehrführerschein besitzt, gemeinsam Streifenfahrten machen. Vielleicht würde uns dieser Kamerad ab und zu mal ans Steuer lassen. Gesagt, getan! Nun gab es allerdings eine unerwartete Schwierigkeit. Die Dienstfahrzeuge vom Typ DKW „Mungo“ waren voll geländegängig und anstatt mit einer komfortablen Lenkradschaltung mit einer völlig ungewohnten, schwergängigen Knüppelschaltung ausgestattet. Als ich dann eines Nachts mit einem erfahrenen Fahrer auf der Rollbahn Streife fuhr, ließ mich der Kamerad auf meine Bitte hin auch hinter das Steuer des „Mungo“. Da begannen für mich auch schon die ersten Schwierigkeiten. Wie waren an diesem Fahrzeug eigentlich die Gänge verteilt? Nach einer kurzen Einweisung ging die Fahrt los. Mit Karacho ging es über die mehr als zwei Kilometer lange Rollbahn. Das Hochschalten der Gänge ging problemlos. Aber beim Herunterschalten kam ich mit den Gängen durcheinander. Es krachte ganz schön im Getriebe. Während ich mich noch mit den Gängen beschäftigte, war der Wagen bereits von der Startbahn abgekommen und auf das Hallenvorfeld gerast. Der Kamerad schrie laut: „Tritt auf die Bremse!“ Ich konnte das Bremspedal mit den schweren Kampfstiefeln nicht sofort ausfindig machen. Nun griff der rechts neben mir sitzende Kamerad aktiv in das Geschehen ein. Er schob den Gang heraus und riss kräftig an der Handbremse. Es gab einen starken Ruck und wir machten eine unliebsame Bekanntschaft mit dem Bugrad einer auf dem Hallenvorfeld abgestellten Transportmaschine vom Typ Noratlas Nord 2501. Der Zusammenstoß war noch einmal glimpflich abgelaufen. Weder das Bugrad der Noratlas noch die Stoßstange des Streifenwagens hatten Blessuren abbekommen. Der freundliche Kamerad und ich behielten den Vorfall für uns. Es drang nichts nach außen! Jedenfalls war dies meine letzte Fahrt „Nachts auf der Rollbahn“. Am nächsten Tag ließ ich mich von der Liste der Streifenfahrer streichen. Dem guten Kameraden habe ich nach Dienstschluss für sein Entgegenkommen und seine Kameradschaft einige Runden von dem bekömmlichen Memminger Gerstensaft ausgegeben. Der stets vorsichtig und zurückhaltend agierende Kamerad Lukowski, mit dem ich gemeinsam den Zivilführerschein gemacht hatte, hatte sich von vornherein nicht zum motorisierten Streifendienst einteilen lassen.

Liebesnöte

Da gab es noch den Kameraden Alfred. Alfred stammte aus Ostpreußen. Er war groß und kräftig, ein Gemütsmensch, etwas schwerfällig in seiner Art und auch unbeholfen in anderen Dingen. Dies betraf zum Beispiel sein Verhalten in Liebesdingen. Eines Abends klagte Alfred vor uns Stubenkameraden sein Liebesleid: Er habe ein nettes Mädchen kennengelernt und sich in es verliebt. Nun wolle er seiner Angebeteten einen schönen Liebesbrief schreiben, wisse aber nicht, wie man so etwas anstelle. Er fragte in der Runde, ob ihm jemand dabei helfen könne. Dabei schaute er uns mit einem flehenden Blick an. Als sich niemand meldete, erklärte ich mich aus Mitleid bereit, für ihn einen schönen Brief aufzusetzen. Zunächst ließ ich mir das Mädchen genau beschreiben, um mir ein ungefähres Bild von ihm machen zu können. Auf meine Frage, ob sie sich auch geküsst hätten, antwortete Alfred: „Ja, sie hatte so volle und heiße Lippen." Dann legte ich los und entwarf einen glühend heißen Liebesbrief. Nachdem Alfred den Brief gelesen hatte, schien er überglücklich und bedankte sich, indem er auf mich zukam, mich umarmte und versuchte, mich zu küssen. Solch eine Reaktion hatte ich allerdings von einem männlichen Wesen nicht erwartet. Ich wusste nicht, wie ich diese Geste deuten sollte. Indem ich ihn sachte zurückschob, erklärte ich ihm, dass ich ihm den Freundschaftsdienst gerne erwiesen habe und er sich dafür nicht bedanken müsse. Im ersten Augenblick glaubte ich, es mit einem Homosexuellen zu tun zu haben. Aber einer der Stubenkameraden, der ebenfalls aus Deutschlands fernem Osten stammte, klärte mich auf und sagte, dass diese Art, der Freude Ausdruck zu verleihen, im Osten üblich sei. Am nächsten Tag brachte Alfred den für ihn wichtigen Brief zur Post. Wie die Liebesgeschichte nun ausgegangen ist, habe ich nicht mehr mitbekommen. Alfred wurde wenige Tage später zu den Luftlandetruppen versetzt.

Eine Mordgeschichte

Eine dramatische und zugleich traurige Geschichte sei noch erwähnt: Neben den Kameraden Rolf, Manfred, Alfred und Hans befand sich auch noch der Kamerad Leo Sch. auf unserer Stube. Bei ihm handelte es sich um einen ehemaligen Schustergesellen aus Düsseldorf-Derendorf. Er war mittelgroß und von kräftiger Statur. Vom Wesen her war er eher gutmütig, aber mit geistigen Gaben nicht übermäßig gesegnet. Es geschah an einem Tag im Spätherbst. Nach Dienstschluss begaben sich die meisten Soldaten vom Fliegerhorst Memmingerberg hinunter in die Stadt Memmingen. So begab sich auch Leo Sch. in die Altstadt, wo es zünftige Kneipen und anrüchige Bars gab. In einem dieser Lokale gedachte Leo den Abend zu verbringen. So trank er ein Bier nach dem anderen, zwischendurch auch einen Schnaps. Es wurde spät und später. Die letzten Soldaten verließen das Lokal, um bis zum Zapfenstreich (22:00 Uhr) wieder in der Kaserne zu sein. Einige anwesende Kameraden forderten ihn auf mitzukommen. Aber Kamerad Sch. dachte nicht daran. Der Zapfenstreich war längst überschritten. Der Unteroffizier vom Dienst (UvD) meldete nach dem abendlichen Stubendurchgang den Kameraden Leo Sch. als abwesend. Der Staffelfeldwebel gab den Vorfall an den Staffelchef weiter. Dieser machte wiederum Meldung an den Fliegerhorstkommandanten. Als sich Leo Sch. bis zum Abend des darauffolgenden Tages nicht zurückgemeldet hatte, war der Tatbestand einer „unerlaubten Entfernung von der Truppe" gegeben. Zunächst wurden Feldjäger mit der Suche nach dem Vermissten beauftragt. Sie durchkämmten erfolglos fast sämtliche Lokale in Memmingen, ganz besonders aber die, in denen er am Vortage von Staffelangehörigen gesehen worden war. Nun musste der Fall an die Memminger Kriminalpolizei abgegeben werden. Sowohl eine Straftat als auch eine Desertion waren nicht mehr auszuschließen. Nach über einer Woche intensiver Ermittlungen erhielt die Bodendienststaffel über die Fliegerhorstgruppe von der

Memminger Kriminalpolizei eine vertrauliche Mitteilung, deren Inhalt ich wiederzugeben leider nicht befugt bin. Bald darauf war in einer Memminger Tageszeitung folgende Schlagzeile zu lesen: „Memminger Damenstrumpfmörder gefasst. Durch einen Mordfall, begangen an einer Memminger Fabrikarbeiterin, kam die Polizei auf die Spur des offenbar Fahnenflüchtigen." Was hatte sich anhand der polizeilichen Ermittlungen zugetragen? Der besagte Kamerad traute sich, nachdem ihm bewusst geworden war, dass die Ausgehzeit weit überschritten war, nicht mehr in die Kaserne zurück. Eine als nebenberuflich arbeitende Animierdame, die aber ihren hauptsächlichen Lebensunterhalt als Fabrikarbeiterin bestritt, bot dem Kameraden Sch. eine Bleibe in ihrer Wohnung an. Bei seiner polizeilichen Vernehmung soll dieser zu Protokoll gegeben haben, dass er sich für die Zeit seines Aufenthaltes nicht aus der Wohnung begeben durfte. Frau X habe ihn sicherheitshalber in der Wohnung eingeschlossen. Außerdem musste er sich verpflichten, die Dame auf Verlangen sexuell zu bedienen. Dafür habe sie ihm Unterkunft gewährt und ihn mit Essen versorgt. Nach mehr als einer Woche sei er des Gefangenendaseins überdrüssig gewesen und habe nach einem Ausweg gesucht. Im Verlaufe einer handfesten Auseinandersetzung habe er in seiner Not einen in der Nähe befindlichen Damenstrumpf ergriffen und die seiner Meinung nach abartig veranlagte Frau erdrosselt. Da der inhaftierte Soldat mit seinen 19 Lenzen noch nicht volljährig war, kam er in den Jugendstrafvollzug. Wenige Tage später erhielt die Bodendienststaffel die Mitteilung der Staatsanwaltschaft, dass sich der Soldat Leo Sch. in der Arrestzelle erhängt habe. Das war ein trauriges Ende für einen so jungen Soldaten.

Ein Alpenrundflug

Eines Tages fragte mich der Kamerad Schönental – ich glaube, er hieß mit Vornamen Heinrich –, ob ich Interesse an einem privaten Rundflug habe. Da gab es für mich kein langes Überlegen. Ich stimmte sofort zu. Anschließend fragte er meinen Stubenkameraden Rolf, ob er auch Interesse an einem Flug habe. Zu dritt sei die Miete für eine Maschine nicht so teuer. Rolf stimmte ebenfalls zu. An einem Wochenende fuhren wir drei „angehende Piloten“ im Auto des Kameraden Schönental nach Leutkirch. Dort gab es einen kleinen Sportflugplatz. Heinrich mietete eine Piper (einmotoriges Sportflugzeug) für genau eine Stunde. Auf unsere überraschte Frage, wo denn der Pilot sei, antwortete der gute Mann mit stolzgeschwellter Brust: „Der Pilot bin ich.“ Rolf und mir klappten fast gleichzeitig die Kinnlade herunter. Nun wurde es uns doch etwas mulmig zumute. Dass der Kamerad Schönental, der nicht viel älter war als wir, einen Flugschein besaß, fiel uns schwer zu glauben. Die Maschine wurde startklar gemacht und Heinrich fragte uns, wer als Erster mitfliegen wolle. Einer wollte nun dem anderen den Vortritt lassen. So viel Höflichkeit hatte der gute Kamerad Sch. wohl nicht von uns erwartet. Schließlich entschloss ich mich als Erster mitzufliegen. Es war ein schöner Flug. In etwa 2.000 Meter Höhe konnte man die schöne Alpen- und Voralpenlandschaft aus der Vogelperspektive genießen. Ich habe gestaunt, wie gut der Kamerad das Flugzeug im Griff hatte. Zum Schluss legte er eine astreine Landung hin. Kamerad Rolf war ebenfalls ganz begeistert. Auf meine Frage, wie er so jung an Jahren schon zu einem Flugschein gekommen sei, vertraute er mir an, dass seine Eltern in Lüdenscheid im Sauerland ein Unternehmen besitzen würden und finanziell gut gestellt seien. Als sie seinen Hang zur Fliegerei entdeckten, hätten sie ihm den Erwerb des Flugscheines finanziert. Jedoch müsse er zur Aufrechterhaltung des Flugscheines jährlich eine gewisse Anzahl von Flugstunden nachweisen. Unser Kamerad Schönental war nicht nur ein fliegerisches Talent, er besaß auch dichterische Fähigkeiten. Bei der Gestaltung von Staffelabenden hatte er aktiv an der Erstellung von Bierzeitungen mitgewirkt und war sogar als Moritatensänger aufgetreten. Heinrich Sch. war aber nicht das einzige Talent in der Staffel. Da gab es noch den Feldwebel Koller. Dieser machte sich stets ein Vergnügen daraus, als Clown Pimperli aufzutreten und das schweizerische Militär mit Sketchen und Witzen aufs Korn zu nehmen. Einer seiner Witze drehte sich um die von Haus aus etwas klein geratenen Appenzeller: Es kommt ein offener Heeres-Lkw in voller Fahrt durch den Ort Appenzell gebraust. Da fragt ein deutscher Tourist einen Einheimischen, wo der Lastwagen mit den vielen Schildkröten hinwolle und warum dieser es so eilig gehabt habe. Darauf erklärte der Einheimische, dass es sich bei der Ladung nicht um Schildkröten gehandelt habe, sondern vielmehr um Stahlhelme mit den darunter befindlichen Appenzeller Infanteristen, die auf dem Wege zu einer Übung seien.

Adventsfeier

Das Jahr 1957 ging langsam zu Ende. Zuvor fand im nahe gelegenen Ort Grönenbach (heute **Bad** Grönenbach) eine Adventsfeier statt, an der außer unserer Bodendienststaffel noch verschiedene andere Einheiten des Fliegerhorstes Memmingen teilnahmen. An diesem Abend gab es eine besondere Überraschung: Der Fliegerhorstkommandant hatte eine Busladung Krankenschwestern aus Memmingen und der näheren Umgebung zu dieser Feier eingeladen. Es kamen so viele Damen, dass jeder Soldat eine Tischdame hatte. Es ging hier sehr gemütlich zu. Zuerst hielt der Fliegerhorstkommandant eine dem Anlass angepasste Rede. Danach wurde Glühwein ausgeschenkt. Eine kleine Vier-Mann-Kapelle spielte. Es wurden Weihnachts- und auch Volkslieder gesungen. Man unterhielt sich und machte sich mit seiner Tischdame bekannt. Dabei musste ich feststellen, dass die Konversation mit den einheimischen Tischdamen nicht immer ganz einfach war. Wir Nordlichter hatten anfangs Probleme mit der Allgäuer Mundart unserer Tischnachbarinnen, die eher schwäbisch als bayerisch klang, klarzukommen. Man musste häufiger rückfragen und sich bestimmte Ausdrücke erklären lassen. Das war aber gar nicht so schlimm! Im Gegenteil, darin lag sogar ein ganz besonderer Reiz. An diesem Abend wurden jedenfalls viele Freundschaften zwischen den Krankenschwestern und den Soldaten des Fliegerhorstes Memmingen geschlossen. Aus mancher Freundschaft entstand ein Bund fürs Leben.

Eine Querfeldeinwanderung

Es war an einem bitterkalten Samstag im Januar 1958, als mich der Kamerad Klaus Schlehe – sein Spitzname war Wetterfrosch – fragte, ob ich Interesse an einem Querfeldeinspaziergang von Memmingen nach Ottobeuren habe. Da ich an diesem Tag nichts Besonderes vorhatte, sagte ich zu. Auf meine Frage, warum es ausgerechnet nach Ottobeuren gehen solle, antwortete der Kamerad etwas ausweichend: „Ach, nur so. Nichts Besonderes!“ Nachmittags gegen 14:00 Uhr stapften wir los. Außer unserer Uniform waren wir mit einem dicken Wintermantel, Kampfstiefeln, Handschuhen und Schirmmütze bekleidet, sodass uns die Kälte nichts anhaben konnte. Tags zuvor hatte es geschneit und die Temperatur bewegte sich unterhalb des Gefrierpunkts. Es war ein trüber Tag und die Luft roch nach Schnee. Da die Wanderung querfeldein ging, hatten wir vorsichtshalber einen Kompass mitgenommen. Die Luftlinie von Memmingen nach Ottobeuren betrug circa zehn Kilometer. Da die Schneedecke gut 30 Zentimeter betrug, waren Felder und Wege nicht voneinander zu unterscheiden. Es war so, als sei ein weißes Tuch über die Landschaft gebreitet worden. Wege, Felder und Bäche waren darunter nicht zu erkennen. Als wir gut eine Dreiviertelstunde gewandert waren, gab der Boden plötzlich unter meinen Füßen nach. Kurz darauf spürte ich, wie Wasser von oben in meinen rechten Stiefel quoll. Ich war ganz offensichtlich in ein Bächlein geglitten. Kamerad Schlehe half mir sogleich aus der Misere heraus. Mir blieb nun nichts anderes übrig, als mit nassen Socken tapfer weiterzumarschieren. Nach einer fast zweistündigen Wanderung – es muss wohl schon nach 16:00 Uhr gewesen sein – erreichten wir Ottobeuren. Klaus steuerte nun zielsicher auf ein bestimmtes Haus zu. Dort klingelte er an der Haustür und es öffnete eine nette Dame. Er stellte mich als seinen Kameraden Rösel vor; ihren Namen verstand ich nur undeutlich. Er klang wie Lennhart. Frau Lennhart bat uns ins Haus, wo wir uns zwei hübschen jungen Damen gegenüber sahen. Klaus stellte sie mir als Fräulein L., seine zukünftige Verlobte, und deren Schwester Friedel vor. Die beiden Mädchen lächelten etwas verlegen und ich glaubte eine leichte Röte in ihren Gesichtern zu erkennen. „Darf ich die Herren bitten, erst einmal abzulegen?“, sagte Mutter Lennhart. Ich entschuldigte mich wegen meiner nassen Stiefel. Aber so nass waren sie gar nicht mehr. Die Nässe musste wohl beim Marschieren verdampft sein. Frau Lennhart bot uns Kaffee mit Plätzchen an und es entspann sich eine angeregte Unterhaltung. Aus der Unterhaltung ergab sich, dass Frau L. eine Kriegerwitwe war und sie außer den beiden Töchtern noch einen Sohn hatte, der Lehrer geworden war. Als Klaus und ich im Begriff waren aufzubrechen, lud uns die gute Frau zum Abendessen ein. Es gab Bratkartoffeln mit Spiegelei. Nachdem wir uns sehr herzlich für die Gastfreundschaft bedankt und uns von Frau Lennhart und den beiden netten Töchtern verabschiedet hatten, brachen wir endgültig auf. Da die Dunkelheit bereits hereingebrochen war, entschlossen wir uns, mit dem Bus zurückzufahren. Jedenfalls wusste ich von diesem Tage an, was unter einem „Bratkartoffelverhältnis“ zu verstehen ist. Bald trennten sich – laufbahn- und versetzungsbedingt – unsere Wege. Nach 40 Jahren kreuzten sich unsere Wege im Großraum Köln wieder. Klaus und ich waren inzwischen verheiratet und hatten Kinder. Es kann als eine Ironie des Schicksals angesehen werden: Klaus hatte damals nicht seine „zukünftige Verlobte“, sondern deren Schwester Friedel geheiratet. Familie Schlehe hatte sich in Troisdorf und ich mich mit meiner Familie im benachbarten Sankt Augustin niedergelassen. Unsere Familien sind seitdem freundschaftlich miteinander verbunden.

Der Skikurs

Im Februar des gleichen Jahres (1958) meldete ich mich zu einem Skikurs, der von der Fliegerhorstgruppe ausgeschrieben worden war. Die Teilnehmerzahl betrug, soweit ich mich erinnern kann, zwölf Personen. Darunter befand sich auch der Fliegerhorstkommandant. Die Fahrt führte von Memmingen in zwei Mannschaftswagen vom Typ UNIMOG über Kempten, Immenstadt und Oberstaufen bis Steibis. Wir waren mit Kampfanzug, Kampfstiefeln und Skimütze bekleidet. Dazu kam noch ein circa 20 Kilogramm schwerer Rucksack mit Wäsche und Bekleidung zum Wechseln sowie Kochgeschirr und Fallmesser. In Steibis nahmen wir bei einem privaten Skiverleih Skier in Empfang. Es waren, wie man sich vielleicht denken kann, nicht die allerneuesten Modelle. Vielfach waren die seitlichen Kanten schon derart gerundet, sodass man beim Kurvenfahren schnell aus der Bahn getragen wurde. Nachdem wir unsere Kampfstiefel auf den Brettern befestigt hatten, bewegten wir uns in Richtung Imberg und bezogen dort oben am späten Nachmittag eine Hütte. Die meisten Lehrgangsteilnehmer standen zum ersten Male in ihrem Leben auf Skiern. Das Fortbewegen auf diesen schmalen Brettern war arg gewöhnungsbedürftig. Ein erfahrener Feldwebel und Skilehrer brachte uns als Erstes die Anwendung der Textilbremse bei. Gemeint war, dass man sich in Not- oder Gefahrensituationen seitlich auf das Gesäß fallen lassen sollte. In der Hütte ging es sehr beengt zu. Jede der Kammern war mit je zwei übereinander gestapelten Schlafstätten ausgestattet. Nachdem wir uns notdürftig eingerichtet hatten, hielt der Fliegerhorstkommandant eine kurze Ansprache und der Skilehrer gab den Dienstplan für den folgenden Tag bekannt. Inzwischen war es Abend geworden und es war an der Zeit, das Abendbrot einzunehmen. Gott sei Dank war ein Koch mit von der Partie. Zu den mitgeführten E-Rationen machte er uns einen heißen Früchtetee. Der tat gut und wärmte uns. Die Außentemperaturen lagen zwischen fünf und zehn Grad Celsius unter dem Gefrierpunkt. Danach suchten wir schnell unsere Kojen auf und krochen unter die warmen Decken. Der nächste Morgen war klar und eisig. Für den Toilettengang stand ein Plumpsklo zur Verfügung. Duschen gab es nicht. Die Körperreinigung erfolgte im Freien. Gesicht und Oberkörper reinigte man mit Schnee, den man einem zugeschneiten Viehtrog entnahm. Bei diesen Verhältnissen war die Morgentoilette schnell erledigt. Das Frühstück setzte sich wieder aus E-Rationen zusammen. Das Wasser für den Morgentee wurde aus geschmolzenem Schnee gewonnen. So lernte ich das „Leben im Felde“ kennen. Gott sei Dank bestand das Mittagessen aus einer warmen Mahlzeit. Täglich gegen 12:00 Uhr mittags kam ein mit einem Thermoskübel beladener UNIMOG die Anhöhe zu unserer Hütte emporgekrabbelt und brachte warmes Essen. Die Tage verbrachten wir überwiegend im Freien. Unser Skilehrer gab sich die größte Mühe, uns die Grundbegriffe und Grundtechniken des Skifahrens beizubringen. Die Ausbildung fand auf einem Hügel (Idiotenhügel) in einiger Entfernung von der Hütte statt. Wichtig ist die Haltung auf den Skiern: der Oberkörper muss stets leicht nach vorn gebeugt sein. Wir lernten Schwingen, Wedeln und Stemmbogen zu fahren. Schwierige Anstiege erfolgten dagegen unter Zuhilfenahme von Steigfellen oder Steigwachs. Bei leichteren Anstiegen hatten die Skier ein „V“ zu bilden. Am schönsten jedoch waren die Hüttenabende, wenn das Holz im Kamin Funken versprühend laut knisterte und wir im Halbkreis um den Kamin saßen, dabei Soldaten- oder Fahrtenlieder sangen, Schwänke aus unserem Leben zum Besten gaben oder auch nur zuhörten. An einem dieser Abende hatte ich auch Gelegenheit, meine vom Oberfeldwebel S. abgeschauten Zauberkunststücke zum allgemeinen Staunen der Kameraden zum Besten zu geben. Kaum hatte man sich an das Hüttenleben gewöhnt, neigte sich die schöne Zeit dem Ende zu. Zwei Höhepunkte sind mir bei diesem Lehrgang in Erinnerung geblieben. Da war einmal der Aufstieg zum 1.833 Meter hohen Hochgrat mit Skiern. Hier oben machten wir eine kleine Rast. Dabei gab es eine kurze Besprechung mit Hinweisen für die bevorstehende Abfahrt. Mittlerweile war die Dämmerung eingebrochen. Für uns Anfänger war dies eine Art Abschlussprüfung. Der Skilehrer machte den Anfang und der Kamerad Körke, ein bislang unentdecktes Skitalent, bildete das Schlusslicht. Ihm fiel die Aufgabe zu, verunfallte Teilnehmer aufzusammeln und sicher heimwärts zu geleiten. Mit atemberaubender Geschwindigkeit ging es teils schwingend, teils wedelnd talwärts. Einmal musste ich von der berühmten Textilbremse Gebrauch machen. Es war aber nur ein harmloser Sturz. Körky, so nannten wir unseren Kameraden Körke, brauchte nicht helfend einzugreifen. Den Abschluss des Lehrgangs bildete zwei Tage später eine Schneewanderung im Kampfanzug und Kampfstiefeln zur benachbarten Landsberger Hütte. Nach dem Abendessen, gegen 18:00 Uhr, setzte sich unser Trupp in Bewegung. Nach einem mühsamen Aufstieg erreichten wir in der Dämmerung unser Ziel. Die Landsberger Hütte, die wesentlich größer war als unsere Imberger Unterkunft, war voller Leben. Lauter Gesang dröhnte uns entgegen. Es herrschte Halligalli, wie man so schön sagt. Wie sich herausstellte, waren wir nicht die einzigen Gäste auf dieser Hütte. Eine Wintersportgruppe aus Westfalen hatte sich für eine Woche hier einquartiert. Zunächst hatten wir einen ungeheuren Durst, den wir mit Skiwasser zu löschen versuchten. Aus Skiwasser wurde dann Feuerwasser. Eine Kapelle spielte zum Tanz auf. Unsere Gruppe bot mit ihren Kampfstiefeln ein bizarres Bild auf der Tanzfläche. Meine Partnerin kam aus Essen, quasi aus meiner Heimat. Nach dem Tanz hatte ich mich mit ihr angeregt unterhalten. Als die Stimmung gerade am höchsten war, kam das Kommando zum Aufbruch. Der Rückmarsch erfolgte bei hellem Mondlicht. Torkelnd und stolpernd bewegten wir uns im Gänsemarsch heimwärts. Ich vergaß zu erwähnen, dass der Leiter des Kommandos sich dem Ausflug zur Landsberger Hütte nicht angeschlossen hatte. Er hatte seinen Adjutanten, einen Kapitänleutnant von der Marine, zum Truppführer bestimmt. Das war vielleicht ein lustiger Knabe. Sein Name ist mir heute nicht mehr erinnerlich. Wir nannten ihn Kaleu. Er steckte voller Humor, war ein echter Scherzkeks und warf dauernd mit seemännischen Fachausdrücken um sich, die wir Landratten nicht verstanden. Mal war von Steuerbord, Backbord, Bug und Achtersteven, Smutje, Kombüse, Koje, Niedergang, Funkgast, Luke oder Matrosen am Mast die Rede. Unterwegs sollten wir ein Lied anstimmen. Körky stimmte ein Lied an, welches unserem Kaleu aber nicht gefiel. Schließlich einigten wir uns auf „Eine Seefahrt, die ist lustig …“. Wir waren gerade bei „lustig“ angekommen, als der Kaleu stolperte und in voller Länge in den Schnee fiel. Nun verlangte er von uns Lehrgangsteilnehmern, dass wir uns aus Solidarität alle in den Schnee fallen lassen sollten. Das taten wir und halfen unserem Kaleu anschließend wieder auf die Beine. Zu später Stunde erreichten wir unsere Unterkunft. Der nächste Tag war unser Abreisetag. Nach dem Frühstück ging es auf Skiern hinunter nach Steibis, wo wir die Bretter ablieferten. Bei der Abfahrt war ich noch einmal mit dem schweren Gepäck gestürzt. Ich rutschte einen Abhang hinunter und kam kurz vor einem Bächlein zum Stehen. In Steibis bestiegen wir die bereitstehenden Mannschaftsfahrzeuge und zurück ging die Fahrt zum Fliegerhorst Memmingen. Damit war die schöne Auszeit zu

Ende. Unterwegs wurde mir jedoch klar, dass Skifahren nicht zu meinen Lieblingssportarten gehören würde.

Ein Flugzeugabsturz

Eines Nachmittags wurde die Bodendienststaffel in Alarmbereitschaft versetzt. Telefonisch war dem Staffelchef der Absturz eines Kurierflugzeuges vom Typ Do-27 auf einem Feld in der Nähe Memmingens gemeldet worden. Es war ein Wintertag und es herrschte Schneetreiben. Unser Staffelchef ordnete an, dass alle verfügbaren Soldaten der Staffel sich unverzüglich zu bereitgestellten UNIMOGS zu begeben hätten, um auf schnellstem und kürzestem Wege die Unfallstelle zu erreichen. Außer unseren Feldspaten hatten wir keinerlei Ausrüstung dabei. An der Unfallstelle angekommen, sahen wir ein brennendes Flugzeugwrack mit einem verkohlten Piloten. Uns blieb nur noch übrig, das brennende Wrack mit Schnee zuzuschaufeln. Kurze Zeit später erschien auch die Flugplatzfeuerwehr. Die sterblichen Reste des Piloten wurden geborgen. Wie sich herausstellte, handelte es sich um einen Feldwebel, der in Memmingen einen Refresher-Lehrgang machte und im Schneegestöber offensichtlich die Orientierung verloren hatte. Vermutlich hatte die Maschine bei dem Versuch einer Notlandung Feuer gefangen. Refresher-Lehrgang bedeutete: Auffrischungs- bzw. Umschulungslehrgang auf einen anderen Flugzeugtyp. An einem solchen Lehrgang nahm auch ein Hauptmann namens Kaufmann teil. Gelegentlich wartete ein hübsches, süßes Mädel vor dem Kasernentor auf seinen Papa, den besagten Hauptmann Kaufmann. Beim Anblick des Mädchens entfuhr manch einem Kameraden ein anerkennendes „Oh, là, là“. Aus diesem süßen Mädel wurde einige Jahre später der bekannte Filmstar **Christine Kaufmann.** Wer hätte das damals gedacht?

Ein trauriges Ende

Dann war da noch der Gefreite Pacharek. Er war ein etwas grober Typ mit einem lauten Mundwerk, wie man so schön sagt, eine „Berliner Schnauze“. Er spielte sich gerne als Vorgesetzter auf und schien es sich zum Hobby gemacht zu haben, seine Kameraden zu disziplinieren, das heißt stets auf Fehler, gleich welcher Art, hinzuweisen. Dadurch machte er sich in der Staffel unbeliebt. Da er – aus welchen Gründen auch immer – für die fliegerische Laufbahn nicht geeignet war, hatte er sich für die Laufbahn eines Rekrutenausbilders beworben. Günter, so war sein Vorname, hatte Glück und wurde zu einem der ersten Unteroffizierslehrgänge in Memmingen abkommandiert. Seinen weiteren Werdegang habe ich leider nicht verfolgen können. Wie ich später von ehemaligen Memminger Kameraden erfahren habe, hatte es mit ihm ein böses Ende genommen. Nach seinem bestandenen Lehrgang und anschließender Beförderung zum Unteroffizier sei er trotz eines damaligen Verbotes mit seiner Uniform im Koffer nach Berlin geflogen und habe sich als frisch gebackener Unteroffizier in seiner Bundeswehruniform bei seinen Verwandten und Bekannten sehen und von ihnen bewundern lassen. Von einem Kinobesuch in Berlin (natürlich in Uniform) sei er nicht mehr heimgekehrt. Am Ende der Kinovorstellung habe man ihn tot in seinem Sitz entdeckt.

Reitunfall

Nun kommt etwas zur Erheiterung. Beim morgendlichen Appell gab der Staffelfeldwebel bekannt, dass sich der Kamerad P. bei einem Sturz vom Pferd ein Glied gebrochen habe. Nach anfänglicher Bestürzung hörte man in den hinteren Reihen der vor dem Kasernenblock im Karree angetretenen Bodendienststaffel ein unterdrücktes Gelächter. Einer der Staffelangehörigen hatte mit unterdrückter Stimme gesagt: „Beim nächsten Mal soll sich P. ein Pferdchen anschaffen, dem man beim Reiten in die Augen gucken kann. Dabei könne man sich kaum ein Glied brechen."

Matrosen am Mast

Eines Morgens meldete sich unser Stubenkamerad Hans T. ab zum Sanitätsarzt. Auf unsere erstaunte Frage, was ihm denn fehle, er sehe doch gar nicht krank aus, druckste er verlegen herum und sagte, er habe ein unangenehmes Jucken im Intimbereich. Darauf meinte ein anderer Stubenkamerad: „Der hat bestimmt Matrosen am Mast." Auf meine etwas naive Frage, was das zu bedeuten habe, schwirrten dann Ausdrücke wie „Sackratten" oder „Filzläuse" durch den Raum. Ich muss gestehen, dass ich zu diesem Zeitpunkt etwas unbedarft auf diesem Gebiet war.

Abschied von Memmingen

Anfang März 1958 wurde ich mit dem Kameraden Hans L. zur Wehrfliegertauglichkeitsuntersuchung nach Fürstenfeldbruck abkommandiert. Die Untersuchung verlief für mich, im Gegensatz zu Hans, erfolgreich. Einige Wochen später hieß es für mich, von meinem geliebten Memmingen Abschied zu nehmen. Am 16. April 1958 wurde ich zum Fluganwärterregiment nach Uetersen versetzt. Mein Kamerad Hans L. blieb noch in Memmingen und nahm meinen Platz in der Schreibstube der Bodendienststaffel ein.

Uetersen III

Der Unteroffizierslehrgang

Meine Erwartung, nun gleich in die fliegerische Ausbildung übernommen zu werden, ging nicht in Erfüllung. Stattdessen wurde ich einer Unteroffizierslehrkompanie zugeteilt, um zunächst einmal einen Unteroffiziersanwärterlehrgang zu absolvieren. Vom Bestehen dieses Lehrgangs war die Übernahme zur vorfliegerischen Ausbildung abhängig. Es bewahrheitete sich wieder einmal das griechische Sprichwort: „Vor den Erfolg haben die Götter die Tore gesetzt." Rückblickend muss ich sagen, dass es sich um den härtesten Lehrgang während meiner gesamten militärischen Laufbahn gehandelt hat. Härte, Ausdauer und militärisches Geschick waren einem zukünftigen Piloten abzuverlangen! Als Kompaniechef wurde uns ein Hauptmann Köslinger vorgestellt, der sich als Liebhaber von Nachtmärschen und Nachtalarmen entpuppte. Mein Gruppenführer war Rudi Merker, ein zäher Bursche. Oberfeldwebel Henzel war unser Zugführer. Ihm haftete noch ein Hauch der ehemaligen deutschen Wehrmacht an. Sein Verhalten uns Anwärtern gegenüber war jederzeit hart, aber fair! Meine Stubenkameraden in dieser Zeit waren Herbert, Kurt, Ingo, Peter, Georg und Hans. Wir waren eine gute Gemeinschaft. Es hatte nie den geringsten Streit zwischen uns gegeben, obwohl wir sieben an der Zahl waren. Wir fühlten uns wie das „Fähnlein der sieben Aufrechten". Etwa 14 Tage vor Lehrgangsende fragte mich der Kamerad Ingo, der einen Segelflugschein besaß, ob ich Interesse an einem Mitflug im Segelflugzeug hätte. Diese Frage habe ich sofort bejaht. An einem der folgenden Wochenenden begaben wir uns zu einem Segelflugplatz in der Nähe von Hamburg. Dort mietete der Kamerad ein zweisitziges Segelflugzeug und kurze Zeit später wurden wir mittels Seilwinde auf eine bestimmte Höhe geschleppt. Nach dem Ausklinken des Schleppseils waren wir allein auf uns gestellt. Ingo lenkte den Segler in eine Thermiksäule, in der wir uns langsam hochschraubten. Es war ein erhabenes Gefühl, über der Landschaft zu schweben und nur das Rauschen des Windes zu hören. Nach einer knappen halben Stunde setzten wir wieder zur Landung an. Dieser Flug war schon ein einmaliges Erlebnis. Ich bedankte mich bei Ingo und beteiligte mich an den Kosten.

Unangenehme Erinnerung an einen Nachtmarsch

Die vielen Gewaltmärsche und die häufigen Nachtübungen sind mir heute noch in Erinnerung. Des Öfteren gab es Fehlalarm. Nachdem die Kompanie abmarschbereit vor dem Kasernenblock angetreten war, hieß es: „Kompanie, in die Unterkünfte wegtreten!“ – Es war schon lange nach Mitternacht, als auf den Gängen mal wieder die Trillerpfeife des Unteroffiziers vom Dienst ertönte. Kurz darauf erklang der Befehl: „Kompanie mit Sturmgepäck vor dem Kasernenblock antreten!“ In der Annahme, dass es sich wieder einmal um einen Fehlalarm handele, hatte ich mich nur oberflächlich bekleidet. Mit dem Schlafanzug schlüpfte ich in den Kampfanzug und ohne Socken glitten meine Füße in die Kampfstiefel. Das hatte Folgen, sehr unangenehme sogar! Als die Kompanie vor dem Gebäude angetreten war, lautete das Kommando: „Kompanie stillgestanden! Rechts um! Ohne Tritt! Marsch!“ Es folgte ein mehrstündiger Nachtmarsch. Als die Kompanie im Morgengrauen zurückkehrte, gab es viele Fußkranke, zu denen auch ich gehörte. Als ich die Stiefel auszog, waren die Füße total blutig und die Haut hing stellenweise in Fetzen herunter. Das war für mich eine Lehre. Nie wieder trat ich bei einem Alarm, gleich welcher Art, mit unvorschriftsmäßiger Bekleidung an. So verbrachte ich eine ganze Woche mit verbundenen Füßen im Krankenrevier. Am schlimmsten war die Behandlung mit einem Desinfektionsmittel, welches sich Jod nannte. An die brennenden Schmerzen erinnere ich mich noch heute.

Die Mutprobe

Zum Abschluss der Ausbildung hatte jeder die Bedingungen zur Erlangung des Deutschen Sportabzeichens zu erfüllen. Dabei wurde von jedem außer den üblichen Disziplinen zusätzlich eine Mutprobe abverlangt. Sie bestand darin, von einem fünf Meter hohen hölzernen Sprungturm, der sich inmitten eines Sees von unbekannter Tiefe unweit von Uetersen befand, hinunterzuspringen. Da ich mich für einen Salto entschieden hatte, erlangte ich auch die höchste Punktzahl. Damit hatte ich die Bedingungen für das Deutsche Sportabzeichen erfüllt und erhielt außer einer Urkunde ein Abzeichen in Bronze nebst Ordensschnalle. Bei einem militärischen Wettkampf aller Fliegerhorsteinheiten, der außer Schießen einen 20-Kilometer-Marsch und einen Lauf über die Hindernisbahn beinhaltete, gewann unsere Kompanie mit dem 2. Zug unter Führung von Leutnant Beckmann den Siegerpokal.

Einstieg in die vorfliegerische Ausbildung

Nach erfolgreich bestandenem Unteroffizierslehrgang wurde ich am 18.07.1958 der 4. Staffel des Fluganwärterregimentes, welches sich auch in Uetersen befand, zugeteilt. Staffelchef war Hauptmann Böring, ein ehemaliger Bomberpilot (Do 17 und Ju 88). Für uns angehende Flugzeugführer begann jetzt die vorfliegerische Ausbildung, welche sich aus einem mehrmonatigen englischen Sprachlehrgang sowie den „Academics“ (Flugzeug-,

Motor-, Wetterkunde und Navigation) zusammensetzte. Den Sprachlehrgang schaffte ich ziemlich mühelos, da ich in der Volksschule **Englisch** als Wahlfach hatte. Dagegen waren die „Academics“ Neuland für mich. Hier musste ich mich auf die Hinterbeine stellen, um bei der zügigen Vermittlung des Unterrichtsstoffes nicht ins Hintertreffen zu geraten. Einer unserer Instrukteure war ein ehemaliger Fliegeroffizier aus Südafrika. Er war groß, robust, gab sich unkompliziert und hätte durchaus einem südafrikanischen Burengeschlecht entstammen können. Wir belegten ihn mit dem Spitznahmen „General Booth“. Einen großen Vorteil hatte die rein theoretische Ausbildung: Während dieser Phase waren wir vom rein militärischen Dienst befreit, das heißt kein Wachdienst, keine Gefechts- und keine Formalausbildung! In Anerkennung meiner militärischen und fachlichen Leistungen erhielt ich am 31. Oktober 1958 vor der angetretenen Staffel aus der Hand unseres Staffelchefs die Beförderungsurkunde zum Unteroffizier.

Kamerad Benz

Während der englischen Sprachausbildung machte ich Bekanntschaft mit dem Kameraden Benz. Sein vollständiger Name war Gerhard Benz, seines Zeichens Stabsunteroffizier. Er war mindestens 15 Jahre älter als ich und hatte schon in der ehemaligen Wehrmacht gedient. Gerhard B. war ein gemütlicher Typ, rauchte Zigarren der Marke „Weiße Eule“ und stammte aus Ostpreußen. Ich fand ihn durchaus sympathisch. Er war verheiratet und hatte eine kleine Tochter. Seine Familie wohnte damals in Diepholz. Gerhard besaß zwar russische, aber keine englischen Sprachkenntnisse. Daher hielt er sich während der Sprachausbildung gerne an mich und ließ sich von mir grammatikalische Strukturen und bestimmte idiomatische Redewendungen erklären. An den Wochenenden, wo Gerhard keine Familienheimfahrt durchführte, suchten wir öfter in Uetersen und Umgebung nette Cafés oder gute Gaststätten auf. Später, als ich mir einen fahrbaren Untersatz zugelegt hatte, fuhren wir u. a. gelegentlich nach Wedel, Ortsteil Schulau an der Unterelbe, zur Schiffsbegrüßungsanlage „Willkomm-Höft". Dort wurden alle einfahrenden ausländischen Schiffe mit einer Ansage sowie Abspielung der jeweiligen Nationalhymne und Hissen der jeweiligen Nationalflagge begrüßt. Später stieß noch ein dritter Kamerad zu uns, ein Berliner. – An einem herrlichen Sommertag durchstreiften wir eines Nachmittags den schönen Rosengarten in Uetersen, setzten uns auf eine freie Bank und ließen uns die Sonne aufs Haupt scheinen. Plötzlich stieß mich Gerhard an und deutete auf ein hübsches Mädchen, welches in einiger Entfernung vorüberging, und sagte in seinem ostpreußischen Zungenschlag: „Dieterchen, siehst du dort das kleine Kickerchen, ist das nichts für dich?" Als ich mich danach umschaute, war das Mädchen schon meinen Blicken entschwunden.

Man sagt den Ostpreußen im Allgemeinen nach, dass sie charakterfest, treu, zuverlässig und gastfreundlich seien. Dies konnte ich einige Jahre später bestätigen, als ich längst nicht mehr in Uetersen war. Trotzdem hielten Gerhard und ich weiterhin die Verbindung aufrecht. Es muss wohl im Jahre 1960 gewesen sein. Ich verbrachte gerade einen Teil meines Jahresurlaubs bei meinen Eltern in Unna. Ich überredete meinen Vater, der zufällig auch Urlaub hatte, zu einer Tagestour mit meinem VW Käfer nach Bremen. Er war sofort bereit. Mutter musste leider zu Hause bleiben, um meine jüngeren Geschwister zu versorgen. Nach einem ausgiebigen Bummel durch Bremens Innenstadt traten wir am späten Nachmittag die Rückreise an. Als wir den Ort Diepholz passierten, fiel mir mein alter Kamerad Benz ein. Kurz entschlossen steuerte ich die Artilleriestraße an, wo er mit seiner Familie wohnte, um ihn mit einer unangekündigten Stippvisite zu überraschen. Wir hatten Glück. Er war daheim. Gerhard schien sich über unseren Überraschungsbesuch zu freuen. Ich machte ihn mit meinem Vater bekannt. Er bat uns in seine Wohnung, wo er uns mit seiner Frau und Tochter bekannt machte. Da es nicht mehr lange hin bis zur Abendessenszeit war, wurden wir zum Abendessen eingeladen. Wir lehnten dankend ab, weil wir ohnehin nur vorhatten, kurz Hallo zu sagen und weiterzufahren. Trotz unserer Ablehnung bestand man darauf, mit uns gemeinsam zu Abend zu essen. Dabei gab es viel zu erzählen. Die Zeit verging wie im Fluge. Als ich auf die Uhr schaute, war es bereits nach 21:00 Uhr. Nun war es an der Zeit aufzubrechen. Aber man ließ uns nicht gehen, mit dem Argument, dass es bereits dunkel und zu gefährlich sei, jetzt noch zu fahren. Man bestand darauf, bei ihnen zu übernachten. Frau Benz bereitete uns ein Nachtlager auf einem Ausziehsofa. Leider hatten wir keine Möglichkeit, Mutter zu verständigen. Weder wir noch unsere Gastgeber verfügten über ein Telefon. Mutter muss tausend Ängste ausgestanden haben, als wir am selben Tag nicht mehr zurückkamen. Am nächsten Morgen standen wir schon sehr früh auf und nach einem kleinen Frühstück verabschiedeten wir uns von unseren Gastgebern, nicht ohne uns bei ihnen für die erwiesene Gastfreundschaft ganz herzlich bedankt zu haben. Später verlor sich die Spur vom Kameraden Benz. Schade! Nach diesem kleinen Exkurs geht es wieder zurück zur vorfliegerischen Ausbildung.

Hangelar (Zwischenspiel)

Fliegerschule Hangelar

Am 5. Januar 1959 wurde ich mit zehn weiteren Kameraden zur fliegerischen Vorauswahlschulung an die zivile Fliegerschule Hangelar bei Bonn abkommandiert.

Crew mit Fluglehrer

Es handelte sich um eine Notlösung, da zu diesem Zeitpunkt noch nicht genügend militärische Fluglehrer und Fluggeräte zur Verfügung standen. Hangelar zählt übrigens zu den ältesten Flugplätzen Deutschlands (Geburtsjahr: 1907). Wir Flugschüler wurden drei älteren Fluglehrern zugeteilt. Unser Gruppenältester war ein Leutnant. Mein Fluglehrer war ein Herr Schönen. Wie sich in einem später geführten Gespräch herausstellte, war Herr Schönen während des Zweiten Weltkrieges Testpilot bei der Firma Dornier. Am Tag nach unserer Ankunft in Hangelar wurden wir gleich mit den theoretischen Grundlagen unserer zukünftigen Fluggeräte, den Schulflugzeugen Piper L-18 und Piper L-4, vertraut gemacht. Die ersten Einweisungsflüge ließen nicht lange auf sich warten. Nun galt es, die theoretisch erworbenen Kenntnisse in die Praxis umzusetzen. Da es sich in Hangelar um eine zivile Fliegerschule handelte, ging alles etwas legerer zu. Das Verhältnis zwischen Fluglehrern und Flugschülern war harmonisch. Man stand auch nicht ständig unter Stress. Natürlich musste das vorgesehene Ausbildungsprogramm eingehalten werden. Zwischen Fluglehrern und -schülern wurde vereinbart, dass bei gutem Wetter geflogen und bei schlechtem Wetter unterrichtet wird. Auch während dieser Ausbildungsphase verging die Zeit sprichwörtlich wie im Fluge. In der ersten Märzwoche war es dann so weit. Es nahte die Stunde der Wahrheit. Eine Prüfungskommission aus Uetersen hatte sich angekündigt. Sie hatte die Aufgabe, uns Flugschüler einer strengen Prüfung in Theorie und Praxis zu unterziehen. Am Ende hatten wir Flugschüler die Abschlussprüfung bestanden und das Ausbildungsziel erreicht. Ich kann mich noch genau erinnern, als mein Prüfer, ein Hauptmann, mich beim Fliegen einer Kurve darauf aufmerksam machte, nicht das Seitenruder, sondern ausschließlich das Querruder zu benutzen. Ich sagte ihm, dass unsere Fluglehrer beim Kurvenfliegen stets Seiten- und Querruder angewandt hätten. Worauf er erläuterte, dass nach den neuesten amerikanischen Vorschriften Kurven ausschließlich mit dem Querruder eingeleitet würden. Ich versprach dem Prüfer, dass ich in Zukunft nach der amerikanischen Vorschrift fliegen würde. Damit war er zufrieden.

Uetersen IV

Autokauf

Am 10. März 1959 ging es dann wieder zurück nach Uetersen, wo wir uns mit fortgeschrittener englischer Sprachausbildung und theoretischem Flugunterricht die Zeit bis zu unserer weiteren Verwendung als Flugzeugführer vertreiben mussten. Dies war auch die Zeit, wo ich den Kameraden Benz wiedertraf. Mit ihm hatte ich an den Wochenenden – wie bereits erwähnt – öfters gemeinsam etwas in puncto Freizeitgestaltung unternommen. Anfang April hatte ich dem Kameraden Ludwig einen gebrauchten VW Käfer zum Preis von 1.800,00 DM abgekauft. Im Kraftfahrzeugbrief stand: Baujahr 1951! Demnach war das Fahrzeug bereits acht Jahre alt. Es hatte außer dem typischen Brezelrückfenster ein **unsynchronisiertes** Getriebe. Die Gänge mussten mit Zwischengas geschaltet werden. Das war für mich Neuland. Bei jedem Schaltvorgang kam anfangs „Freude“ auf, wenn es im Getriebe krachte. Meine Mitfahrer konnten sich dann gewisse Bemerkungen nicht verkneifen, wie: „Ein schöner Gruß vom Getriebe, der Gang ist jetzt drin.“ Es dauerte einige Wochen, bis ich den Bogen mit der Schalterei raushatte. Danach klappte es wie am Schnürchen. Das Schalten mit Zwischengas hat sich später als Vorteil erwiesen, als ich einst mit einem neuen VW 1600 mit gerissenem Kupplungsseil bei Aranjuez (ca. 50 Kilometer südlich von Madrid) liegen blieb. Dank meiner Erfahrung, mit Zwischengas zu schalten, war es mir möglich, ohne Betätigung des Kupplungspedals die Gänge rauf- und runterzuschalten und das Fahrzeug in eine Madrider Werkstatt zu fahren. – Eine weitere Besonderheit waren die vorsintflutlichen Fahrtrichtungsanzeiger an meinem 1951er Käfer. Bei einem Fahrtrichtungswechsel klappte jedes Mal aus dem Mittelholm ein roter Winker heraus. Heutzutage würde solch ein Vorgang auf Beobachter belustigend wirken und ein Gelächter hervorrufen. Auch der Startvorgang war nicht alltäglich. Es genügte zu Beispiel nicht, den Zündschlüssel einfach herumzudrehen, sondern dieser durfte nur bis zur Position **Start** gedreht werden. Danach war ein weißer Startknopf zu drücken. Erst nach diesem Prozedere sprang der Motor an. Dass sich bei einem Fahrzeug der Motor im Heck befindet, wie zum Beispiel beim „Käfer“, war damals nicht die Normalität. In diesem Zusammenhang fällt mir eine kleine Geschichte ein, die mir ein Bekannter aus den USA – ebenfalls ein Käferfahrer – erzählte: Er sei einmal mit hochgeklappter Kühlerhaube an einem Highway stehen geblieben, um etwas dem unter der Kühlerhaube befindlichen Stauraum zu entnehmen, als ein hilfsbereiter amerikanischer Autofahrer mit seinem Straßenkreuzer anhielt und meinen Bekannten fragte, ob er ihm helfen könne. Dabei fiel dessen Blick wohl unter die Kühlerhaube, und er stellte erstaunt fest, dass dort kein Motor vorhanden war. Neugierig fragte er, ob das Auto keinen Motor habe und wenn doch, dann wo? Darauf hatte mein Bekannter geantwortet, dass der Käfer keinen großen Motor benötige. Im Heck befinde sich ein Hilfsmotor, der es immerhin schaffe, das Fahrzeug auf 65 Meilen (ca. 104 km/h) zu beschleunigen. Schneller dürfe man in den meisten amerikanischen Bundesstaaten ja ohnehin nicht fahren.

Damals war ich mächtig stolz auf meine neue Errungenschaft. Selbst heute, nach über 50 Jahren, ist mir das polizeiliche Kennzeichen, welches ich von meinem Vorgänger übernommen hatte, noch in Erinnerung. Es lautete: PI – V 125. PI steht für den Kreis Pinneberg, wo die erste Anmeldung stattfand. Den guten Käfer habe ich, als das Fahrzeug 15 Jahre alt war, meinem jüngeren Bruder geschenkt. Der fuhr auch noch einige Jahre damit.

Hellseherische Fähigkeiten sind gefragt

In der Nähe des Fliegerhorstes befand sich eine kleine Ortschaft namens Appen. Da gab es eine Tanzdiele, die an Wochenenden nachmittags um 16:00 Uhr schon geöffnet hatte. Bei uns Soldaten war dieses Etablissement unter der Bezeichnung „Pressluftschuppen“ bekannt. Diese Bezeichnung war durchaus gerechtfertigt. Ganz egal, um welche Zeit man das Lokal betrat, es war immer brechend voll. Ich hatte nie etwas für Tanzdielen übrig. Doch einmal bedrängte mich der Kamerad Helmichkeit, den ich noch aus der Lister Zeit kannte, ihn in das besagte Tanzlokal zu begleiten. Er gehörte in List der 4. Kompanie, der „Mondscheinkompanie“ an. Wir waren uns dort über den Weg gelaufen und hatten uns in Uetersen bei der vorfliegerischen

Ausbildung wiedergetroffen. Horst, so lautete sein Vorname, teilte mir mit, dass er in dem besagten Tanzlokal zwei Damen kennengelernt habe, mit denen er verabredet sei. Ich möge doch mitkommen, dann mache die Sache mehr Spaß. Also ließ ich mich überreden. Vorher verlangte ich aber einige Auskünfte über die Damen. Ich wollte wissen, mit wem ich es zu tun hatte. Horst gab mir auch bereitwillig Auskunft über Alter, Herkunft und Familienverhältnisse der Mädchen. Als Horst und ich am darauffolgenden Tag das Lokal betraten, spielte eine Kapelle mit voller Lautstärke und auf der Tanzfläche herrschte ein entsetzliches Gedränge. Es wurde nach norddeutscher Art „Kuddelmuddel" getanzt, das heißt, der Herr konnte die Dame, mit der er tanzen möchte, auf der Tanzfläche abklatschen. Ich habe das auch einige Male gemacht, aber nur bei Marsch und Foxtrott, wo ich einigermaßen sicher war. Ich hatte das untrügliche Gefühl, dass mir der gute Horst die Freundin seiner Partnerin aufs Auge drücken wollte. So leid es mir tat, aber sie entsprach überhaupt nicht meinen Vorstellungen. Wie konnte ich mich nun am besten aus der Affäre ziehen? Wir saßen zu viert an einem Tisch und unterhielten uns über Hobbys etc. Bei dieser Gelegenheit stellte mich Horst als Zauberer und Hellseher vor. Zunächst war ich verblüfft. Dann fielen mir jedoch die Zaubertricks ein, die ich in Memmingen vom Oberfeldwebel Strelnow gelernt hatte, und führte einige davon vor. Die Musik spielte wieder zum Tanz auf und Horst begab sich mit seiner Dame auf die Tanzfläche. Deren Freundin und ich blieben noch am Tisch sitzen. Jetzt hatte ich Gelegenheit, meine hellseherischen Fähigkeiten unter Beweis zu stellen, und erzählte ihr alles, was mir Horst einige Tage zuvor über ihr Alter, ihre Familienverhältnisse und Herkunft anvertraut hatte. Dem armen Mädchen klappte die Kinnlade immer weiter herunter. Sprachlosigkeit machte sich bei ihr breit. Als Horst mit seiner Partnerin wieder an unseren Tisch kam, sprang ihre Freundin wie von der Tarantel gestochen auf und sagte: „Komm Rita, lass uns gehen. Der

Mann ist mir unheimlich.“ Die Mädchen verschwanden und ich war gerettet. Das war das erste und auch das letzte Mal, dass ich diesen Pressluftschuppen betreten habe.

Ein Opernbesuch

Da fällt mir noch eine weitere Geschichte ein. Es geht um einen Besuch der Hamburger Staatsoper. Mein Kamerad Hans-Joachim (Hajo) Schräder, mit dem ich in Hangelar die fliegerische Vorauswahlschulung gemacht hatte, lud mich an einem Wochenende zu einer Oper in Hamburg ein. Auf dem Spielplan stand „Carmen“ von Bizet. Hajo entstammte offensichtlich einer kulturell beflissenen Familie aus Hamburg-Wandsbek. Dorthin zog er sich meistens nach Dienstschluss und am Wochenende zurück. Vielleicht glaubte Hajo in mir einen kulturell interessierten Kameraden zu sehen, nicht ahnend, dass bei mir das Gegenteil der Fall war. Jedenfalls war ich auf dem Gebiet noch nicht so weit. Das Interesse zu diesem Genre kam bei mir erst später. Da ich meinen Fliegerkameraden nicht enttäuschen wollte, nahm ich seine Einladung dankend an. Das hätte ich lieber nicht tun sollen, denn es kam nach der Vorstellung zu einem Eklat. Schon an der Garderobe brachte ich ihn in Verlegenheit, als die Garderobenfrau fragte, ob wir Wert auf Gläser legten. Hajo sah mein verdutztes Gesicht und klärte mich mit leiser Stimme auf, dass es sich in diesem Falle nicht um Trink-, sondern um Operngläser handele. Gegenüber der Garderobenfrau äußerte er sich nur: „Nein danke.“ Mit hochrotem Kopf schritt er dann voran und wir suchten unsere Plätze auf. Um weitere Peinlichkeiten zu vermeiden, gab er mir zu verstehen, dass während der Aufführung keine Unterhaltung stattfinden dürfe. Daran hielt ich mich und wagte nicht einmal zu husten, da ich stets einen strengen und strafenden Blick von ihm befürchtete. Ich ließ die Handlung, die auch einige spannende Stellen beinhaltete, auf der Bühne an mir vorübergleiten. Von der Sprache und der Musik habe ich nicht allzu viel mitbekommen. Das war für mich schwere Kost. Da hätte mir eine Operette gewiss besser gefallen. Auf dem Heimweg fragte mich Hajo, der sicher eine begeisterte Antwort von mir erwartet hatte, wie mir die Oper gefallen habe. Aufrichtig, wie ich war, gab ich ihm zur Antwort, dass die Handlung nicht schlecht gewesen sei, aber die Musik an manchen Stellen gestört habe. Diese Antwort hatte er natürlich nicht von mir erwartet. Er war tödlich beleidigt und sprach eine Zeit lang kein Wort mit mir. Hans-Joachim wird sich gedacht haben, mit solch einem Kulturbanausen werde er nie wieder ins Theater gehen. Später vertrugen wir uns bei einem Bier in der Kantine wieder und wurden gute Freunde.

Landsberg I (Fliegerhorst Penzing)

Die Geburtstagsfeier

Endlich sollte die Zeit der Warteschleifen ein Ende haben. Gemäß Versetzungsverfügung wurde ich mit fast dreißig anderen Fluganwärtern am 16.06.1959 zur fliegerischen Fortbildung an die Flugzeugführerschule „A“ nach Penzing bei Landsberg am Lech versetzt. Also packte ich meinen Seesack und fuhr mit dem neu erworbenen VW Käfer nach Süddeutschland. Auf dem Wege dorthin machte ich noch einen Abstecher in Unna bei meinen Eltern. Bei der Ausbildungsstaffel in Penzing wurden wir Kandidaten auf zwei verschiedene Flugzeugmuster aufgeteilt. Eine Gruppe war für die Ausbildung auf dem Düsentrainer vom Typ „Fouga Magister“ vorgesehen, während die andere Gruppe mit dem veralteten, propellergetriebenen Trainingsflugzeug vom Typ „Harvard Mark IV“ vorliebnehmen musste. Nach welchen Kriterien die Aufteilung damals vorgenommen wurde, entzieht sich noch heute meiner Kenntnis. Jedenfalls hatte sich die Zuteilung zur Propellermaschine für mich als nachteilig erwiesen. Zunächst erhielten wir eine einwöchige theoretische Einweisung auf der Harvard Mark IV, bevor wir auf die fliegenden Kisten losgelassen wurden. Am 23. Juni feierte ich abends in einer Landsberger Gaststätte unten am Lech mit einigen Fliegerkameraden meinen 22. Geburtstag. Da die Entfernung vom Fliegerhorst Penzing nach Landsberg zu weit war, um die Strecke zu Fuß zurückzulegen, nahm ich die Kameraden Rudi Bilbeau und Hans Frings in meinem VW Käfer mit. Schon früh am Abend wurde der Geburtstag mit Bier, Cognac und Rum begossen. Als die Stimmung auf dem Höhepunkt war, gerierte sich Hans zur Erheiterung der Gäste als „Quasimodo" aus dem Film „Der Glöckner von Notre Dame" und rief andauernd nach „Esmeralda", den Namen der vom Glöckner Angebeteten. Auslöser zu diesem Verhalten war sein vorausgegangener Besuch des Films mit dem vorgenannten Titel, der ihn anscheinend sehr beeindruckt hatte. Bevor Rudi auf die Idee kam, ebenfalls etwas Komisches von sich zu geben, hielt ich es für angebracht, zum Aufbruch zu drängen. Ein Blick auf die Uhr zeigte an, dass es bereits 20 Minuten vor 22:00 Uhr war. Zapfenstreich war exakt um 22:00 Uhr! Ich zahlte hastig die nicht ganz gering ausgefallene Zeche und wir begaben uns im Eiltempo zum Auto. Schnell nahmen wir die Sitze ein und ich begann den Motor zu starten. Aber es tat sich nichts. Ich wiederholte den Startvorgang etliche Male, jedoch ohne Erfolg. Was konnte nur die Ursache sein? Soweit ich zurückdenken konnte, hatte mich mein Käfer noch nie im Stich gelassen. Da die Batterie schon ziemlich herunter war, versuchten wir es mit Anschieben. Den beiden Kameraden lief nach mehreren Anschiebeversuchen schon der Schweiß von der Stirn. Wäre ich ein ADAC-Mitglied gewesen, hätte ich den Automobilklub anrufen können. Die Werkstätten hatten nun auch schon geschlossen. Jetzt war guter Rat teuer! Als ich mit dem rechten Fuß an den

Pedalen entlangglitt, blieb ich an einem senkrecht nach oben stehenden Hebel hängen. Nun fiel es mir wie Schuppen von den Augen. Das war der Umschalthebel für den Benzintank, um vom Haupttank auf den Reservetank umschalten zu können! Der Haupttank war leer, aber dafür waren der Fahrer und die Fahrgäste bis obenhin voll! Was tat ich? Ich legte den Umschalthebel mit dem Fuß nach rechts auf Reserve, pumpte mit dem Gaspedal ein paar Mal, um Benzin vom Reservetank in den Vergaser zu bekommen, überprüfte den Zündschlüssel auf richtigen Sitz und betätigte den Startknopf. Und wie gewohnt sprang mein Käferchen an. Ein Aufatmen ging durch unsere Reihen. Nun ging es mit Vollgas zum Fliegerhorst in Penzing. Die Zeit war schon ziemlich fortgeschritten. Es ging über eine Alleestraße. Ich bat die beiden Kameraden, mir rechtzeitig zu sagen, wann ich in die Zubringerstraße zum Fliegerhorst abbiegen musste. Ich glaube, die zulässige Geschwindigkeit von 50 km/h war überschritten, ebenso die Promillegrenze des Fahrers und der Mitfahrer. Plötzlich hörte ich einen gleichzeitigen Schrei der beiden Mitfahrer: „Jetzt rechts abbiegen!" Ebenso plötzlich riss ich das Steuer scharf nach rechts, flog mit dem Käfer zwischen zwei Alleebäumen hindurch, über einen Chausseegraben und landete unsanft auf einem Acker. Geistesgegenwärtig hatte ich vorher, das heißt während des Fluges, die Zündung ausgeschaltet, die Kupplung getreten und den Gang herausgenommen, damit der Motor keinen Schaden nehmen sollte. Das war gut so, wie sich bald herausstellte. Nachdem wir drei uns von dem Schreck erholt hatten, startete ich den Motor, der ohne Schwierigkeiten ansprang, und fuhr ein Stück über den Acker zu einer Rampe für landwirtschaftliche Fahrzeuge, die auf die Zubringerstraße zum Fliegerhorst führte. Mit minimaler Verspätung erreichten wir die Hauptwache. Der diensthabende Kamerad, der uns kannte, drückte ein Auge zu und ließ uns passieren. Das war aber noch nicht das Ende der Geschichte. In der Kaserne angekommen, schlichen wir leise auf unsere

Stuben. Bei mir fing die Stube an, sich zu drehen. Ich warf mich gleich aufs Bett. Meinen Stubenkameraden Hans hatte es noch schlimmer erwischt. Sobald er sich hingelegt hatte, wurde ihm übel. Er hatte das Gefühl, sich übergeben zu müssen. Da er den Weg zur Toilette nicht mehr schaffte, lenkte er seine Schritte zu einem nahe liegenden Fenster mit einem davor befindlichen Tischchen. Er beugte sich über das Tischchen und riss das Fenster auf. Das Folgende ging nun ganz schnell. Kaum hatte er das Fenster geöffnet, legte er sich auf den Tisch, und rutschte mit dem Oberkörper ins Freie, um sich zu übergeben. Dabei bemerkte ich, wie seine Beine immer weiter zum Fenster glitten. Im letzten Moment konnte ich seine Fußgelenke ergreifen und den Kameraden wieder ins Zimmer ziehen. Es sollte noch schlimmer kommen. Die Zimmer der Kasernenblocks waren zum Abdunkeln außen mit grünen Windläden versehen. Unsere Stube lag unglücklicherweise im ersten Stock. Bei dem nächtlichen Versuch, sich zu erleichtern, hatte sich der Mageninhalt des Kameraden über die schönen grünen und dazu noch frisch gestrichenen Windläden des darunterliegenden Stockwerks ergossen. Diese boten nun einen abstoßenden und ekelerregenden Anblick. Ausgerechnet unser Staffelfeldwebel war der Erste, der dieses unschönen Bildes ansichtig wurde. Beim anschließenden Morgenappell gab es ein richtiges Donnerwetter. Es bedurfte also keines großen Rätselratens, um festzustellen, aus welcher der darüberliegenden Stuben der „Segen“ gekommen war. Nämlich aus der unsrigen! Mit einer Woche Ausgangssperre und Beseitigung des angerichteten Schadens kamen wir noch einmal glimpflich davon. Die Bestrafung hätte schlimmer ausfallen können. Man bedenke, dass bei einem Vermerk in den Personalakten unsere fliegerische Karriere zu Ende hätte sein können. In den „Genuss“ der Ausgangssperre kamen wir Gott sei Dank nicht mehr, da am nächsten Tag schon der Kommandierungsbefehl nach Mengen bei Sigmaringen vorlag zur Flugzeugführerausbildung für Fortgeschrittene auf dem Schulflugzeug, der Harvard Mark IV bzw. der North American AT-6 „Texan". Beide Flugzeugmuster waren quasi baugleich und waren kaum voneinander zu unterscheiden.

Mengen (Zwischenspiel)

Flugzeugführerlehrgang für Fortgeschrittene

Mengen war ein reiner Feldflugplatz, der nur eine einzige Landebahn hattc. Als Untcrkünfte dienten Baracken. Unser Ausbildungsleiter war ein Major. Er war ein ruhiger Vertreter, sehr angenehm und verständnisvoll im Umgang mit seinen Flugschülern. Feldwebel und Unteroffiziere waren unsere Ausbilder. Es wurde nach einheitlichen amerikanischen Regeln geflogen. Mein Fluglehrer war ein Stabsunteroffizier. Er war kräftig und von großer Gestalt. Ich wirkte dagegen wie ein

Flugausbildung auf der T-6 „Texan" in Mengen

Leichtgewicht. Während des Fluges saß er hinter mir und hatte eine gute Sicht nach vorn, während ich mit meinem kurzen Torso den riesigen Motorblock vor meiner Nase hatte und bei Start und Landung nur eine begrenzte Sicht zwischen Motorhaube und Tragflächenvorderkante hatte. Man schaute mehr in den Himmel, als dass man Land sah. Schuld an der Misere war auch die altertümliche Fahrwerkskonstruktion mit dem Spornrad am Flugzeugheck. Dadurch wurde der hintere Teil der Maschine gegenüber dem Bug um circa 25 Grad abgesenkt, was allerdings durch den so entstandenen Anstellwinkel zu günstigen Start- und Landebedingungen beitragen sollte. Modernere Maschinen besaßen zu dieser Zeit bereits ein Dreipunktfahrwerk, welches unter den Tragflächen und dem Bug angebracht war! Nun muss man wissen, dass die Bundeswehr in der Aufbauphase der Fliegerei dankbar gegenüber den alliierten Partnern USA und Kanada sein musste, bereits dort ausgesondertes Fluggerät zu einem Symbolpreis von einem US-Dollar erhalten zu haben. Der Fallschirm, der sich unter meinem Gesäß in der Sitzschale des Cockpits befand, trug nur geringfügig zur Sichtverbesserung bei. Dies hatte zur Folge, dass ich vornehmlich bei Landungen versuchte, eine möglichst kurze Gleitstrecke zu haben, um die Maschine schon am Landekreuz aufsetzen zu können. Bereits zwei Meter über dem Boden riss ich den Steuerknüppel nach hinten bis zum Anschlag („stick to the belly“), sodass die Strömung abriss und die Kiste wie ein schwerer Brocken auf die Landebahn krachte. Was sollte ich anderes tun, um zu verhindern, dass die Maschine von der Bahn abkam und nicht neben der Piste aufsetzte und vielleicht noch einen Ringelpiez machte? Bei der Crew war ich bekannt für meine typischen Flugzeugträgerlandungen! Im waagerechten Flug war die Sicht dagegen in Ordnung. Auch beim Kunstflug („airwork“) verhielten sich die Harvard Mark IV und AT-6 „Texan“ außerordentlich stabil. Man konnte fast alle bekannten Figuren mit ihr fliegen, vom Power-on-Stall über Fassrolle und

Immelmann bis zum Trudeln. Diese Art der Fliegerei hatte mir richtig Spaß gemacht. Das war auch meinem Fluglehrer aufgefallen. Hier konnte ich mich schon vorher innerlich auf jede Flugfigur einstellen. Ich wusste im Voraus, welche Fluglage auf mich zukam, und konnte entsprechend reagieren. Dabei blieb es leider nicht. Eine gefährliche Situation ist mir heute noch in Erinnerung geblieben, ein sogenannter „near miss". Nach einem Kunstflugtraining flogen wir durch eine Wolkenbank, als aus einer anderen Wolkenbank auf gleicher Höhe eine andere Maschine direkt frontal auf uns zustieß. Der Pilot der anderen Maschine muss uns gesehen haben. Denn fast gleichzeitig machten wir beide das vorgeschriebene Ausweichmanöver, indem wir den Steuerknüppel hart nach rechts rissen und das Flugzeug nach unten drückten. Nur Sekunden trennten uns vor einem frontalen Zusammenstoß! Mein Fluglehrer sprach mir für meine schnelle Reaktion ein dickes Lob aus. Nun ereilte mich ein bedauerliches Schicksal: Bei Langstreckenflügen entlang der Alpenkette machten mir die abrupten Auf- und Abwinde (Turbulenzen) zu schaffen. Diese Turbulenzen waren nicht vergleichbar mit einem gleichmäßigen und berechenbaren Seegang auf hoher See, auf den man sich innerlich einstellen kann. Im Gegenteil: Die Turbulenzen traten stets plötzlich und unregelmäßig auf. Mit einem Mal wurde das Flugzeug zehn Meter angehoben, um im nächsten Augenblick wieder zwanzig Meter zu fallen. Manchmal zog sich das „Spiel" über Stunden hin. Ich verspürte jedes Mal ein Würgegefühl im Hals, das sich von Mal zu Mal verstärkte bis hin zum Erbrechen. Als mir bei einem der Langstreckenflüge wieder einmal sehr übel wurde und das Würgegefühl nicht enden wollte, rief ich über das Bordmikrofon zu meinem Fluglehrer: „You have it", was so viel bedeutete, dass er das Steuer übernehmen sollte. Als Nächstes riss ich das Kabinendach zurück und machte mich bereit zum Aussteigen. In diesem Moment schrie mein Fluglehrer mit lauter Stimme in seinem südhessischen Dialekt ins

Mikrofon: „Bischt wohl verrückt g'worde, wir sind doch gleich am Platz." Diese Worte werde ich mein Leben lang nicht vergessen. Ich knallte das Kabinendach wieder zu und unter uns war schon die Landebahn zu sehen. Dieser Vorfall bedeutete das Ende meiner fliegerischen Laufbahn. Da strikt nach amerikanischen Richtlinien geflogen wurde, die u. a. besagten, dass ein Flugschüler nach dreimaligem Erbrechen – welches bei mir inzwischen der Fall war – aus Sicherheitsgründen von der Flugzeugführerausbildung abgelöst werden müsse, gab es für mich keine Chance, in der Fliegerei zu verbleiben, nicht einmal als Navigator oder Bordfunker. Obwohl mein Fluglehrer unter Hinweis auf die guten Leistungen beim Kunstflug versuchte, unseren Ausbildungsleiter, einen Major, günstig zu beeinflussen, um mir eine letztmalige Chance zu geben, in der Fliegerei zu verbleiben, blieb dieser unerbittlich und verwies auf seine Verantwortung für Menschenleben und Material. Es wurde ein Ablöseantrag gestellt und ich musste bis zum Eintreffen einer endgültigen Entscheidung in Mengen verweilen. Ich kann nicht unbedingt sagen, dass nun für mich eine Welt zusammengebrochen war. Natürlich war ich traurig und auch deprimiert. Gerne hätte ich die fliegerische Laufbahn zu Ende gemacht. Auch das gute kameradschaftliche Klima würde ich vermissen. Andererseits hätte es mir keinen Spaß mehr gemacht, mich täglich mit einem mulmigen Gefühl ins Cockpit zu begeben und mich der Übelkeit auszusetzen. So gingen mir viele Dinge durch den Kopf: Wie sah es jetzt mit meiner beruflichen Zukunft aus? Im Hinblick auf meine fliegerische Laufbahn hatte ich mich damals auf eine sechsjährige Dienstzeit als Zeitsoldat verpflichten müssen. Wie sollte es jetzt weitergehen? Welche militärische Laufbahn würde nun für mich in Betracht kommen? Die Laufbahn eines Navigators oder Bordfunkers konnte ich mir aus dem Kopf schlagen; denn die Ablösungssymptome hätten dort auch wieder auftreten können. Es blieb mir nichts anderes übrig, als abzuwarten. Ich versuchte, das Ende meiner fliegerischen Laufbahn als Schicksal hinzunehmen. Vielleicht war mir dadurch ein schlimmeres Schicksal erspart geblieben.

Das war die dienstliche Seite, aber die private Seite kam derweil auch nicht zu kurz. An den Wochenenden fuhr ich ab und zu nach Memmingen, um alte Kameraden zu besuchen sowie den schönen Cafés und der beliebten Gaststätte „Bauerntanz" einen Besuch abzustatten.

Bekanntschaft mit einer Badenixe

Außer dem Flugplatz besaß Mengen ein wunderschönes Freibad, welches wir angehenden Flugzeugführer gern besuchten. An einem heißen Sommertag begab ich mich mit ein paar Kameraden nach Dienstschluss dorthin. Schwimmen und Sonnenbaden wechselten einander ab. Es ging hauptsächlich darum, eine schöne Bräune zu bekommen. Auf der großen Liegewiese kamen wir jungen Burschen nicht umhin, die Bekanntschaft von netten, einheimischen Mädchen zu machen. Mir fiel ein hübsches, junges Mädchen auf. Es war gut gebaut, hatte grob gelocktes, blondes Haar und blaue Augen. Die Kameraden sagten: „Dieter, mach dich mal an sie ran!" Ich warf meine angeborene Schüchternheit über Bord und pirschte mich an sie heran. Mit dem Thema „Wetter" versuchte ich ein Gespräch mit ihr zu beginnen. Sie schien nicht abgeneigt zu sein, mit mir zu parlieren. Aber o weh, ich konnte ihre Sprache nicht verstehen. Ich war untröstlich. Als ich meinen Kameraden von meinem fehlgeschlagenen Annäherungsversuch erzählte, begannen diese laut zu lachen und gaben mir zu verstehen, dass es sich bei der Antwort des Mädchens nicht um eine Fremdsprache gehandelt, sondern dass es sich um einen speziellen, schwäbischen Dialekt gehandelt habe. Jedenfalls hatte sich dieser stark von dem Allgäuer Dialekt unterschieden. Muss ich jetzt wieder einen neuen Dialekt lernen?, fragte ich mich. Beim nächsten

Wiedersehen im Freibad ging ich ungeachtet ihrer umstehenden Freundinnen mutig auf sie zu und begann ein Gespräch mit ihr. Obwohl es mir peinlich war, immer wieder zurückzufragen und mir diverse idiomatische Begriffe erklären zu lassen, verabredete ich ein Treffen mit ihr. Ich fand sie sehr sympathisch und verabredete mich immer öfter mit ihr. Bei unserer zweiten Verabredung hatten wir einander vorgestellt. Ihr Vorname war Brunhilde. Mal gingen wir gemeinsam ins Kino, mal machten wir ausgedehnte Spaziergänge, mal gingen wir ins Café. Einmal fuhren wir mit dem Auto nach Sigmaringen, wo ich sie in ein nettes Café zu Kaffee und Kuchen einlud. Als es ans Bezahlen ging, fand ich nicht gleich mein Portemonnaie. Prompt legte sie ihre Geldbörse auf den Tisch und sagte: „Bezahl hiermit." Ich war ganz baff. So viel Vertrauen bzw. Zutrauen hatte ich nicht erwartet. Sie war, rückblickend gesehen, ein einfaches Mädchen aus der Provinz, grundehrlich, lieb und sehr anhänglich. Bei meiner Rückkommandierung nach Landsberg fiel uns beiden der Abschied sehr schwer. Als ich längst nicht mehr in Mengen und auch nicht mehr in Landsberg war, erhielt ich noch immer Post von ihr.

Wie ging es nun weiter in Mengen? Vierzehn Tage nach meiner Ablösung in Mengen wurde ich nach Landsberg zurückbeordert. Ich muss gestehen, dass mir der Abschied von Mengen nicht leichtfiel. Mit dem Kameraden Hans-Joachim Schräder verband mich eine besondere Freundschaft, weil wir die gesamte fliegerische Ausbildung bis hierher gemeinsam durchlaufen hatten.

Landsberg II

Schwebezustand

Aufgrund meiner damaligen Schreibstubentätigkeit bei der Bodendienststaffel in Memmingen wurde mir eine adäquate Tätigkeit bei der Fliegerhorstkommandantur in Landsberg zugewiesen. Mir war klar, dass ich einen Antrag auf Laufbahnänderung stellen musste. Ich war schon geneigt, mich zum Flugsicherungspersonal zu melden, bis mir ein Rundschreiben in die Hände fiel, aus dem hervorging, dass dringend Personal mit englischen Sprachkenntnissen bei verschiedenen NATO-Stäben gesucht werde. Hier sah ich eine große Chance, auf diesem Wege mal ins Ausland zu kommen. Unter Bezugnahme auf den erwähnten Runderlass bewarb ich mich zum integrierten NATO-Personal. Die Bewerbung wurde von der Fliegerhorstkommandantur Landsberg an die Stammdienststelle der Luftwaffe in Köln-Wahn weitergeleitet. Bis zum Eintreffen einer Antwort verblieb ich noch bei der Fliegerhorstkommandantur in Landsberg. Zwischenzeitlich war ich mal an einem Wochenende in Mengen gewesen, wo ich Hans-Joachim (Hajo), meinen alten Fliegerkameraden, traf. Er gedachte zu heiraten und trat in diesem Zusammenhang mit einer Bitte an mich heran. Ich möge in Landsberg einen evangelischen Pfarrer aufsuchen und diesem das Anliegen meines Freundes mitteilen. Für seine in Uetersen bei Hamburg lebende Verlobte solle das eine Überraschung werden. Ich tat Hans-Joachim gerne den Gefallen und stellte eine Verbindung zum evangelischen Pfarrer in Landsberg her. Wie die Sache nun weiterging, hatte ich nicht mehr mitbekommen, da ich am 16. September 1959 als Personalverwalter zur Stammdienststelle der Luftwaffe (SdL) nach Köln-Wahn versetzt wurde.

Köln-Wahn

Eine neue Aufgabe

Am Abend des 16. September traf ich nach einer längeren Autobahnfahrt nach Dienstschluss in Köln-Wahn ein. An der Hauptwache zum Allgemeinen Luftwaffenamt / Stammdienststelle der Luftwaffe nahm sich ein freundlicher und hilfsbereiter Wachhabender meiner leicht ermüdet wirkenden Person an. Er erklärte mir, dass die Stabskompanie, bei der ich mich zunächst melden müsse, bereits Dienstschluss habe und er mir keine Unterkunft zuweisen könne. Ich möge doch im Ort, und zwar kostengünstig, im **Hotel zur Post** übernachten. Das tat ich dann auch. Am nächsten Morgen meldete ich mich bei einem Hauptmann, dem Chef der Stabskompanie. Dort wurde ich formal vereinnahmt, durfte meine Bettwäsche in Empfang nehmen und bekam eine Stube unter dem Dach eines ziemlich in der Nähe der Hauptwache gelegenen Kasernenblocks zugewiesen. Danach meldete ich mich beim dem für mich zuständigen Dezernat der Stammdienststelle der Luftwaffe, so wie es in der Versetzungsverfügung angegeben war. Zunächst wurde ich dem Dezernatsleiter, Hauptmann Hörrmann, vorgestellt. Es folgten der Büroleiter, Stabsfeldwebel Schmidt sowie ein Dutzend weiterer Kameraden, mit denen ich im Team zu arbeiten hatte. Außerdem machte man mich mit einer netten Sekretärin im Dezernat bekannt. Ihr Name war Christa Bernheim. Hauptmann Hörrmann war, wie ich erfuhr, ein Tapferkeitsoffizier aus dem Zweiten Weltkrieg. Er war in jeder Beziehung ein Vorbild. Er verhielt sich kameradschaftlich und fürsorglich gegenüber den ihm anvertrauten Menschen. Er war sehr beliebt und wir alle schätzten ihn sehr. Wir Dezernatsangehörigen waren sehr betrübt, als uns Hauptmann Hörrmann eines Tages verließ, um in Süddeutschland eine neue Aufgabe zu übernehmen. Bei meiner Vorstellungsrunde im Dezernat kam mir das Gesicht eines Kameraden bekannt vor. Wo hatten wir uns schon einmal gesehen? Nach einigem Überlegen fiel mir ein, dass wir uns am Tage meines Eintreffens in Köln-Wahn an der Hauptwache des großen Kasernenkomplexes begegnet waren. Es handelte sich um den freundlichen Wachhabenden, der mich in Empfang nahm und mich mit Ratschlägen und Auskünften versorgte. Sein Name war **Harald Krumbein**. Ich werde noch später über ihn berichten.

Das Dezernat, dem ich zugeteilt war, befasste sich u. a. mit Übernahmen **zum** fliegenden Personal und Ablösungen **vom** fliegenden Personal. Ich fand das Gebiet sehr interessant, zumal ich auf diese Weise erfuhr, welche der ehemaligen Fliegerkameraden – aus welchen Gründen auch immer – von der Fliegerei abgelöst wurden. Überdies konnte ich aus eigener Erfahrung nachempfinden, wie einem Flugzeugführer nach einer Ablösung zumute ist. Daher war ich bemüht, den Laufbahn- und Versetzungswünschen der von der Fliegerei abgelösten Kameraden gerecht zu werden. So gelang es mir zum Beispiel, meinen alten Kameraden Hans Lukowski aus Memmingen zur SdL (Stammdienststelle der Luftwaffe) nach Köln zu holen, sodass er wieder näher bei seiner in Bonn lebenden Familie war. Schnell hatte ich mich in die neue Materie eingearbeitet. Ich glaube auch sagen zu können: zur Zufriedenheit meiner Vorgesetzten. Stabsfeldwebel Schmidt erinnerte mich mit seiner schlesischen Mundart stets an meinen Vater, der, obwohl er sein halbes Leben in Westfalen zubrachte, seine schlesische Mundart nicht verloren hatte. In dem mir zugewiesenen Großraumbüro befanden sich außer einem Stabsunteroffizier noch zwei Hauptfeldwebel. Der ältere der beiden war ein ruhiger Vertreter. Der andere war trotz seiner Kriegsverletzung am Unterkiefer ein humorvoller Typ mit viel Mutterwitz. Er verstand es, in angespannten Situationen die Kameraden immer wieder mit einem Witz zum Lachen zu bringen und festgefahrene Gespräche aufzulockern. Eines Mittags glaubte ich, mich in einem Konzert zu befinden, als während der Mittagspause auf dem Flur Operettenarien erklangen, vorgetragen von einem Tenor mit einer brillanten Stimme. Als ich dem Phänomen nachging, stellte sich heraus, dass es sich um keinen Geringeren als den Kameraden Krumbein handelte, der gelegentlich auf diese Art seinem Hobby frönte. Harald Krumbein machte später, nach seinem Ausscheiden als Zeitsoldat aus der Bundeswehr, Karriere beim Deutschlandfunk. Dort moderierte er zu Beginn seiner Laufbahn eine Musiksendung mit dem Titel „Von mir zu Dir“. Diese Sendung kam bei den Zuhörern sehr gut an und war äußerst beliebt.

Mein erster Wochenendbesuch führte nach Unna zu meinen Eltern und Geschwistern. Sie waren alle sehr froh, mich wiederzusehen, besonders Mutter. Von nun an begab ich mich öfter nach Unna. Hin und wieder hatte ich Mitfahrer nach Duisburg und auch nach Dortmund. Die Benzinkosten ließ ich mir von den Kameraden ersetzen. So hatte ich jedes Mal eine Freifahrt. Die Zeit verflog und der Dienst machte Spaß. Die Weihnachtszeit rückte näher. Einen Tag vor Beginn des von mir beantragten Weihnachtsurlaubs wurde ich zum Chef zitiert. In der Erwartung, dass mein Urlaub gestrichen worden sei, meldete ich mich mit einem etwas mulmigen Gefühl im Magen bei unserem Dezernenten. Ich war dann ganz überrascht, als mir der Chef zur Beförderung gratulierte und mir die Beförderungsurkunde zum Stabsunteroffizier überreichte. Ich bedankte mich und meldete mich ab in den Weihnachtsurlaub. Ein schöneres Weihnachtsgeschenk hätte ich mir nicht wünschen können. Darin sah ich eine Bestätigung bzw. Anerkennung meiner dienstlichen Leistungen. Zu Hause freute sich die ganze Familie mit mir. Weihnachten war vorüber und Karneval, die fünfte Jahreszeit, mit den rheinischen Karnevalshochburgen Köln, Mainz und Düsseldorf, war angesagt. Den Karneval im Rheinland muss man erlebt haben. Das ist etwas ganz Besonderes. Mit mehreren

Kameraden hatten wir uns in Köln ins Getümmel gestürzt und zunächst den Karnevalszug angesehen. Dabei wurde geschunkelt und getanzt. Danach machten wir uns einen Spaß daraus, Lokalkenntnisse zu sammeln. Als wir am darauffolgenden Morgen in die Kaserne kamen, mussten wir feststellen, dass es in Köln wohl mehr Kneipen gibt als Tage im Jahr.

Der Feldwebellehrgang

Ein Viertel des Jahres 1960 war schon verstrichen. Im Dezernat ging ein Rundschreiben herum mit der Aufforderung, Teilnehmer zum Feldwebellehrgang Teil I (militärischer Teil) zu benennen. Stabsunteroffizier K., mein Partner am gegenüberliegenden Schreibtisch, wurde befragt, ob er Interesse an einer Teilnahme habe. Als dieser eine Teilnahme ablehnte, befragte man weitere Kandidaten. Als sich niemand von den älteren Kameraden meldete, fasste ich mir als jüngster Anwärter ein Herz und meldete mich. Am 10. Mai 1960 trat ich dann einen sechswöchigen Feldwebellehrgang bei der Truppenschule der Luftwaffe in Hamburg-Osdorf an. Er beinhaltete eine Ausbildung zum militärischen Zugführer. Wir waren in drei Züge eingeteilt. Unser Ausbildungsleiter war ein Oberst. Als Seminarleiter fungierte ein Hauptmann und Zugführer war ein Oberfeldwebel. An weitere Akteure kann ich mich nicht mehr erinnern. Mir wurde eine 4-Mann-Stube zugewiesen. Gerne erinnere ich mich der drei Kameraden, die schon einen Tag vorher dort eingezogen waren. Da waren die Stabsunteroffiziere Siegfried S. (Stubenältester), aus Lindenberg im Allgäu stammend, gefolgt von Burkhard K., einem gebürtigen Schlesier und – last, but not least der gutmütige Ostpreuße, Robert Sch. Den Höhepunkt der Ausbildung bildete ein Scharfschießen mit Pistole, Gewehr, Maschinengewehr und Bazooka (Panzerabwehrwaffe) in Putlos an der Ostsee. Unsere Einheit war in Strandnähe in 2-Mann-

Zelten untergebracht. Obwohl der Frühling an der Ostsee schon eingekehrt war, waren die Abende noch recht frisch. Um dem abzuhelfen, zündete man ein Biwakfeuer an. Da konnte man sich vor dem Zapfenstreich noch einmal tüchtig durchwärmen. In eine brenzlige Situation geriet ich beim MG-Schießen, als sich der Schuss nicht lösen wollte. Vermutlich war die Munition durch unsachgemäße Lagerung feucht geworden oder der Zündkanal war verstopft. Jedenfalls sagte unser Oberfeldwebel, der die Aufsicht bei den MG-Schützen hatte, man müsse in einer solchen Situation mindestens eine Minute lang warten, bis man das zweite Mal abdrückt, und nach einer weiteren Pause die Patrone aus dem Patronenlager entfernen. Die Wartezeit war bereits abgelaufen. Ich war gerade im Begriff, den Verschluss des MG-42 zu öffnen, als sich mit einem lauten Knall der Schuss löste und das Geschoss den Lauf verließ. Die nächsten Salven verließen danach das Gerät ohne Probleme. Das Ende des Lehrgangs wurde von einer Abschlussfeier gekrönt, die in einem der Hörsäle stattfand. Es stand einem jeden Teilnehmer frei, sich mit irgendwelchen Beiträgen an der Feier zu beteiligen. Das Gedicht vom Kameraden Robert Sch. mit dem Titel „Der grüne Papagei" und sein Vortrag über einen Boxkampf fanden großen Beifall. Ich gab zum Vergnügen der Anwesenden einige Ausschnitte aus einer Karnevalssitzung zum Besten. Der letzte Teil meines Vortrags endete mit den Worten: „... und für später habe ich mir fest vorgenommen, meinen Tod noch bis zum Lebensende hinauszuschieben." Den Lehrgang haben meine Stubenkameraden und ich erfolgreich abgeschlossen.

Freizeitgestaltung und Familienheimfahrten

Nach Köln-Wahn zurückgekehrt, besann ich mich meines ursprünglichen Laufbahnwunsches, nämlich einer Verwendung bei einem NATO-Stab. Mein Anliegen brachte ich schließlich bei meinem Dezernatsleiter vor, der mir versprach, sich für mich beim Personalplaner einzusetzen. Wochen vergingen, ohne dass sich etwas tat. Währenddessen hatte ich mit den Kameraden Otfried, Siegfried und Baldur eine ständige Einrichtung ins Leben gerufen. Wir fuhren jeden Mittwochabend nach Troisdorf zum Schaschlikessen. Das brachte etwas Abwechslung in den Alltagstrott. Außerdem fuhr ich alle paar Wochen an den Wochenenden nach Unna, zu meinem früheren Basislager (Eltern), und nahm bei dieser Gelegenheit Kameraden nach Duisburg und Dortmund mit, um sie am Sonntagabend wieder von dort abzuholen. In diesem Zusammenhang fällt mir eine Geschichte mit dem Kameraden Egon B. ein: Ich befand mich wieder einmal auf einer Wochenendfahrt nach Unna, wo ich, wie immer, meinen Mitfahrer und Kameraden Egon in Dortmund absetzte. Wir hatten schon zu Beginn dieser Fahrt vereinbart, dass ich ihn am Sonntagabend, Punkt 20:00 Uhr, von der Gastwirtschaft seiner Eltern „Zum Pferdestall“ in Dortmund-Brackel abholen würde. Doch diesmal verlief alles ganz anders. Egon bat mich bei meiner Ankunft am Sonntagabend ins Haus, um mich seinen Eltern vorzustellen. Ich willigte ein. Vorher suchte ich mir einen Parkplatz, sicherte das Fahrzeug, indem ich den Verteilerfinger aus der Verteilerdose im Motor herausnahm und die Motorhaube verschloss. In der Gastwirtschaft herrschte Jubel, Trubel, Heiterkeit. Unter den Gästen war u. a. auch eine niederländische Reisegruppe. Egons Vater lud mich gleich zu einem Bier ein. Da ich nicht unhöflich sein wollte, nahm ich die Einladung dankend an. Es sah so aus, als ob es nicht bei einem Bier bleiben würde. Deshalb erinnerte ich Egon zum Aufbruch und gab ihm zu verstehen, dass ich mich nicht alkoholisiert hinters Steuer setzen möchte (wie damals in Landsberg!). Egon bat mich, zu bleiben. Ich könne auch in einem der Gästezimmer übernachten, versprach er. Da er merkte, dass ich nicht so leicht zu überreden war, beichtete er mir, dass seine holländische Freundin zu Besuch da sei und diese bei ihm übernachte. Solche Gelegenheiten seien selten. Ich wollte kein Spielverderber sein und ließ mich überreden, zu bleiben, aber nur unter der Bedingung, dass er am nächsten Morgen um 06:30 Uhr zur Abfahrt bereit sein müsse. Nach dem Konsum einiger weiterer Bierchen zog ich mich zurück. Egon zeigte mir mein Zimmer und begab sich nach unten zu den übrigen Gästen. Am darauffolgenden Morgen, es war schon fast 7:00 Uhr, stand ich auf und machte mich auf die Suche nach Egons Zimmer. Nachdem ich drei oder vier Türen, dabei leise seinen Namen rufend, geöffnet hatte, fand ich den guten Kameraden eng umschlungen mit seiner Freundin im tiefsten Schlaf. Ich rief ziemlich energisch: „Egon, wo bleibst du? Wir müssten schon längst unterwegs sein! Mach keine lange Verabschiedung! Ich warte unten im Auto." Schließlich tauchte Egon auf. Mit Verspätung traten wir die Rückreise nach Köln an. Ich musste ziemlich auf die Tube drücken, damit wir noch rechtzeitig zum Dienst kamen.

Da gibt es noch eine weitere Geschichte vom guten Egon. Ich erfuhr davon erst viel später, als ich die Stammdienststelle der Luftwaffe schon längst verlassen hatte. Egon soll, als er einmal am Haupttor Wache hatte und dort von betrunkenen Randalierern bedrängt bzw. tätlich angegriffen wurde, einem der Angreifer mit dem Pistolengriff eins über den Kopf gehauen haben. Jahre danach erhielt ich von einem ehemaligen Kameraden die traurige Nachricht, dass Egon B. – aus welchem Grunde auch immer (Liebeskummer?) – Selbstmord begangen habe.

Zukunftspläne

Im Dezernat hatte ich mich mit dem Kameraden Siegfried Sonntag angefreundet. Wir waren beide Zeitsoldaten und unsere Verpflichtungszeit lief in zwei Jahren ab. In Gesprächen stellten wir fest, dass wir hinsichtlich der Zeit nach unserem Ausscheiden aus der Bundeswehr die gleichen Interessen hatten. Wir planten, eine Afrika-Rundreise zu machen. Von unserer Abfindung gedachten wir einen Geländewagen (Marke Land Rover) sowie entsprechendes Zubehör bzw. Ausrüstung zu kaufen und uns über den ADAC und die Botschaften der infrage kommenden afrikanischen Länder Informationsmaterial zu beschaffen. Zu dem geplanten Unternehmen hatte uns das Buch eines Zeitungsreporters namens Markert mit dem Titel „Von Kap zu Kap“ von der Dortmunder Westfalenpost inspiriert. Darin berichtete er von seiner abenteuerlichen Reise, die er vor noch nicht allzu langer Zeit mit einem Geländewagen von Nordkap bis zum Kap der Guten Hoffnung durchgeführt hatte. Im Rahmen der vorzubereitenden Maßnahmen hatte ich Herrn Markert in Dortmund persönlich in der Redaktion aufgesucht und mir verschiedene Tipps geben lassen. Einer seiner wichtigsten Ratschläge lautete, die Hälfte des Gepäcks wegzulassen und durch Geld zu ersetzen. Solch ein Unterfangen sei sehr teuer. Ohne die Unterstützung der Westfalenpost hätte er die Reise nicht aus eigener Kraft stemmen können. Diese Mitteilung stimmte uns etwas nachdenklich. Trotzdem ließen wir uns von unserem Vorhaben nicht abhalten. In Bonn und Bad Godesberg beschafften wir uns bei verschiedenen afrikanischen sowie französischen und spanischen Botschaften reichlich Informationsmaterial. Auch vor dem Auswärtigen Amt machten wir bei der Materialsammlung nicht halt. Ein Legationsrat namens Stelzer, der u. a. für die Bereiche Ägypten und Nordafrika zuständig war, zeigte sich sehr hilfsbereit und versorgte uns reichlich mit Länderberichten. All diese Besuche und Vorsprachen machten wir in unserer schicken Luftwaffenuniform. Überall wurden wir zuvorkommend behandelt. Bei der portugiesischen Botschaft hatten wir ebenfalls vorgesprochen. Ausgerechnet hier war mir ein diplomatischer Ausrutscher unterlaufen. Als ich um Straßenkarten für die Kolonien Angola und Mosambik ersuchte, bedeutete man mir, dass dies nicht möglich sei, da unser geplanter Streckenverlauf stellenweise durch militärisches Sperrgebiet führe. Unbedacht machte ich daraufhin die Bemerkung: „Aber in einigen Jahren, wenn wir die Reise starten, werden diese Kolonien gewiss frei sein, sodass wir die Länder gefahrlos bereisen können." Das Gesicht unserer Gesprächspartnerin, ihres Zeichens Botschaftssekretärin, errötete, indem sie uns in einem vorwurfsvollen Ton entgegnete: „Meine Herren, gut, dass mein Botschafter das nicht gehört hat. Ich möchte Ihnen zur Kenntnis geben, dass es sich bei Angola und Mosambik nicht um Kolonien, sondern um überseeische Provinzen Portugals handelt." Siegfried und ich waren ganz verlegen, zumal umgangssprachlich in Deutschland stets von Kolonien die Rede war. Selbstverständlich entschuldigte ich mich sofort bei der Botschaftssekretärin für meinen Fauxpas. Wir bedankten uns für die mündlichen Informationen und verließen daraufhin die portugiesische Botschaft.

Ein silberner Streifen am Horizont

Seit meiner Vorsprache beim Dezernatsleiter bezüglich meiner Versetzung zu einem NATO-Stab waren viele Wochen vergangen. Ich saß mal wieder am Schreibtisch über Akten mit Versetzungswünschen von abgelösten Flugzeugführern, als das Telefon klingelte und sich das Vorzimmer des Auslandsplaners meldete, mit der Ansage, dass ich mich noch am selben Tage um 14:00 Uhr bei Major B., dem Auslandsplaner, melden möge. Ich meldete mich pünktlich um 14:00 Uhr beim Auslandsplaner, der mir freundlich einen Platz anbot und mir eröffnete, dass ich demnächst mit einem Posten beim deutschen Militärattaché in Bangkok rechnen könne. Auf seine Frage, ob ich damit einverstanden sei, antwortete ich, ohne zu zögern: „Selbstverständlich, Herr Major!" Danach entließ mich der Auslandsplaner mit dem Hinweis, dass ich in Kürze Näheres erfahren würde. Ich war überglücklich über die Aussicht, bald ins Ausland versetzt zu werden.

Verkupplungsversuche

Diese Neuigkeit gab ich bei der nächsten Heimfahrt meinen Eltern und auch meiner Großmutter (Omi) kund. Anstatt sich mit mir über solch eine seltene Chance zu freuen, zeigten sie sich eher betrübt. Sie sannen darüber nach, wie sie mich an die Heimat binden könnten. Es dauerte nicht lange, da verkündete Omi, dass sie ein nettes Mädel aus ihrem Nähkundenkreis für mich wüsste. Ihr Name sei Helma Grete. Ich kannte das Mädchen vom Sehen her. Sie war mit meinem Bruder Klaus zur Schule gegangen. Sie war nett, hatte braune Augen und braunes, zu langen Zöpfen geflochtenes Haar. Wenn ich nicht die Absicht gehabt hätte, ins Ausland zu gehen, wäre ich nicht abgeneigt gewesen, mich mit ihr anzufreunden. Aber so zog ich die in Aussicht gestellte Auslandsverwendung vor. Das war noch nicht alles! Meine Eltern hatten ebenfalls ein Eisen im Feuer. Als ich einige Wochen später wieder einmal daheim war, eröffneten sie mir, dass ein Ehepaar aus ihrem Bekanntenkreis, das übrigens auch eine hübsche Tochter habe, mich gerne als künftigen Schwiegersohn sehen würde. Ihre Tochter Anneliese – ich hatte sie früher schon mal mit ihren Eltern gesehen – habe Interesse, sich mit mir zu treffen. Da ich nicht unhöflich sein wollte, stimmte ich einem Treffen mit ihr zu. An einem schönen Herbsttag lud ich Anneliese zu einer Spritztour zum Halterner Stausee ein. Bevor ich abfuhr, gab mir meine Schwester – typisch Uschi – als Vorwarnung einen Tipp und sagte: „Die Anneliese hat aber ein Kind.“ Am See unternahmen wir einen ausgiebigen Spaziergang und machten anschließend Rast in einem Gasthaus, wo wir uns an Kaffee und Kuchen labten. Während der ganzen Zeit war sie irgendwie bedrückt. Als ich sie nach dem Grund fragte, beichtete sie mir, dass sie ein Kind habe, eine kleine Susanne. Auf meine erstaunte Frage, ob sie denn verheiratet oder eventuell geschieden sei, sagte sie, dass weder das eine noch das andere zutreffe. Sie habe vor einem

Jahr an einem Tanzkursus teilgenommen und sei von ihrem Tanzpartner verführt worden, der sie, als sie schwanger war, habe sitzen lassen. Tanzkurse können auch etwas Negatives haben, dachte ich mir, wobei mir mein damaliges Pech einfiel. Ich habe sie wissen lassen, dass mir das für sie sehr leid tue, und ihr erklärt, dass ich mich zurzeit nicht mit Heiratsplänen befasse und ich mich für die große weite Welt interessiere. Wieder zu Hause angekommen, bestürmte mich Mutter, wann und ob ich mich wieder mit Anneliese treffen wolle. Sie war sehr betroffen, als ich ihr sagte, dass nichts daraus werde.

Ein Wochenende mit Onkel Willi

Da fällt mit gerade eine Episode mit meinem Onkel Willi ein: Als ich an einem verlängerten Wochenende zu Besuch bei meinen Eltern war, machte ich u. a. auch einen Abstecher bei Onkel Willi und Tante Herta. Bei dieser Gelegenheit sprach mich Onkel Willi an, ob ich ihn nicht mal nach Mainz fahren könne. Dort habe er Schweißarbeiten in einem Schlachthof durchzuführen und er wolle sich vorher einmal den „Laden“ ansehen. Ich sagte zu und wir fuhren an einem Samstag über die Autobahn nach Mainz. Vorher machten wir noch einen Abstecher zum Nürburgring bei Adenau in der Eifel und drehten dort mit meinem alten Volkswagen, Baujahr 1951, eine Runde auf der für diesen Zweck freigegebenen Strecke. Ich kann mich noch erinnern, dass ich in den engen Kurven nicht über 80 km/h hinauskam. In Mainz angekommen, aßen wir erst einmal zu Mittag in einem Gasthaus mit hauseigener Schlachtung. Das schmeckte großartig und da haben wir uns erst einmal richtig satt gegessen. Anschließend begaben wir uns zum Schlachthof, Onkel Willis zukünftigem Freizeitarbeitsplatz. Wir machten danach noch einen ausgiebigen Bummel durch Mainz, einschließlich Dombesichtigung. Nun kam mir die Idee, einen Abstecher nach

Frankfurt zu machen, zumal es von Mainz bis Frankfurt nur ein Katzensprung ist. Also überredete ich Onkel Willi, mit mir über den Rhein nach Frankfurt zu fahren. Onkel Willi stimmte meinem Vorschlag zu. Dort ließen wir uns dazu verführen, von dem bekannten Apfelwein zu kosten. Hinzu kam noch das ein oder andere Gläschen Bier. Es wurde immer später und es begann schon zu dunkeln. Ich fühlte mich nicht mehr in der Lage, in meinem jetzigen, leicht alkoholisierten Zustand eine längere Reise anzutreten. In der Nähe des Frankfurter Hauptbahnhofs begaben wir uns auf Zimmersuche. Offensichtlich hatten wir uns einen schlechten Zeitpunkt ausgesucht, um in Frankfurt zu übernachten, denn überall erhielten wir auf unsere Nachfrage die Antwort: „Es tut uns leid, alle Zimmer sind belegt." Wir waren schon fast am Verzweifeln, als uns jemand den Tipp gab, unser Glück doch mal im Bunkerhotel zu versuchen. Nach einigen vergeblichen Anläufen hatten wir das Hotel mit dem merkwürdigen Namen endlich gefunden. Es handelte sich um einen Hochbunker aus dem Zweiten Weltkrieg, der zu einem Hotel umfunktioniert worden war. Dieser Bunkertyp hatte sich während des Krieges als äußerst resistent gegenüber Bombenangriffen erwiesen. Er besaß keine Fenster, dafür an verschiedenen Stellen Lüftungsschlitze. Zum Glück war noch ein Doppelzimmer mit zwei getrennten Betten frei. Wir mussten aber im Voraus zahlen. Onkel Willi war großzügig und zahlte für mich mit. Es war gegen Mitternacht, als wir das Licht ausmachten. Während der Nacht wurde ich einige Male wach. Da es draußen noch dunkel war, drehte ich mich auf die andere Seite und schlief weiter. Irgendwann fühlte ich mich ausgeschlafen und schaltete das Nachttischlämpchen an, warf einen Blick auf meine Armbanduhr und stellte fest, dass es ein Uhr war. War es erst 1:00 Uhr nach Mitternacht oder bereits 13:00 Uhr mittags des darauffolgenden Tages? Ich war irgendwie verunsichert. Spielte mir etwa der ungewohnte Alkoholgenuss des Vortages einen Streich? Jetzt wollte ich doch Gewissheit haben und schob die schweren Fenstervorhänge zur Seite. Es wurde aber nicht heller im Raum. Bei näherer Betrachtung stellte ich fest, dass das Zimmer gar kein Fenster hatte. Das Fenster, das man sah, war nur angemalt. Ich weckte Onkel Willi und fragte ihn, ob er noch keinen Hunger habe. „Hungrig wie ein Bär", war seine Antwort. Vor dem Verlassen des „Hotels" erkundigten wir uns bei der Rezeption nach einem guten Speiselokal in Frankfurt. Man empfahl uns ein schwimmendes Restaurant auf dem Main bei Sachsenhausen. Den Weg dahin fanden wir sehr schnell. Wir bestellten beide ein Schnitzel mit Bratkartoffeln und Salat. Onkel Willi trank ein Bier dazu und ich begnügte mich mit einer Cola. Alsdann machten wir uns auf den Heimweg. Dieser hatte es in sich. Schon beim Start merkte ich, dass die Batterie ziemlich leer war und der Motor auch nicht wie gewohnt starten wollte. Als wir dann auf der Landstraße waren und ich Gas geben wollte, zog der Motor nicht mehr richtig durch und brachte keine Leistung. Am Motorgeräusch vernahm ich, dass möglicherweise ein Zylinder ausgefallen war. Jetzt waren wir aber aufgeschmissen! Was tun?, sprach Zeus. Es war Sonntag. Die Werkstätten waren geschlossen und ADAC-Mitglied war ich immer noch nicht. Als wir mit 50 km/h dahintuckerten, wurde mir klar, dass ich mit diesem Tempo die Autobahn nicht befahren durfte. Dort war nämlich eine Mindestgeschwindigkeit von 60 km/h vorgeschrieben. Mir blieb nichts anderes übrig, als eine Route quer durch den Taunus, den Westerwald und das Sauerland zu wählen, über Gießen, Siegen, Hagen und Schwerte nach Unna. Langsam quälten wir uns mit unserem Käfer durch die Berge. Im Sauerland angekommen, wurde es schon dunkel und man musste das Licht einschalten. Oh weh! Was war das? Das Licht war ganz schwach. Nun fing die Lichtmaschine auch an zu streiken. Sie gab kaum noch Saft an die Batterie ab. Sobald ich den Fuß vom Gaspedal nahm, ging das Licht aus. Folglich musste ich ständig den Fuß auf dem Gaspedal lassen. Das war äußerst schwierig bei dem unsynchronisierten Getriebe. Beim

Schalten musste der Fuß kurzfristig vom Gas genommen werden, um mit Zwischengas den nächsten Gang einzulegen. Die Stadtdurchfahrten machten uns wegen des vielen Schaltens am meisten zu schaffen. Endlich war Unna in Sicht. Es war schon spät am Abend, als wir bei Onkel Willis Haus ankamen. Tante Herta war ganz außer sich und fing furchtbar an zu schimpfen. Kein Wunder, denn sie hatte uns noch am Samstag zurückerwartet. Auch Mutter war ziemlich aufgelöst. Sie hatte sich im Geiste schon die schlimmsten Szenarien vorgestellt. Am nächsten Tag, es war ein Montag, brachte ich das Auto in die Werkstatt und konnte es erst eine Woche später wieder abholen. Die Rechnung konnte sich sehen lassen. Diesmal fuhr ich mit der Bahn zum Dienst nach Köln-Wahn. Eskapaden wie diese kamen nicht mehr vor.

Der Märchenprinz

Es waren wieder etliche Wochen vergangen. Von einer Versetzung nach Bangkok war nichts mehr zu hören. Ich wollte unbedingt darüber Klarheit haben, ob für mich überhaupt noch eine Chance für eine Auslandsversetzung bestand. Also meldete ich mich beim Auslandsplaner zu einer Rücksprache. Ich wusste nicht, dass er zwischenzeitlich den Beinamen „Märchenprinz“ erhalten hatte. Von ihm erfuhr ich, dass der Posten beim Militärattaché in Bangkok bereits vergeben sei, aber dafür könne er mir einen gleichwertigen Posten beim Deutschen Militärattaché in Bagdad anbieten. Ich würde demnächst Genaueres erfahren. Bald darauf musste ich mich einer Tropentauglichkeitsuntersuchung unterziehen. Das Ergebnis dieser Untersuchung lautete: „Voll tropentauglich“! Wieder vergingen Wochen und Monate, ohne dass ich etwas aus dem Büro des Auslandsplaners hörte. Weihnachten 1960 war längst vorbei. Die Zeit drängte. Im Falle einer Auslandsverwendung hätte ich mich von bislang sechs

Jahren auf mindestens acht Jahre Dienstzeit bei der Bundeswehr weiterverpflichten müssen. Bei einem Essen im Unteroffiziersheim hatte ich das Glück, neben dem Kameraden Wastl zu sitzen. Er war im Vorzimmer des Planers beschäftigt und würde mir gewiss Näheres über meine weitere Verplanung zu berichten haben. Also nutzte ich die Gelegenheit und sprach ihn auf meinen Fall an. Was er mir da sagte, haute mich fast vom Hocker. „Dieter", sagte er, „dein Dezernatsleiter hat jedes Mal sein Veto eingelegt, wenn er von deiner bevorstehenden Versetzung hörte." „Was war der Grund dafür?", lautete meine Frage. „Du warst offensichtlich in deinem Dezernat unentbehrlich." – Im Dezernat war es danach zu einem Revirement gekommen. Unser Dezernatsleiter wurde nach Süddeutschland versetzt. Dessen Platz nahm nun ein Major ein. Von diesem Zeitpunkt an versuchte ich, mich nicht mehr durch dienstlichen Übereifer zu qualifizieren. Mit dieser neuen Einstellung hatte ich Erfolg. Bei meinem nächsten Versetzungsvorschlag seitens des Planers gab es vom neuen Dezernatsleiter kein Veto mehr. Ende Februar / Anfang März 1961 erhielt ich einen Anruf aus dem Büro des Auslandsplaners mit der Aufforderung, mich sofort bei Major B. zu melden. Ich glaubte anfangs an einen Karnevalsscherz. Dem war aber nicht so. Von jetzt an überschlugen sich die Ereignisse. Ich hatte im Zimmer des Planers kaum Platz genommen, als er gleich zur Sache kam und sagte: „Ich habe einen Auslandsposten für Sie, und zwar in New Orleans. Sie haben das Glück, tropentauglich zu sein. Bei dem ursprünglich für diesen Posten vorgesehenen Kameraden wurde ein Leberschaden festgestellt und der jetzige Dienstposteninhaber muss wegen eines Lungenproblems schleunigst abgelöst werden. Das subtropische Klima ist nun einmal nicht jedermanns Sache. Sind Sie mit einer Versetzung nach New Orleans einverstanden, Stabsunteroffizier Rösel?" Meine Antwort lautete: „Herr Major, nach den vorherigen Enttäuschungen ist mir jetzt der Spatz in der Hand lieber als die Taube auf dem Dach." „Melden Sie sich morgen in der Frühe beim Hauptfeldwebel im Vorzimmer, der wird Ihnen weitere Anweisungen erteilen.“ Damit war für Major B. die Sache erledigt.

Versetzungsvorbereitungen

Hauptfeldwebel Buchholzer beschrieb mir am nächsten Morgen meinen zukünftigen Dienstposten. Demnach sollte ich zum Deutschen Logistischen Bevollmächtigten in den USA und Kanada – später wegen seines erweiterten Aufgabenbereichs Deutscher Militärischer Vertreter in den USA und Kanada (nicht zu verwechseln mit dem Militärattaché) – nach New Orleans versetzt werden. Der Kommandostab befand sich allerdings in Washington. Neben logistischen Aufgaben war die Herstellung von Kontakten zu deutschen und amerikanischen Dienststellen von Bedeutung. Den Schwerpunkt stellte aber die Wahrnehmung logistischer Aufgaben dar. Dazu bedurfte es einer umfassenden Einweisung. Diese erhielt ich dann bei der Weiterleitungsstelle See der Bundeswehr in Bremerhaven. Am 5. April 1961 meldete ich mich beim Leiter der dortigen Dienststelle und seinem Stellvertreter Hauptmann Walzer zum Dienstantritt. Beide machten einen freundlichen, kameradschaftlichen Eindruck und hießen mich willkommen. Hauptmann Walzer wies mir gleich meine neue Unterkunft in einer nahe gelegenen Marinekaserne zu. Nachdem ich mich entsprechend einquartiert hatte, begab ich mich wieder zurück zur neuen Dienststelle, um weitere Anweisungen entgegenzunehmen. Da es mittlerweile auf den Feierabend zuging, bedeutete man mir, am nächsten Morgen pünktlich zur theoretischen Einweisung zu erscheinen. Die Themen lauteten: Seetransport, Güterumschlag im Hafen und auf See sowie Verladung von Großgerät. Hier wurde ich als „Luftwaffenmensch“ derart mit Fachbegriffen aus den Bereichen Heer und Marine bombardiert, dass mir am Abend der

Kopf nur so brummte. Ich lernte die unterschiedlichen Munitionsarten, Fahrzeug- und Raketentypen kennen. Völlig neu einstellen musste ich mich auf die Seemannssprache. Da gab es Begriffe wie Koje, Funkgast, Brücke, Steuerbord, Backbord, Ladegeschirr, Bug, achtern, Luke, Winsch, Gien, bunkern, stauen, krängen, rollen, Deck, Smutje und Niedergang für Treppe usw. Zwischendurch ging es in den Hafen zur Verladung und Löschung von Rüstungsgütern. Es wurden ausschließlich deutsche Handelsschiffe eingesetzt. Bei dieser Gelegenheit ließ sich gut das theoretisch Erlernte mit der Praxis verbinden. Nach vier Wochen war meine Einweisung für den Seehafenumschlag beendet. Anfang Mai meldete ich mich nach erfolgreich bestandenem Lehrgang bei der Stammdienststelle der Luftwaffe in Köln-Wahn zurück. Während meiner Abwesenheit hatte eine Sicherheitsüberprüfung, meine Person betreffend, stattgefunden. Ich wurde auf „GEHEIM" überprüft und entsprechend eingestuft. Zwei Tage nach meiner Rückkehr aus Bremerhaven, am 8. Mai 1961, erwartete mich eine angenehme Überraschung. Ich wurde zum Feldwebel befördert. Die Beförderungsurkunde konnte ich genau zehn Tage vor meiner Abreise in die USA aus den Händen meines Dezernenten entgegennehmen. Das war ein schönes Abschiedsgeschenk.

Abschied

In der zweiten Maiwoche 1961 erhielt ich kurzfristig meine Versetzungsverfügung in die USA. Demzufolge hatte ich mich am 18. Mai 1961 beim Dienststellenleiter des Deutschen Militärischen Vertreters in den USA und Kanada (ehemals Deutscher Logistischer Bevollmächtigter in den USA und Kanada), Nebenstelle New Orleans, zu melden. Vorher wurde ich noch zum Bundesministerium der Verteidigung auf die Bonner Hardthöhe beordert. Dort erhielt ich weitere Instruktionen sowie Reisepapiere und Tropenbekleidung einschließlich Moskitonetz. Am Vorabend meiner Abreise traf ich mich mit dem Kameraden Siegfried Sonntag in Bonn. Er kam extra mit der Straßenbahn von Köln-Wahn nach Bonn. In Bonn feierten wir zünftig Abschied. Es wurde spät. Ich begleitete ihn noch bis zur Straßenbahnhaltestelle. Als wir dort ankamen, setzte sich die Bahn gerade in Bewegung. Der Schaffner ließ niemanden mehr hinein. Es war auch die letzte Bahn, die vor Mitternacht Köln-Wahn bediente. Was machte der Kamerad Sonntag? Er spurtete hinter der Bahn her und schwang sich auf die am letzten Wagen befindliche Kupplung und fuhr auf dem unbequemen Sitz, ohne dass es der Schaffner bemerkte, bis zur nächsten Haltestelle. Dort sprang er von der Kupplung und bestieg durch die geöffnete Tür den Straßenbahnwagen. Wie mir Siegfried später schilderte, soll derselbe Schaffner, der ihm zuvor den Einstieg verweigert hatte, ihn angestarrt haben wie ein Gespenst.

In den Monaten meiner Dezernatszugehörigkeit bei der Stammdienststelle der Luftwaffe hatte ich mich mit unserer Sekretärin, Fräulein Christa Bernheim, angefreundet. Wir gingen schon mal gemeinsam ins Kino oder in ein Café. Wenn meine Versetzung in die USA nicht erfolgt wäre, hätte aus einer Freundschaft eine feste Beziehung entstehen können. So blieben als Erinnerung ein schönes Abendessen bei einem Gläschen Wein und ein zarter Abschiedskuss.

TEIL II

Auf Posten in den USA

New Orleans I

Erste Eindrücke

Am 18. Mai 1961 flog ich zunächst mit einer Turbo-Prop-Maschine, Typ Vickers Viscount, vom Köln-Bonner Flughafen nach Frankfurt am Main. Dort stieg ich um in eine Düsenverkehrsmaschine vom Typ Boeing 707. Es war eines der ersten Düsenverkehrsflugzeuge der Lufthansa, das die Nordatlantikroute bediente und die in die Jahre gekommene Super Constellation abgelöst hatte. Nach einem fast achtstündigen Flug setzte die Maschine nachmittags auf dem International Airport in New York auf. Dort wurde ich von einem Vertreter der Nebenstelle New York des Deutschen Logistischen Bevollmächtigten abgeholt und zwecks Weiterflug nach New Orleans zum Inlandsflughafen La Guardia in Newark gebracht. Nach einem mehrstündigen Flug landete die Maschine am frühen Abend auf dem Moisant Airport in New Orleans. Als ich dem Flugzeug entstieg, schlug mir ein Schwall feuchtheißer Luft entgegen, der im ersten Moment das Atmen erschwerte. Mein Körper reagierte mit einem Schweißausbruch. Ich hatte das Empfinden, in einer Waschküche gelandet zu sein. Im Flughafengebäude war das Klima wieder erträglicher. Das Gebäude war klimatisiert. Mir wurde gesagt, ich solle Ausschau nach einem uniformierten deutschen Soldaten halten, der mich vom Flughafen abholen werde. Ich ließ meinen Blick kurz schweifen. Da entdeckte ich in der Menschenmenge einen deutschen Soldaten in sandfarbener Tropenuniform. Ich ging auf ihn zu und wir machten uns miteinander bekannt.

Jackson Square, ein Wahrzeichen im Herzen von New Orleans

Es war der Hauptgefreite Frank Lungartz, seines Zeichens Kraftfahrer der Nebenstelle New Orleans. Er erwies sich in der ersten Zeit meines Einlebens am neuen Dienstort als eine außerordentliche Stütze und als ein prima Kamerad. Zunächst brachte er mich in einem Dienstfahrzeug der Bundeswehr (schwarzer VW Käfer mit Y-Kennzeichen) in die Innenstadt. Dort setzte er mich am Hotel De Soto in der Baronne Street ab. Es lag nur wenige Schritte von meiner zukünftigen Dienststelle entfernt. Das Hotel De Soto machte einen altehrwürdigen Eindruck. Im Foyer drehten sich die Ventilatoren und sorgten für etwas Luftverwirbelung. Von Kühlung konnte jedoch keine Rede sein. Man wies mir ein Zimmer in der 3. Etage zu, wo es noch wärmer war als unten im Foyer. Im Zimmer war die Luft stickig. Das Atmen fiel einem schwer. Es gab keine Klimaanlage und der Ventilator brummte eintönig unter der Zimmerdecke vor sich hin. An Schlaf war so gut wie gar nicht zu denken. Ich wälzte mich von einer Seite auf die andere.

Meldung auf der neuen Dienststelle

Am nächsten Morgen war ich wie gerädert. Pünktlich um 8:00 Uhr meldete ich mich auf meiner neuen Dienststelle, die im Delta Building auf der Baronne Street 348 untergebracht war. Der Chef, Major Fliege, war ein Heeresmann. Er hieß mich willkommen und machte mich mit den übrigen Mitarbeitern bekannt. Da war mein Vorgänger, Feldwebel Grothauser, der das Vergnügen hatte, mir eine zweitägige Kurzeinweisung in die zukünftigen Aufgaben zu geben. Außer dem Kameraden Grothauser gehörten noch die Sekretärin, Fräulein Wimmer und der bereits erwähnte Hauptgefreite Lungartz zur Dienststelle. Major Fliege war ein ganz korrekter, untadeliger Mensch und guter, fürsorglicher Vorgesetzter, wie ich bald erfahren sollte. Feldwebel Grothauser, schon ein älterer Jahrgang und Weltkrieg-II-Teilnehmer, musste vorzeitig nach Deutschland zurückversetzt werden, da er sich einen klimatisch bedingten Lungenschaden zugezogen hatte. Die Kommunikation mit ihm gestaltete sich etwas schwierig. Wenige Tage zuvor war ihm ein Gebiss eingesetzt worden, das nicht ganz korrekt saß. Er musste ständig aufpassen, dass das neue Ersatzteil nicht verrutschte. Daher fiel ihm das Sprechen schwer und die Wörter waren manchmal schlecht zu verstehen. Fräulein Wimmer, vom Verteidigungsministerium entsandt, war Mitte zwanzig und legte großen Wert auf ihre gute Kinderstube. Ihr Vater war schließlich Pfarrer in Vallendar, einer kleinen Kirchengemeinde gegenüber von Koblenz am Rhein. Frank Lungartz wird einige Jahre jünger gewesen sein als ich, vielleicht Anfang zwanzig. Er war ein aufgeweckter Bursche und für sein Alter sehr reif. Frank hatte jung geheiratet und war es gewohnt, Verantwortung zu übernehmen. Dass ich mich relativ schnell in die neue Materie eingearbeitet habe, hatte ich zum Teil ihm zu verdanken. Nach der Verabschiedung meines Vorgängers wurde ich automatisch stellvertretender Dienststellenleiter.

Wohnungssuche und erste Bekanntschaft

Gleich am ersten Tag nach meiner Ankunft begab ich mich mit dem Kameraden Lungartz auf Wohnungssuche. Eine Wohnung war schnell gefunden. Viele Häuser hatten außen Schilder angebracht mit der Aufschrift: „Apartments for rent". Ein Stadthaus eines ehemaligen Baumwollplantagenbesitzers an der Esplanade Avenue 1227, in der Nähe des French Quarters, hatte mehrere solcher Apartments zur Auswahl angeboten. Nach einer kurzen Besichtigung entschied ich mich für eine preiswerte Unterkunft in einem Anbau für Hauspersonal (ehem. Slave Quarter) des besagten Hauses. Das Apartment war komplett möbliert, befand sich im 1. Stock und bestand aus Küche, kombiniertem Wohn- und Schlafraum und Bad. Die monatliche Miete betrug 45,00 Dollar. Natürlich stattete ich die Wohnung im Laufe der Zeit nach meinem Gusto aus. Bald erfuhr ich, dass im gleichen Haus eine deutsche Familie wohnte. Eines Tages stellte ich mich bei den Leuten vor. Es handelte sich um eine ältere Dame mit ihrer Tochter und Enkeltochter. Ich wurde herzlich willkommen geheißen. Die ältere Dame, eine gebürtige Dresdnerin, begrüßte mich mit den Worten: „Endlich jemand, mit dem man Deutsch reden kann." Ihre geschiedene Tochter war mit einem Amerikaner, den sie in Deutschland kennengelernt hatte, verheiratet. Sie hatte wiederum eine süße, kleine Tochter, namens Brigitte. Man rief das kleine Mädchen „Cookie". Ich war bei diesen netten Leuten danach öfter zum Kaffee eingeladen. Frau Rotter, die ältere Dame, sprach kein Englisch. Daher war sie froh, dass sie sich mit mir auf Deutsch unterhalten konnte. Ihre Tochter unterhielt sich mit der kleinen Enkelin überwiegend auf Englisch. Sowohl Frau Rotter als auch ihre Tochter, Frau O'Quin, waren sehr gebildet und kulturbeflissen. Es war ein anderes Niveau, als man es vom Militär her gewohnt war. Ich muss gestehen, dass ich beeindruckt war. Beizeiten regte sich bei mir ein Interesse für Kultur und schöngeistige Dinge. Voller

Scham musste ich an meinen ersten Opernbesuch und meinen Kommentar gegenüber meinem Kameraden Schräder denken.

Meine neuen Aufgaben

Wie gestaltete sich nun mein Dienst beim Deutschen Militärischen Vertreter in New Orleans? Ich erwähnte bereits, dass es bei den Aufgaben unserer militärischen Vertretung, außer Kontaktaufnahme mit amerikanischen und deutschen Dienststellen in den USA, überwiegend um die Abwicklung logistischer Projekte ging. Dazu gehörten wiederum das Knüpfen von Kontakten zu amerikanischen Behörden und militärischen Dienststellen sowie die Durchführung von Dienstreisen. Eine der ersten Dienstreisen führte zu einer amerikanischen militärischen Einrichtung nach Pensacola in Florida. Es ging morgens in der Frühe los. Der Chef, Major Fliege, entschloss sich, die Fahrt dorthin mit seinem Privatauto zu machen. Er nahm mich und unseren Kraftfahrer Frank Lungartz mit auf die Reise. Ich nahm zum ersten Mal in meinem Leben in einem amerikanischen Straßenkreuzer Platz. Die genaue Typenbezeichnung habe ich mir nicht gemerkt. Es war ein tolles Gefühl, mit Tempo 60 (Meilen) förmlich über die Fahrbahn zu schweben. Das Fahrwerk schluckte problemlos alle Straßenunebenheiten. Die Fahrt führte entlang der Golfküste durch die Staaten Louisiana, Alabama und Mississippi nach Florida. Ich genoss die Landschaft und die südländische Vegetation. Unterwegs erläuterte Major F. diverse Besonderheiten im Umgang mit unseren amerikanischen Partnern. Die Dienstgeschäfte nahmen Gott sei Dank nicht allzu viel Zeit in Anspruch, sodass sich noch eine Besichtigungsfahrt durch Pensacola einrichten ließ. Man sah sehr viele einstöckige Häuser (private Bungalows) in Holzbauweise oder mehrstöckige Büro- oder Geschäftshäuser in Ziegelbzw. Betonbauweise. Am späten Abend kehrten wir heim. Ich weiß nur, dass ich, ohne Abendbrot eingenommen zu haben, todmüde ins Bett gefallen bin. Die Reise war anstrengender, als ich angenommen hatte. Gerade in der ersten Zeit machte mir das Klima zu schaffen. Da lernte man die Klimaanlage als segensreiche Erfindung zu schätzen. Am nächsten Tag stand ein Besuch bei einem Spediteur und einem Reedereibüro auf dem Programm. Hauptgefreiter Lungartz fuhr mich im olivgrünen VW Bully (mit Schiebedach) zunächst zur Spedition. Dort wurden wir vom Büroleiter, Herrn Meyer und seiner Sekretärin begrüßt. Ich stellte mich als Nachfolger von Feldwebel Grothauser vor. Zu meiner Erleichterung sprach Herr Meyer fließend Deutsch. Die nette Sekretärin servierte uns eine Tasse Kaffee. Dabei unterhielten wir uns teils in Deutsch und teils in Englisch. Sodann begaben wir uns ins Hafenviertel, wo die Reederei ihr Hafenbüro hatte. Die Pier zog sich mindestens zwei Kilometer am Mississippi entlang. Auf der lang gestreckten Laderampe mit Zugang zu den einzelnen Hafenschuppen herrschte lebhaftes Treiben. Farbige Arbeiter fuhren mit ihren Gabelstaplern hin und her, um Waren und Güter von den Schiffen auf Lastwagen zu verladen und umgekehrt Güter von den Lkws zu den Schiffen zu bringen. Im Hafenbüro der Reederei stellte mich der Hauptgefreite Lungartz den zuständigen Mitarbeitern vor. Dort lobte man die gute Zusammenarbeit mit Hans, meinem Vorgänger, und gab der Hoffnung Ausdruck, mit mir genauso gut auszukommen. Wir verabschiedeten uns und begaben uns zurück ins Büro.

Alltagsbewältigung

Die Tage vergingen schnell. Viele neue Eindrücke strömten auf mich ein und ließen erst gar keine Gedanken an die Heimat aufkommen. Wie sah mein Privatleben aus? Wenn ich nicht allzu geschafft war, begab ich mich nach Dienstschluss zum Einkauf nach Schwegman. Das war ein gut sortierter Lebensmittelladen in der Nähe meiner Wohnung. Da ich noch nicht motorisiert war, mussten alle Gänge zu Fuß erledigt werden. So kam ich danach in der brütenden Hitze, schwer beladen mit Einkaufstüten, nach Hause und bereitete das Abendessen zu. Besonders abwechslungsreich war es nicht. Mal gab es Bratkartoffeln mit Spiegelei oder Bockwurst mit Kartoffelsalat. Zwischendurch bereitete ich mir in Alufolie verpackte Schnellgerichte, sogenannte TV-Dinners, zu. Während des Dienstes konnte man in einer Imbissstube, die in unserem Bürogebäude integriert war, auch mal ein warmes Essen zu sich nehmen. Völlig enttäuscht war ich, dass es kein deutsches Grau- oder Schwarzbrot zu kaufen gab. So musste ich mich wohl oder übel mit dem schaumgummiartigen Toastbrot zufriedengeben. Das war vielleicht eine krümelige Angelegenheit! Auf der Dienststelle sagte man mir, dass das Brot getoastet werden müsse. Dazu musste ich mir erst noch ein Toastgerät anschaffen. Andere Länder, andere Sitten! An den Wochenenden ging ich häufig außerhalb essen. Mit meiner anfangs niedrigen Auslandsbesoldung konnte ich keine großen Sprünge machen. In den ersten Wochen meines Auslandsaufenthaltes gestaltete sich meine finanzielle Situation äußerst prekär, da der Geldtransfer von meinem deutschen Inlandskonto auf mein neu eingerichtetes amerikanisches Konto bei der National Bank of Commerce nicht funktionierte. Meine kleine Devisenreserve war schnell aufgebraucht, sodass ich gezwungen war, mir von meinem Chef Geld zu leihen, damit ich über die Runden kam. Das war mir außerordentlich peinlich. Aber was sollte ich machen? Als dann nach über sechs Wochen der Geldtransfer florierte, zahlte ich als Erstes meine Schulden zurück. Wie ich hinterher erfuhr, waren bei dem Geldtransfer vier Geldinstitute involviert. Diesem Umstand war letztendlich die enorme Verzögerung zu verdanken.

Mein erster Kinobesuch in Amerika

An einem Wochenende begab ich mich ins Kino. Es lag im Hafenviertel und der Eintritt war ausgesprochen moderat. Ein Abenteuerfilm wurde gezeigt, an dessen Titel ich mich heute nicht mehr erinnere. An der Kasse saß ein Farbiger. Er musterte mich auffallend in meiner deutschen Tropenuniform und zögerte, mir eine Eintrittskarte auszuhändigen. Auf meine Frage, ob das Kino ausgebucht sei, erhielt ich zur Antwort, dass man erst mit dem Chef sprechen müsse. Seinem Gespräch mit dem Chef entnahm ich, dass man mich für einen Seemann hielt. Kurz darauf erhielt ich eine Eintrittskarte. Im Saal war es dunkel, da der Film schon begonnen hatte. Schnell hielt ich nach einem freien Platz Ausschau und setzte mich leise auf einen knatschenden Sitz. Ab und zu hörte ich Geknister, wie wenn jemand eine Tüte öffnet, dann Gemurmel und ein saugendes Geräusch aus einem Getränkebecher. Vom Film habe ich nicht allzu viel mitbekommen. Als der Film zu Ende war und im Saal das Licht anging, sah ich Schwarz. Alles Farbige! Ich war der einzige Weiße. Ich hatte mich zwar gewundert, mir aber nichts Besonderes dabei gedacht. Ich war ja noch ein Greenhorn in der Neuen Welt. Von Segregation, Apartheid und Rassentrennung hatte ich zwar schon gehört, aber nicht im Entferntesten daran gedacht, dass es so etwas in Amerika nach dem Bürgerkrieg (1861–1865) noch gäbe. Jedenfalls erzählte ich dieses für mich interessante Ereignis am nächsten Tag auf meiner Dienststelle. Dort war man sprachlos über den Leichtsinn, den ich begangen hatte. Mein Chef sagte: „Feldwebel Rösel, Sie haben Glück gehabt, dass Ihre Anwesenheit in einem Kino, welches ausschließlich für Farbige bestimmt ist, nicht als Provokation interpretiert wurde und eine Schlägerei ausgelöst hat. Ich glaube, wir müssen Sie unbedingt über einige weitere Dinge in diesem Land aufklären." Nun musste ich erfahren, dass es in diesem modernen Land so etwas wie Rassentrennung gab und diese besonders in den Südstaaten der USA. praktiziert wurde. Lediglich die Sklaverei war in der zweiten Hälfte des 19. Jahrhunderts abgeschafft worden. Von nun an betrachtete ich die Dinge aus einem ganz anderen Blickwinkel. Ich wollte es nicht für möglich halten, dass es für Weiße und Farbige getrennte Toiletten gab oder in den öffentlichen Verkehrsmitteln die vorderen Sitzplätze für Weiße reserviert waren. Farbige mussten jeweils im hinteren Teil von Bussen und Bahnen Platz nehmen. Für Farbige waren nur bestimmte Hotels, Gaststätten und Kneipen vorgesehen. Farbige wohnten in bestimmten Stadtteilen. Trauungen zwischen Weißen und Farbigen waren untersagt. Wie strikt die Trennung von Schwarz und Weiß im Süden der USA war, konnte ich wenig später am eigenen Leib erfahren: Anlässlich einer Containerverladung im Hafen von New Orleans bedankte ich mich anschließend mit Handschlag bei den mir zur Seite gestellten farbigen Arbeitern. Dieser Vorgang wurde von einigen weißen Reedereiangestellten beobachtet. Am nächsten Tag sprachen diese Leute nicht mehr mit mir. Ich wurde einfach ignoriert. Auf meine Frage, was das merkwürdige Verhalten zu bedeuten habe, antwortete einer der Mitarbeiter der Reederei: „Sergeant, hatten Sie sich gestern nicht per Handschlag von den farbigen Arbeitern verabschiedet?“ „Ja“, war meine Antwort, „ist das etwa ein Verbrechen?“ „Nein, aber das wird hier nicht gern gesehen“, gab man mir zu verstehen. Mit solch einer Mentalität hatte ich nicht gerechnet! Aber dieses Beispiel war typisch für die Denkweise und das Verhalten der weißen Bevölkerung des „Tiefen Südens“ von Amerika. Es war für mich eine Lehre! Künftig richtete ich mich danach.

Der 13 August 1961

Als sich meine finanzielle Situation gebessert hatte, kaufte ich bei der Fernsehreparaturwerkstatt von Joe Markezic ein gebrauchtes Fernsehgerät, um das Weltgeschehen wenigstens in Schwarz-Weiß mitzubekommen. Vorher hatte ich mich mit den Nachrichten der Deutschen Welle aus meinem Transistorradio zufriedengeben müssen.

Es war genau der 13. August des Jahres 1961, als ich den Fernseher das erste Mal einschaltete. Man brachte gerade die Abendnachrichten. Was ich da sah, ließ mich erschrecken! Es waren Bilder vom **Berliner Mauerbau**. Am „Checkpoint Charly" standen sich amerikanische und sowjetische Panzer auf nächster Nähe gegenüber. Alles schien auf eine militärische Auseinandersetzung hinzudeuten. Wenn jetzt eine Seite die Nerven verliert, dachte ich, haben wir den Dritten Weltkrieg. Unwillkürlich musste ich auch an meine Angehörigen daheim in Deutschland denken. Was würde mit ihnen geschehen? Die Kommentare der Nachrichtensprecher überschlugen sich. Ständig kamen neue Meldungen über den Äther. Man sah Bilder von Bautrupps, die unter dem Schutz sowjetischer Panzer auf der Ostberliner Seite mit der Errichtung einer Mauer beschäftigt waren. Was waren die Ursachen zu diesem eigenartigen Schritt? Es konnte doch nicht sein, dass sich das Ostberliner Regime vor einem Einmarsch westalliierter Truppen in den Ostsektor Berlins schützen wollte. Nein, der wahre Grund war ein ganz anderer. Das SED-Regime der Deutschen Demokratischen Republik (DDR) wollte damit verhindern, dass die dortige Bevölkerung, insbesondere dringend benötigte Wissenschaftler und Fachkräfte, dem SED-Staat den Rücken kehrte und über die Sektorengrenze nach Westberlin flüchtete. Nach diesem Akt war Berlin eine geteilte Stadt. Westberlin war nun von allen Seiten eingeschlossen. Es gab kein Hinüber und kein Herüber mehr. Dass es nicht zu weiteren Konfrontationen kam, war dem besonnenen Verhalten der westlichen Schutztruppen zu verdanken. Der damalige amerikanische Präsident Kennedy hielt die Situation für so brisant, dass er sich ins Flugzeug setzte und sich nach Berlin begab, um den Westberlinern Amerikas

Beistand zuzusichern. Dies tat er mit den Worten: „Ich bin ein Berliner." Damit wollte er zum Ausdruck bringen, dass, wer auch immer Westberlin angreife, auch Amerika angreife und mit einer entsprechenden Reaktion zu rechnen habe.

Die Geschehnisse in Berlin ließen die amerikanischen Bürger nicht unberührt. Die Reaktionen bei der Bevölkerung waren unterschiedlich. So wurden zum Beispiel unserer Sekretärin auf dem Wege zum Büro mit vorwurfsvoller Miene Worte an den Kopf geschleudert wie: „Immer die Deutschen! Hoffentlich werden wir euretwegen nicht wieder in einen Krieg hineingezogen." Die Sorge der Amerikaner war durchaus verständlich und realistisch.

Von meiner Dienststelle wurde ich sanft gedrängt, mir ein Telefon zuzulegen, damit ich im Notfall schnell erreichbar sei. Der Anschluss war schnell gelegt und ich hatte eine Verbindung zur Außenwelt. Meine Telefonnummer hat sich bis zum heutigen Tage in mein Gedächtnis eingeprägt: 504-9475050. Sie war gut zu merken.

Frank Lungartz und sein DKW 3-6

An einem Wochenende hatte mich die Familie meines Kameraden Lungartz zu einer Fahrt nach Baton Rouge, der Regierungsstadt des Staates Louisiana, eingeladen. Sie fand statt in einem schnittigen, formschönen deutschen DKW 3-6. Die Bezeichnung 3-6 bedeutete: 3 Zylinder und 6 Ventile. Der „3-6" war ein Zweitakter und wurde mit einem Zweitaktergemisch, bestehend aus Öl und Benzin, betrieben. Dies hatte zur Folge, dass beim Verbrennungsvorgang, ähnlich wie bei einem Dieselfahrzeug, eine starke Rauchentwicklung entstand und das Fahrzeug vom Auspuff her eine lange Abgasfahne hinter sich herzog. Dergleichen hatten die Leute hierzulande noch nicht gesehen. Deshalb war es nicht verwunderlich, dass die Menschen neugierig und staunend dem Auto beim Vorbeifahren hinterherschauten. Bald war Frank mit seinem „3-6“ bekannt wie ein bunter Hund. Damit machte er jedenfalls unbeabsichtigt Reklame für eine deutsche Automobilmarke. Die Fahrt führte flussaufwärts am Mississippi entlang. Je mehr wir uns der Stadt Baton Rouge näherten, fielen uns die zahlreichen Erdöl verarbeitenden Fabriken, das heißt Raffinerien, auf. Riesige Öltanks bestimmten das Landschaftsbild. Die Innenstadt von Baton Rouge war längst nicht so interessant wie New Orleans. Nach einem kleinen Bummel durch das Stadtzentrum und der Einnahme eines erfrischenden Drinks traten wir die Heimfahrt an. Auf diese Weise hatte ich die Gelegenheit, die Regierungsstadt Louisianas kurz kennenzulernen.

Flussabenteuer

Bei einer anderen Gelegenheit nahm mich die Familie Lungartz zu einer Bootsfahrt auf einem Dschungelfluss mit, der sich Tchefuncte River nannte. Frank besaß ein kleines Boot mit einem Außenbordmotor und dazu einen passenden Anhänger, auf den das Boot verladen wurde. Um zu dem besagten Fluss zu gelangen, musste man eine circa 40 Kilometer lange Brücke (Causeway) über den Lake Pontchartrain – nordöstlich von New Orleans gelegen – benutzen. Auf der anderen Seite des Sees mündete ein kleiner Dschungelfluss in den See. Wir ließen das Boot zu Wasser und tuckerten gemütlich flussaufwärts. Vorbei ging es an Mangrovenwäldern und Sumpfzypressen. Hin und wieder tat sich eine Lichtung mit einem typischen Golfrasen auf, dessen oberer Rand von einem Plantagenhaus, umstanden von uralten, mit spanischem Moos behangenen Bäumen, begrenzt war. Obwohl der Fluss zum Schwimmen nicht unbedingt einladend wirkte, verspürte ich Lust, mich darin abzukühlen.

Plantagenhaus in Flussnähe

Trotz einer Warnung der Familie Lungartz tauchte ich in die dunkelgrüne Brühe. Unter der Wasseroberfläche konnte man keine eineinhalb Meter weit sehen. Jede Menge Schlingpflanzen waberten in einer milchig grünen Brühe. Ich dachte mir, dass dies die richtige Kulisse für einen Horrorfilm mit Flussungeheuern etc. abgeben würde. Als ich wieder auftauchte, vernahm ich erregte Schreie und Rufe der Familie Lungartz. Sie deuteten auf ein grünes Etwas, das sich auf mich zubewegte. „Kommen Sie schnell ins Boot“, riefen sie. Das tat ich auch, ohne zu wissen, was an dem Flussbewohner, der sich als Schlange entpuppte, so gefährlich sein sollte. Danach klärte mich der Kamerad auf, dass es sich bei dem grünen Etwas, das auf mich zugekommen war, um die giftige Wassermokassinotter, deren Biss tödlich ist, gehandelt habe. Als ich diese Botschaft vernahm, verging mir alle Lust auf Abkühlung. Ich musste mich erst einmal von dem Schreck erholen.

Eine erste Bekanntschaft mit einer Amerikanerin

Vom Kameraden Lungartz hatte ich u. a. erfahren, dass es in New Orleans eine deutsche Gaststätte gebe, das sog. „Deutsche Haus“. Das hatte mich neugierig gemacht. Ich sehnte mich nach langer Zeit mal wieder nach einem Restaurant mit deutscher Küche. Ich ließ mir von Frank (wir duzten uns inzwischen) den Weg dorthin beschreiben und begab mich trotz eines langen Anmarschweges am darauffolgenden Wochenende zu Fuß dorthin. Der Pächter des Restaurants war ein gebürtiger Thüringer, der vor dem Ausbruch des Zweiten Weltkrieges in die USA ausgewandert war. Er ließ sich mit Günter anreden. Fast an jedem Wochenende ließ ich mich von nun an dort blicken und erfreute mich mal an Thüringer Bratwurst mit Rotkraut und Knödeln, Rouladen oder an einem Schweinekotelett. An besonders heißen Tagen bestellte ich auch schon mal Kartoffelsalat mit einer Bockwurst. Leider gab es dazu kein deutsches Bier. Ich musste mich mit einheimischem Bier begnügen. Das war aber gar nicht mal so schlecht. Ich erinnere mich an die Marken Budweiser, Miller’s High Life, Bush Bavaria und Jax Beer. Übrigens, das Jax Beer wurde in New Orleans gebraut. Bei einem meiner Besuche im Deutschen Haus machte mich Günter darauf aufmerksam, dass er ein Bierfest veranstalten wolle. Ich sei herzlich eingeladen. Natürlich nahm ich die Einladung dankend an. An einem Samstagnachmittag begab ich mich zu der angekündigten Veranstaltung. Das Restaurant besaß einen großen, von Schatten spendenden Bäumen umsäumten Hof. Lange hölzerne Tische und Bänke, wie es zu Bierfesten üblich ist, waren aufgestellt. Nachdem ich nach bekannten Gesichtern vergeblich Ausschau gehalten hatte, nahm ich auf einer der langen Bänke Platz und bestellte ein Bier. Ich kam mir, ehrlich gesagt, an dem langen Tisch etwas verloren vor. Nach und nach kamen weitere Gäste und setzten sich zu mir an den Tisch. Wir machten uns miteinander bekannt. Ich merkte, dass ich mit meiner deutschen Uniform das Interesse vieler Besucher weckte. Schnell bildete sich ein Belagerungsring um mich herum. Neben mir nahm eine junge Dame Platz, die vorgab, schon einmal in Deutschland gewesen zu sein. Ihr Vater sei als Offizier in der Nähe von Stuttgart stationiert gewesen und sie könne auch einige Brocken Deutsch sprechen. Sie hatte sich als Linda vorgestellt. Später kam noch eine Freundin von ihr hinzu. Es entspann sich ein angeregtes Gespräch. Der Nachmittag und der Abend vergingen wie im Fluge. Wir verabschiedeten uns mit der üblichen Phrase: „Es war nett, Sie kennenzulernen." Eine Verabredung zu einem Treffen hatte nicht stattgefunden. Nach acht Tagen klingelte bei mir auf der Dienststelle das Telefon. Es meldete sich die Telefonzentrale des deutschen Generalkonsulats in New Orleans. Die Telefonistin fragte mich, ob ich eine Aktenmappe mit Unterlagen vermissen würde. Ich verneinte die Frage und erkundigte mich, wieso man ausgerechnet auf mich komme. Die Telefonistin druckste etwas herum und rückte dann mit der Sprache heraus. Sie sagte, eine Dame habe im Generalkonsulat angerufen und mitgeteilt, dass sie in einem Bus eine Tasche gefunden habe und dass aus den darin befindlichen Papieren mein Name ersichtlich sei. Diese Dame, es müsse sich um eine Amerikanerin gehandelt haben, habe um meine Anschrift gebeten, um mir die Tasche mit Inhalt persönlich zuzuleiten. Ihren Namen habe sie jedoch nicht genannt. Nun wurde ich aber hellhörig! War das eventuell ein nachrichtendienstlicher Anbahnungsversuch?, ging es mir durch den Kopf. Ich fragte die Telefonistin, ob sie meine Adresse herausgegeben habe. Sie bejahte meine Frage und sagte mit einem etwas verlegen klingenden Tonfall in der Stimme: „Herr Rösel, die Aussage der Amerikanerin hörte sich so überzeugend an, dass bei mir nicht der geringste Verdacht aufkam, dass irgendetwas daran faul sein könnte." Ich sagte nur: „Vielen Dank für den Hinweis. Auf Wiederhören!", und legte den Hörer auf. Ein paar Tage lang habe ich über den Vorfall nachgegrübelt und mich gefragt, wer die mysteriöse Amerikanerin wohl gewesen sein könnte, kam aber zu keinem Ergebnis. Bald darauf war diese Geschichte in Vergessenheit geraten. – Es war mal wieder ein langes und langweiliges Wochenende. Abends, als sich die größte Hitze des Tages gelegt hatte, entschloss ich mich zu einem Bummel durch das French Quarter von New Orleans. Dort herrschte reges Treiben. Aus den Kneipen tönte laute Jazz- und Rockmusik. Ich lauschte den Klängen der Jazz- bzw. Dixieland-Größen wie Al Hirt (Trompete) und Pete Fountain (Klarinette), bis ich zur berühmten Preservation Hall kam, wo früher in den Anfängen des Jazz der große Jazz-Trompeter „Satchmo" Louis Armstrong aufgetreten war, der inzwischen Weltstar war. Danach ließ er sich kaum noch in New Orleans sehen. Dafür konnte ich andere Berühmtheiten wie zum Beispiel „Sweet Emma" Barrett, Oscar „Papa" Celestin und Geoge Lewis erleben. Von der Preservation Hall als Geburtsstätte des New Orleans Jazz war ich ein wenig enttäuscht. Sie glich eher einem alten Schuppen. Aber dafür waren die Interpreten und deren Musik einfach spitze. Obwohl ich zum damaligen Zeitpunkt kein Jazz-Kenner war, konnte ich mich jedoch für den Dixie begeistern. Anfangs klatschte ich nach jeder Aufführung aus Höflichkeit Beifall und später aus Begeisterung. Nach diesem Erlebnis gedachte ich den Abend mit einem kühlen Bier zu beschließen. Wie ich so durch die abendlichen Gassen schlenderte, kam ich an einer Tanzbar vorbei, aus der laute Musik ertönte. Es war eine Seemannsabsteige, wie ich später erfuhr. Als ich die Tanzdiele betrat, hörte ich überwiegend skandinavische Laute. Es wurde wild getanzt (Jive, Jitterbug und Boogie Woogie). Als ich meinen Blick so schweifen ließ, entdeckte ich im wilden Trubel meine Tischnachbarin vom Bierfestival im Deutschen Haus. Sie tanzte ausgelassen mit einem großen, blonden Seemann. Da ich von ihr nicht entdeckt werden wollte, legte ich gleich den Rückwärtsgang ein und begab mich heimwärts. Unterwegs wurde mir klar, dass das, was ich dort sah, weder meinem Niveau entsprach noch meine Klientel war.

Ich begab mich später noch einmal ins Deutsche Haus. Bei dieser Gelegenheit kam ich mit Günter, dem Pächter des Hauses, ins Gespräch. Auf meine Frage, ob er mir Näheres über „Linda“ erzählen könne, sagte er mir, dass sie einst Stewardess bei einer skandinavischen Schifffahrtslinie gewesen sei. Außerdem habe sie sich besonders auffällig nach meinem Namen erkundigt. Mehr könne er mir auch nicht sagen. Das war mein letzter Besuch im Deutschen Haus. Mir kam die ganze Geschichte nicht ganz geheuer vor.

Eines schönen Abends – ich war gerade dabei, mein Abendessen vorzubereiten – klopfte es an meiner Apartmenttür. In der Annahme, dass es sich um meine deutschen Nachbarn handele, behielt ich die Küchenschürze um und öffnete ahnungslos die Tür. Wer stand da vor mir? Ich wollte es kaum glauben: Die Tischnachbarin aus dem Deutschen Haus mit einer anderen Dame, ich vermutete ihre Freundin. Ich war total perplex. Wie kam die Person an meine Adresse? Sogleich fiel mir der Anruf des deutschen Generalkonsulats ein, wo man mir mitgeteilt hatte, dass eine Amerikanerin sich nach meiner Anschrift erkundigt habe. Mit so viel Raffinesse hatte ich beileibe nicht gerechnet. Plötzlich sah ich die ausgelassene Tanzszene von ihr in der Seemannsbar vor meinem geistigen Auge. Instinktiv zog ich die Haustür bis auf einen kleinen Schlitz zu und fragte nach ihrem Begehren. Sie sagte, dass sie mich sprechen wolle, ob sie hereinkommen dürfe. Diesen Wunsch habe ich abgelehnt, mit der Begründung, dass ich in Kürze Gäste erwarten würde und gerade dabei sei, ein Essen vorzubereiten. Vielleicht ergebe sich ein anderes Mal die Gelegenheit zu einem Gespräch. Danach ließ ich die Damen stehen und schloss die Tür. Nach diesem Intermezzo erhielt ich noch ein paar Mal merkwürdige Anrufe. Den geschilderten Vorgang erwähnte ich in unserer Dienststelle. Darauf sagte die Sekretärin: „Herr Rösel, Sie haben völlig richtig gehandelt, dass Sie die Damen nicht in Ihre Wohnung gelassen haben. Hierzulande sind die Frauen dermaßen raffiniert und durchtrieben. Sie hätten in Teufels Küche kommen können, wenn eine der Frauen um Hilfe geschrien und die andere die Polizei gerufen hätte, selbst ohne dass Sie die Damen in irgendeiner Form behelligt hätten. Sie hätten ohne Zeugen dagestanden, während man alles Mögliche gegen Sie vorgebracht hätte." Für den Hinweis war ich unserer Sekretärin sehr dankbar. Es war wieder eine neue Erfahrung. Nach dieser Episode war ich sehr zurückhaltend, was Damenbekanntschaften betraf.

New Orleans –
Historische Stadt am Mississippi

Da ich von Haus aus immer großes geschichtliches Interesse an den Tag gelegt habe, wurde es höchste Zeit, mich für die Geschichte der Stadt New Orleans zu interessieren. Aus diesem Grunde besorgte ich mir aus der Stadtbibliothek Literatur über die Geschichte von New Orleans, und zwar von der Entstehung bis zur Neuzeit. Beim Studium dieses Themas erfuhr ich eine Menge wissenswerter Details: Wie bereits erwähnt, liegt New Orleans in einer subtropischen Zone und hat ein entsprechend feuchtheißes Klima. Die Stadt wurde im Jahre 1717 etwa 100 Meilen oberhalb der Mississippi-Mündung (Mississippi heißt Indianisch: Vater der Ströme) an einer Flussschleife auf einer leicht erhöht liegenden Ebene von Jean-Baptiste Le Moyne, Sieur de Bienville gegründet. Ihren Namen erhielt die Stadt zu Ehren des Herzogs Louis Philippe von Orleans. Ende des Jahres 1722 wurde Biloxi, im Staate Mississippi gelegen, als Sitz der Kolonialregierung durch New Orleans abgelöst und Jean-Baptiste Le Moyne wurde Gouverneur von Louisiana. Louisiana war damals die größte französische Kolonie überhaupt. Sie umfasste fast ein Drittel der heutigen Vereinigten Staaten und reichte vom Golf von Mexiko bis hoch zu den Großen Seen. Ein französischer Pater namens Charlevoix war im Jahre 1722 einer der ersten auswärtigen Besucher von New Orleans. Er berichtete, dass New Orleans aus etwa 100 Baracken, einem großen Warenhaus, einigen Zelten und zwei oder drei Häusern bestehe, deren Vorhandensein „nicht gerade das Schmuckstück einer französischen Stadt“ darstelle. Damit waren Spielhöllen und übel beleumundete Häuser gemeint. Nachdem New Orleans Gouverneurssitz geworden war, ließ der neue Gouverneur einen Stadtplan nach dem Vorbild einer mustergültigen französischen Stadt entwerfen, deren Straßen ein schachbrettartiges Muster aufwiesen. Dem Kunterbunt der Baracken und Zelte wurde ein Ende gesetzt. Es entstand ein großer, quadratischer Versammlungsplatz, Place d’Armes, der später in Jackson Square umbenannt wurde und dessen offene Südseite an das Ufer des Mississippis grenzte. An der Nordseite des Paradeplatzes errichtete man eine Kirche, die rechts und links von zwei Verwaltungsgebäuden flankiert wurde. An der Ost- und Westseite entstanden zwei lang gestreckte Apartmenthäuser. Der Paradeplatz, oder auch Place d’Armes genannt, war die Keimzelle der zukünftigen Stadt. In den ersten Aufbaujahren stand man vor einem heiklen Problem. Es herrschte Frauenmangel! Es war so schlimm, dass die männlichen Siedler in die Wälder liefen und den Indianermädchen nachstellten. Diesem Defizit wurde dadurch abgeholfen, indem aufgrund eines Hilferufes an den französischen König ganze Schiffsladungen sogenannter „Scarlet Women“ in New Orleans eintrafen. Wie sich herausstellte, handelte es sich dabei aber größtenteils um Insassinnen aus Pariser Frauengefängnissen und Dirnen von der Straße. Zur Enttäuschung der Bürger haben nur wenige dieser Frauen geheiratet. Viele von ihnen gingen wieder ihrem in Paris betriebenen horizontalen Gewerbe nach. Alsbald breiteten sich Geschlechtskrankheiten in der Bevölkerung aus, was zu Protesten vornehmlich in den gehobenen Kreisen der Bürgerschaft führte und schließlich auch dem französischen König zu Ohren kam. Dieser sah nun ein, dass seine „Erste-Hilfe-Aktion“ ein Reinfall gewesen war. Deshalb startete er eine zweite Hilfsaktion, die der „Casket Girls“. Hierbei handelte es sich meist um Vollwaisen oder Töchter armer Eltern, die er in Richtung New Orleans über den Atlantik schickte. Da diese Mädchen, fast ohne Ausnahme, in Klöstern aufgewachsen waren, galten sie als unbescholten und „unberührt“. Vor ihrer Abreise erhielten sie vom Königshaus jeweils ein Körbchen (casket) mit vier Bettbezügen, einer Decke, zwei Paar Strümpfen, sechs Kleidern und einem Überwurf als Mitgift. Die Aktion „Casket Girl“, die bis zum Jahre 1754 aufrechterhalten wurde, hatte sich bewährt. Begleitend hierzu kam ein Gesetz heraus, demnach jeder Mann, der ein „Casket Girl“ heiratete, von der Regierung ein großes Stück Land als Geschenk erhielt.

Zur Sicherheit der Bürger wurde New Orleans im Jahre 1750 mit einem großen Wall umgeben, der mehr oder weniger das heutige French Quarter einschloss. Damit war gleichzeitig auch die Stadtgrenze festgelegt.

1762 trat Frankreich – allerdings nur für eine kurze Zeit – Louisiana an Spanien ab. Die Spanier trugen während ihrer Herrschaft viel zur Gestaltung von New Orleans bei, indem sie zum Beispiel die einstöckigen französischen Fachwerkhäuser durch mehrstöckige Steinhäuser ersetzten. Spanische Schiffe, die New Orleans anliefen, führten als Ballast und zur Stabilisierung in ihren Laderäumen Ziegelsteine mit, die in New Orleans zum Bau von Ziegelsteinhäusern verwendet wurden. Die von den Spaniern errichteten Häuser waren alle mit malerischen Innenhöfen, Patios genannt, ausgestattet. In den Patios plätscherten Springbrunnen, an deren Rand Papageien saßen. Die Häuser hatten im 1. Stock schmale, mit schmiedeeisernen Gittern versehene Balkons.

In den Jahren 1788 und 1794 wurde New Orleans von zwei

Großfeuern heimgesucht, denen große Teile der Stadt zum Opfer fielen. Dazu zählte auch die Sankt-Louis-Kathedrale an der Nordseite des Paradeplatzes. Mit großzügiger finanzieller Unterstützung eines spanischen Adeligen namens Don Andrés Almonester y Roxas wurde die Kathedrale noch größer und schöner wieder aufgebaut als zuvor. Die Gebäude rechts und links von ihr, auf gleicher Höhe befindlich, erstanden neu als Cabildo und Presbytere. Das Cabildo diente als Sitz der spanischen Kolonialregierung.

Zu Beginn des 19. Jahrhunderts fiel Louisiana für kurze Zeit wieder an Frankreich. Im Jahre 1803 kauften die Vereinigten Staaten das riesige Louisiana-Territorium den Franzosen zum Preis von 60 Mio. Francs (etwa 15 Mio. US-Dollar) ab. Es liegt klar auf der Hand, dass Napoleon in Europa das Geld zur Finanzierung seiner Kriegszüge benötigte. Bald darauf und auch schon vorher drängten amerikanische Siedler aus dem Osten in das neu erworbene Territorium. In der Karibik lieferten sich französische, britische und spanische Flotten erbitterte Schlachten um die Seeherrschaft. Selbstverständlich mischten auch Piraten (mit und ohne Freibrief) eifrig mit, wenn es darum ging, Beute zu machen. Auf der Insel Grande Terre in der Bucht Barataria im Mündungsdelta des Mississippis gelegen, hatten sich die Piratenbrüder Jean und Pierre Lafitte niedergelassen und trieben von dort ihr Unwesen. Sie kaperten hauptsächlich spanische Schiffe, und das hatte seinen Grund. Es waren Spanier, welche die Brüder Lafitte von ihren Besitzungen in der Karibik vertrieben hatten, sodass diese von nun an zu Piraten wurden. Gelegentlich wurden auch mal amerikanische Schiffe aufgebracht. Das wiederum veranlasste die amerikanische Regierung, einen Haftbefehl gegen die Brüder Lafitte zu erlassen. Auf Piraterie stand damals die Todesstrafe. Andererseits erfreuten sich die Piraten bei den ärmeren Schichten der in den Bayous lebenden Bevölkerung (Cajuns) großer Beliebtheit, da die Piraten ihnen des Öfteren einen Teil der Beute zukommen ließen. Hierbei drängt sich unwillkürlich ein Vergleich mit Robin Hood auf.

Die Szene auf dem europäischen Kriegsschauplatz sah wie folgt aus: Die französischen Armeen waren geschlagen und Napoleon war auf die Insel Elba verbannt worden. Für die Briten war jetzt die Verlockung groß, sich der französischen überseeischen Besitzungen zu bemächtigen. Im Jahre 1814 war es so weit. Der englische General Pakenham erhielt von seiner Regierung den geheimen Auftrag, New Orleans zu besetzen und Louisiana zur englischen Kronkolonie zu machen. Ende Oktober desselben Jahres sammelte er vor Jamaika eine beachtliche Flotte und nahm Kurs auf New Orleans. Er gedachte, New Orleans nicht frontal vom Mississippi her anzugreifen, sondern einen Überraschungsangriff von einem der vielen Nebenarme des Flusses zu starten. Berater Pakenhams machten ihn auf die Piratenbrüder Lafitte aufmerksam, denen sämtliche geheimen Zugänge nach New Orleans bekannt waren. Das bedeutete also: Eine Verbindung zu den Piraten musste hergestellt werden. So kam es, dass eines Tages englische Unterhändler in der Nähe des Piratennestes auftauchten und geheime Verhandlungen führten, um die Piraten gegen fantastische Versprechungen im Kampfe gegen die USA zu gewinnen. Jean Lafitte, der Ältere der beiden Brüder – sein jüngerer Bruder saß zurzeit im Gefängnis – bat sich bei den Briten eine 14-tägige Bedenkzeit aus. Diese Pause nutzte Lafitte, um mit dem Gouverneur von Louisiana (Claiborne) Verbindung aufzunehmen und diesen über das Ansinnen der Engländer zu unterrichten. Es kam zu einer Übereinkunft, bei der Lafitte den Verteidigern von New Orleans die volle Unterstützung anbot und im Gegenzug eine Begnadigung für sich, seinen Bruder und sämtliche Gefährten aushandelte.

Nach Ablauf der Bedenkzeit lehnten die Piraten das Angebot der Engländer ab. Während dieser kleinen Atempause hatte der mit der Verteidigung von New Orleans beauftragte General Andrew Jackson alle Hände voll zu tun, um die nötigen Verteidigungsmaßnahmen zu organisieren. Am 1. Januar des Jahres 1815 war es dann so weit. Die Briten boten 50 Kriegsschiffe, 10.000 Marinesoldaten, 1.500 Marineinfanteristen und 9.000 reguläre Infanteristen auf. General Jackson konnte den Angreifern nichts Gleichwertiges entgegensetzen. Zum Glück erschien im letzten Augenblick Jean Lafitte mit seinen Piraten. Sie hatten sämtliche Kanonen von ihren Schiffen abgebaut und erreichten mit diesen New Orleans auf geheimen Schleichwegen. Die Kanonen wurden an besonders gefährdeten Stellen auf den Wällen, welche die Stadt umgaben, positioniert. General Jackson, welcher der Unterstützung durch Piraten anfangs sehr skeptisch gegenübergestanden hatte, war nun erleichtert und dankbar für ihre Hilfe. Der erste Angriff der Engländer wurde abgeschlagen. Daraufhin zogen sich die Angreifer zurück, um sich neu zu formieren und Umgruppierungen vorzunehmen. Bis zum geplanten Hauptangriff am 8. Januar 1815 waren die Briten mit umfangreichen Vorbereitungen beschäftigt. Zwischendurch gab es nur kleinere Geplänkel. Der 8. Januar sollte die endgültige Entscheidung bringen. Um es vorwegzunehmen, es war ein schwarzer Tag in der englischen Kriegsgeschichte. Der englische General Pakenham spornte seine Soldaten aufs Äußerste an und verlangte von ihnen, ihr Bestes zu geben. New Orleans war für die Briten der Schlüssel zur Inbesitznahme des riesigen Louisiana-Territoriums und für Pakenham winkte bei einem erfolgreichen Abschluss des Unternehmens ein Sitz im britischen Oberhaus, dem House of Lords. Es entbrannte eine heftige Schlacht. Es kam sogar zu Nahkämpfen. Letztendlich behielten die Verteidiger die Oberhand. Die Engländer hatten den Nachteil, über offenes Gelände angreifen zu müssen, während die Verteidiger aus guter Deckung heraus operieren konnten. Dank dem gut gezielten Feuer der Artillerie und der hervorragenden Geschützbedienung durch die Piraten konnte der Angriff abgewehrt werden. Während dieses Angriffs fiel der stellvertretende kommandierende britische General Gibbs und bei einem letzten, verzweifelten Versuch des Generals Pakenham, die Wälle einzunehmen, fiel dieser im Feuer der Verteidiger. Daraufhin ergriff ein großer Teil der Rotröcke die Flucht und der Rest ergab sich den heldenhaften Verteidigern. Nach dieser entscheidenden Niederlage war den Engländern ein für alle Mal der Appetit auf Louisiana vergangen. Die Piraten wurden begnadigt. Sie verlegten ihr Hauptquartier nach Texas, das zu diesem Zeitpunkt noch nicht zu den USA gehörte. General Jackson wurde in Jahre 1828 zum Präsidenten der USA gewählt.

In den Jahren 1815 bis 1861 erlebte New Orleans seine eigentliche Blütezeit. Dieser Zeitabschnitt wird unterteilt in die „Flachboot-Ära“ und die „Dampf- oder Riverboot-Ära“. Zu den Flachbooten ist zu sagen, dass es sich hier um einfache Konstruktionen handelte. Sie waren nichts weiter als aus rohen Baumstämmen zusammengezimmerte, schwimmende Plattformen oder Großflöße, welche die Aufgabe hatten, Waren (meist Baumwolle und Zucker) von ihren Ursprungsorten flussabwärts nach New Orleans zu transportieren. Als Antriebskraft diente die Strömung der Flüsse. Gesteuert wurden diese schwimmenden Plattformen von einer vier- bis sechsköpfigen Mannschaft. Unter diesen Flachboot-Crews befanden sich die rauesten Burschen, die man sich vorstellen konnte; sie wurden zum Schrecken von New Orleans und selbst die Polizei war ihrer nicht mächtig. Einmal wurde sogar eine eigens aufgestellte Polizeitruppe von diesen brutalen Burschen entwaffnet und zusammengeschlagen. Gewöhnlich begaben sich die Flachbootmannschaften nach ihrer Ankunft in ein dunkles Hafenviertel, genannt „Swamp“ (Sumpf), betranken sich dort und wechselten anschließend in vornehmere Viertel der Stadt über, wo sie in ihrem Rausch Bürger belästigten und in den Bars und Restaurants die Inneneinrichtungen kurz und klein schlugen. Die Flachboot-Ära stellte nur eine kurze Episode dar. Mit dem

Auftauchen der Dampfschiffe verschwanden die Flachboote und ihre Crews von der Bildfläche und niemand weinte ihnen verständlicherweise eine Träne nach. Die ersten Dampfschiffe, die den Mississippi befuhren, waren die „New Orleans“ und die „Natchez“. Sie waren typische Vertreter der Familie der Seiten- und Heckraddampfer. Sie wurden sowohl im Fracht- als auch im Passagierdienst eingesetzt. Solche im reinen Passagierdienst eingesetzten Raddampfer waren vielfach in schwimmende Bars und Spielhöllen umgebaut. Das Glücksspiel wurde in New Orleans alsbald populär. Spielkasinos oder Spielhöllen, wie auch immer man sie nennen will, schossen wie Pilze aus dem Boden, ebenso Restaurants und Bars zweifelhaften Rufes.

New Orleans ging es in den ersten fünf Jahrzehnten des 19. Jahrhunderts gut, man möchte fast sagen „zu gut“. Man sprach vom „Goldenen Zeitalter“. Im Jahre 1838 feierte der Karneval, hier „Mardi Gras“ genannt, seine Premiere. Der Handel erlebte einen ungewöhnlichen Aufschwung. Hauptausfuhrprodukte waren Baumwolle und Zucker. Die riesigen Felder wurden von den billigsten Arbeitskräften, den Sklaven, bestellt. Auch das gesellschaftliche Leben wandelte sich. Zu dieser Zeit gab es wohl kaum einen reichen verheirateten oder unverheirateten Bürger in New Orleans, der nicht eine oder mehrere Mätressen unterhielt. Es handelte sich dabei keineswegs um heruntergekommene Mädchen, sondern um hübsche, gebildete Geschöpfe mit einem Viertel afrikanischen Blutes in den Adern. Auf den sogenannten „Quadronenbällen“, zu denen keine weiße Frau und kein schwarzer Mann zugelassen waren, wurden die Quadronen an reiche, weiße Männer vermittelt. Es war keine Seltenheit, dass unter den um die Gunst einer besonders schönen Quadrone wetteifernden weißen Partnern Duelle ausgetragen wurden.

Mit dem Beginn des amerikanischen Bürgerkrieges (1861–1865) war das „Goldene Zeitalter“ vorbei. Die Wirren des Krieges hatten die Bevölkerung stark mitgenommen. Bei Beendigung des Krieges waren die einst so stolzen und reichen Plantagenbesitzer verarmt. Ihre Felder waren durch Kriegseinwirkung verwüstet und die Sklaven entlaufen. Nach dem Bürgerkrieg folgte für New Orleans eine weniger aufregende Zeit. Es war ein Zeitabschnitt der Besinnung. Eine Ausnahme bildete der Jazz, der um die Jahrhundertwende seine Entstehung feierte. New Orleans hat eine Reihe berühmter Jazzmusiker hervorgebracht, wie schon erwähnt „Satchmo" Louis Armstrong, Oscar „Papa" Celestin, „Sweet Emma" Barrett, Ferdinand „Jelly Roll" Morton, George Lewis, Sidney Bechet, Bunk Johnson, Joe King Oliver, Al Hirt, Pete Fountain und Jim Robinson.

Um 1880 breitete sich das Vermächtnis der „scarlet women", nämlich das Dirnenwesen, in New Orleans wieder aus. Die Hochburgen dieses Gewerbes wurden als „Rotlichtviertel" (red-light districts) bezeichnet. Geschäftstüchtige Frauen unterhielten dort drei- und vierstöckige Häuser mit einer Anzahl „leichter Mädchen" aller Hautfarben. Man scheute sich auch nicht, in Zeitungen und in den „Roten", „Blauen" und „Grünen Büchern" für dieses Gewerbe Reklame zu machen. Im 100-seitigen „Blauen Buch", welches im Jahre 1906 erschien, waren 22 Häuser aufgeführt mit 422 Mädchen, von denen 318 Weiße, 58 Schwarze und 46 Mischlinge mir sehr heller Hautfarbe (Oktoronen) waren.

Mit dem Eintritt der USA in den Ersten Weltkrieg erließ der damalige amerikanische Kriegsminister Newton D. Baker im Jahre 1917 den Befehl, dass Prostitution in einem fünf Meilen weiten Umkreis eines Marinestützpunktes – hierunter fiel auch New Orleans – verboten sei. Damit wurde dem „red-light district" der Todesstoß versetzt.

Von seiner Gründung bis zum heutigen Tage hat es New Orleans bevölkerungsmäßig auf über eine Million Einwohner gebracht. Der Hafen von New Orleans rangierte lange Zeit an zweiter Stelle in den USA hinter New York. In der zweiten Hälfte des 20. Jahrhunderts hat New Orleans auch den Anschluss an das Weltraumzeitalter gefunden. Davon zeugt zum Beispiel das am Stadtrand gelegene riesige „Michoud Werk", in dem Raketentriebwerke für die Raumfahrt entwickelt und produziert werden.

Über das Thema „New Orleans – Historische Stadt am Mississippi" habe ich später eine Abhandlung verfasst und diese in hausinternen Schriften sowohl in der „Brücke" bei der Weiterleitungsstelle See als auch in der AA-Information beim Auswärtigen Amt verbreitet. Später kam noch ein Essay über den amerikanischen Bürgerkrieg hinzu. Jedenfalls gab es in der neuen Heimat für mich keine Langeweile. Es kam öfter zu Einladungen bei Angehörigen unserer Dienststelle. Am angenehmsten empfand ich aber das Zusammentreffen mit meinen deutschen Nachbarn, der Familie Rotter/O'Quin, die früher in Dresden beheimatet war. Von ihnen ging ein gewisses kulturelles Niveau aus. Ich erinnere mich gern an die vielen schöngeistigen Gespräche.

Beginn einer Romanze

Gott sei Dank gibt es auf privater Ebene weitere erfreuliche Dinge zu berichten. Als ich an einem späten Nachmittag vom Dienst heimkehrte, kam mir mein Vermieter, ein netter, sympathischer Herr namens Dulzich, mit verheißungsvoller Miene entgegen und sagte: „Mister Roesel, a German girl moved in today." Das machte mich neugierig. Ich bedankte mich bei ihm für die interessante Nachricht. Natürlich konnte der gute Herr Dulzich nicht wissen, dass das Mädchen, nur weil es einen deutschen Namen hatte, noch längst keine Deutsche war. Es vergingen Tage, ohne dass ich die neue Mieterin zu Gesicht bekam. Eines Tages traf ich Frau O'Quin vor der Haustür. Wir kamen miteinander ins Gespräch. Bei dieser Gelegenheit teilte sie mir mit, dass sie für den kommenden Sonntag Bekannte vom deutschen Generalkonsulat zu einer Kaffeetafel eingeladen habe. Ich sei auch herzlich eingeladen, wenn ich nichts anderes an dem Tage vorhabe. Gern nahm ich die Einladung an. Als es so weit war, warf ich mich in meine schicke Ausgehuniform und begab mich, mit einem Blumenstrauß in der Hand, zur Wohnung meiner deutschen Nachbarn. Auf mein Klopfen öffnete Frau O'Quin. Ich bedankte mich bei ihr für die Einladung und überreichte ihr die Blumen. Sie hieß mich willkommen und ließ mich ein. Es waren schon Gäste da. Frau O'Quin machte mich mit einer Familie Arwe vom deutschen Generalkonsulat bekannt. Dabei stellte sich heraus, dass Frau Arwe mich vor einigen Wochen wegen meiner angeblich verlorenen Tasche angerufen hatte. Auf meine Frage, ob Frau Rotter krank sei, weil ich ihre Anwesenheit vermisste, sagte Frau O'Quin, dass sie sich noch fein mache. Die Tochter Brigitte spiele im Nebenzimmer mit der gleichaltrigen Tochter von Familie Arwe, deren Tochter ebenfalls Brigitte heiße. Kurz darauf klingelte es an der Tür und Frau O'Quin bat eine fesche, junge Dame herein und stellte sie den Anwesenden als Miss Giesinger vor. Ihr Anblick ließ mein Herz höherschlagen. Wir mussten uns gleich sympathisch gewesen sein. Jedenfalls war ein gewisser Funke übergesprungen. Während der Unterhaltung stellte sich heraus, dass Miss Giesinger deutscher Abstammung war, aber kein Wort Hochdeutsch sprach, nur einige Wörter schwäbischen Dialekts. Ich weiß nicht, wie es kam, aber irgendwie hatte ich die junge Dame gleich für mich vereinnahmt und verabredete mit ihr einen Café-Besuch im Café „Four Seasons“ im French Quarter von New Orleans für das kommende Wochenende. Dieses Café war uns von Frau O'Quin als ein typisch deutsches Café angepriesen worden. Miss Giesinger stimmte, ohne lange zu überlegen, der Einladung zu. Es war der Beginn einer Romanze und „eine schöne Zeit der jungen Liebe“, wie es der berühmte deutsche Dichter Friedrich Schiller in seinem „Lied von der Glocke“ beschrieben hat. Wie verabredet, begaben wir uns an einem Samstagnachmittag ins French Quarter zum Café „Four Seasons“. Es war kein allzu großes Café und lag in der Royal Street. Gleich am Eingang weckte eine große Kuchenauswahl mein Interesse. Das Interieur bestand aus weiß gestrichenen, schmiedeeisernen Stühlen, die in Dreier- bzw. Vierergruppen um ebensolche schmiedeeisernen Tische platziert waren. Die Tische hatten eine runde Marmorplatte, in deren Mitte eine kleine Vase mit einem Blümchen positioniert war. Als der Besitzer meiner deutschen Uniform ansichtig wurde, kam er gleich auf uns zu und stellte sich als Herr Dingeldein vor. Er machte einen sympathischen Eindruck. Es bereitete ihm ganz offensichtlich Freude, uns persönlich zu bedienen. An Kuchen empfahl er uns entweder ein Stück Napoleon oder eine Grillage. Meine damalige Bekannte bestellte ein Stück Napoleon und ich probierte die Grillage. Dazu gab es zwei Kännchen Kaffee europäischer Art! Ich kann mich erinnern, die Grillage künftig nicht mehr bestellt zu haben. Sie hatte eine allzu harte Deckplatte. Man musste beim Zerteilen höllisch aufpassen, dass der Kuchen dabei nicht zur Hälfte auf der Tischplatte landete. Wir nahmen uns vor, hier öfter mal hereinzuschauen. Es passte alles: das Ambiente, der Kaffee, der Kuchen, die Bedienung. Miss Giesinger und ich verabredeten uns häufiger. Wir gingen gemeinsam ins Kino, bummelten durch den City Park oder mieteten uns ein Reitpferd in der Nähe des Parks. Dabei lernten wir uns näher kennen. Von Miss Giesinger erfuhr ich, dass sie aus Nord Dakota stammte. Ihre Vorfahren seien in der zweiten Hälfte des 19. Jahrhunderts aus der Gegend von Stuttgart in die USA ausgewandert, um sich dort als Farmer niederzulassen. In dem Bauerndorf, wo sie aufgewachsen sei, werde außer Englisch noch überwiegend ein schwäbischer Dialekt gesprochen. Das fand ich sehr interessant. Auf meine Frage, was sie nach New Orleans verschlagen habe, war ihre Antwort: „Das wärmere Klima und eine berufliche Veränderung.“ Sie sagte ferner, dass sie in Bismarck, der Hauptstadt von Nord Dakota, ein College besucht und bei einer größeren Automobilfirma (Ford) als Sekretärin gearbeitet habe. Inzwischen habe sie in New Orleans ebenfalls bei einer Automobilfirma einen Job gefunden. Wir beide stellten fest, dass sich unsere Wege buchstäblich in New Orleans gekreuzt hatten. Wenn das nicht vom Schicksal vorherbestimmt war! Gelegentlich luden wir uns gegenseitig zum Abendessen ein und wetteiferten dabei mit unseren Kochkünsten. Bald musste ich einsehen, dass ich die schlechteren Karten hatte. Meine Bekannte hatte auf diesem Gebiet die größere Erfahrung. Sie teilte mir mit, dass sie, als sie noch auf der Farm lebte, stets für die Zubereitung des Essens mitverantwortlich gewesen sei, während die anderen Familienmitglieder auf dem Feld mit der Ernte beschäftigt waren. Außerdem habe sie Kühe melken, Schweine füttern und sogar Traktor fahren müssen. Als ich das hörte, sagte ich mir, das wäre eine Frau fürs Leben, eine Frau, die mit beiden Beinen im Leben steht. Wir mochten uns immer mehr und trafen uns auch immer öfter. Dabei kam uns der Umstand zugute, dass wir im selben Haus wohnten und nur eine Etage voneinander getrennt waren. Bei gegenseitigen Besuchen brauchten wir nicht einmal die Hausschuhe auszuziehen. Bald kamen wir überein, uns mit „Du“ anzureden. Ihr Vorname war Judith. Später sagte ich einfach Judy zu ihr.

Da es mir bei der englischen Sprache noch an der nötigen Praxis fehlte, haben Judith und ich vereinbart, ausschließlich in Englisch miteinander zu kommunizieren. Nachdem ich glaubte, im Englischen einigermaßen sicher zu sein und auch bestimmte Redewendungen (Idiome) beherrschte, verständigten wir uns dahin gehend, dass wir ab und zu auch in Deutsch miteinander parlierten. Mir war dabei allerdings nicht bewusst, dass ich gelegentlich Vokabeln, die dem Soldatenjargon entliehen waren, in unsere Gespräche habe einfließen lassen. Dies sollte mich eines Tages in arge Verlegenheit bringen.

An einem Sonntagnachmittag waren Judith und ich mal wieder bei der Familie Rotter/O’Quin zum Kaffee eingeladen. Außer uns war ein weiterer Gast zugegen. Er wurde uns als Mister Lionel Bulot und guter Bekannter von Frau O'Quin vorgestellt. Herr Bulot war Amerikaner und pensionierter Eisenbahnbeamter. Wir kamen schnell miteinander ins Gespräch. Seine offene und zugängliche Art, wie es bei den meisten Amerikanern der Fall ist, ließen ihn von vornherein sympathisch erscheinen. Er schien eine Schwäche für Deutschland zu haben. Er staunte, dass ich in meinen jungen Jahren schon so eine weite Reise gemacht hatte. Er musste eingestehen, dass er in seinem ganzen Leben, außer einer Reise nach Florida, nie aus Louisiana herausgekommen sei. Es kam häufiger zu solch netten Zusammenkünften. Dabei wurde auch geraucht. Herr Bulot, wir nannten ihn Mister Lionel, war Zigarrenraucher, während Frau O'Quin und ich gelegentlich eine Zigarette rauchten. Frau Rotter und Judith waren Nichtraucherinnen.

Ein neuer Chef

Im Dienst kam es zu einer Veränderung. Unser allseits beliebter Chef wurde nach Deutschland versetzt, weil dessen Auslandsdienstzeit abgelaufen war. Wir bedauerten seinen Weggang sehr und vermissten sein korrektes, vorbildliches Verhalten, seine Geradlinigkeit und sein fürsorgliches Wesen. Als Nachfolger von Major Fliege erschien am 1. Oktober 1961 ein Major Brasow. Er war, wie sich herausstellte, so ziemlich das Gegenteil seines Vorgängers. Bei der Aufnahme seiner Dienstgeschäfte in New Orleans hatte er sich unserem kleinen Team als Major vorgestellt mit der Bemerkung, dass es nicht mehr lange bis zu seiner Beförderung zum Oberstleutnant dauern werde. „In spätestens sechs Wochen dürfen Sie mich mit Herr Oberstleutnant anreden", waren seine Eingangsworte, ohne jedoch zu ahnen, dass er auf seine Beförderung noch Jahre hat warten müssen. Schon bald war der Herr Major durch ein Verhalten, das sich für einen Offizier nicht geziemt, bei der vorgesetzten Dienststelle in Washington in Ungnade gefallen. Auf Einzelheiten möchte ich hier an dieser Stelle nicht eingehen. In der Anfangszeit zeigte er sich scheinbar jovial. Er versprach, dass wir bei Problemen jedweder Art zu ihm kommen könnten. Wir würden stets ein offenes Ohr bei ihm finden. Er ging sogar so weit, dass er den Hauptgefreiten Lungartz und mich mit „Du" anredete. Ich muss ehrlich gestehen, dass mir diese Art der Anrede nicht gefiel. Bei einem zweiten Versuch, mich mit „Du" anzureden, gab ich ihm zu verstehen: „Herr Major, bitte **Feldwebel Rösel**!" Mit solch einer Reaktion hatte der Major nicht gerechnet. Instinktiv war ich auf Distanz gegangen, was sich im Nachhinein als richtig erwies. Danach war eine kleine Eiszeit zwischen uns angebrochen. Major Brasow machte sich im Laufe der Zeit bei den Angehörigen unserer Dienststelle durch sein nicht gerade vorbildliches Verhalten zusehends unbeliebt. Bald war bei ihm auch eine Neigung zum Alkohol festzustellen.

Dienstreisen

Im Dienst erfuhr ich, dass unsere Dienststelle ursprünglich mit zwei Offizieren ausgestattet sein sollte. Der Zweite Offizier tauchte jedoch nie auf. Er wurde vermutlich anderweitig verplant. Also waren der vorhandene Offizier und der Unteroffizier, das waren in diesem Falle Major Brasow und ich, gezwungen, die Aufgaben des fehlenden Offiziers mit zu übernehmen. Es waren überwiegend Dienstreisen angesagt. Sie bestanden hauptsächlich aus Übernahme und Weiterleitung von Rüstungsgütern sowie Überwachungsaufgaben bei der Verschiffung bzw. Verladung von Rüstungsgütern aus Atlantik- und Golfhäfen der USA nach Deutschland. Im Durchschnitt waren monatlich zwei, manchmal auch drei längere Dienstreisen von circa drei bis vier Tagen Dauer fällig. Während meiner Abwesenheit von

New Orleans musste der Hauptgefreite Lungartz einen Teil meiner Aufgaben wahrnehmen. Bei Abwesenheit des Chefs war ich, allerdings nur nominell, stellvertretender Dienststellenleiter. Nach einigen Monaten hatte ich mich gut eingearbeitet. Sowohl der Innendienst als auch die Dienstreisen machten mir Spaß. Die amerikanischen Zoll- und Hafenbehörden sowie die militärischen Dienststellen waren mir gegenüber stets freundlich und entgegenkommend eingestellt. Ich genoss hier einen gewissen Respekt, den ich in Deutschland häufig vermisste, zumal ich als blutjunger Feldwebel (Sergeant) mit amerikanischen Offizieren vom Hauptmann bis zum Oberst quasi auf Augenhöhe verhandelte. Man war erstaunt, dass man einem so jungen deutschen Soldaten so viel Verantwortung übertragen hatte. Meistens stellte man mir bei umfangreichen Verladungen auf militärischem Gelände einen Spezialisten im Rang eines Sergeanten zur Seite. Die Amerikaner hatten offensichtlich Schwierigkeiten, den Namen Rösel korrekt auszusprechen, daher nannten sie mich meistens „Sergeant Roussel“. Damit erhielt mein Name einen französischen Klang.

Während meines Aufenthaltes in den USA habe ich unzählige Dienstreisen gemacht. Sie reichten von Texas im Süden bis nach North Carolina im Osten. Dabei wurden mehr als 100.000 Meilen im Flugzeug zurückgelegt. Aufgrund dieser Tatsache wurde ich in den „Hunderttausend-Meilen-Klub“ der amerikanischen Fluggesellschaft United Airlines aufgenommen. Als Mitglied dieses Klubs konnte man unterwegs einige Privilegien, wie zum Beispiel den „Red Carpet Service“ mit Erfrischungs- und Ruheräumen, an verschiedenen Flughäfen für sich in Anspruch nehmen. Wenn ich mich so zurückerinnere, waren manche dieser Flugreisen erlebnis- bzw. ereignisreich, aufregend und dramatisch. So kam es schon mal vor, dass eine Maschine den Start wegen technischer Probleme abbrechen musste. In einem Fall – es war auf einem kleinen Flugplatz in North Carolina – ließ sich nach dem Start das Fahrwerk nicht einziehen. So blieb dem Piloten nichts anders übrig, als zum Flugplatz zurückzukehren.

Notlandung in Alabama

Einer meiner aufregendsten Flüge trug sich am 30.09.1962 zu. Ich sollte eine Dienstreise nach North Carolina antreten. Am frühen Nachmittag, etwa gegen 14:00 Uhr, bestieg ich in New Orleans eine viermotorige Propellermaschine des Typs DC-6B der Fluggesellschaft Delta Airlines. Es waren schwere Gewitter angesagt. Der ursprüngliche Flug sollte von New Orleans über Atlanta, im Bundesstaat Georgia, nach North Carolina führen. Kaum in der Luft, fing der Vogel schon ordentlich an zu rütteln. Nach gut 20 Minuten kam eine riesige Gewitterfront auf die Maschine zu – oder flog sie in eine solche hinein? Ich kann es nicht genau sagen. Es wurde plötzlich dunkel. Blitze zuckten am Himmel und die schwere viermotorige Maschine wurde in der Luft wie ein welkes Blatt hin und her geworfen. Mal ging es wie in einem Fahrstuhl nach oben, dann wieder nach unten. Die Flugzeugzelle krächzte in allen Fugen. Es schien, als habe der Pilot die Kontrolle über den Vogel verloren. Aus dem Bordlautsprecher ertönte die Stimme des Flugkapitäns. Es waren nur Wortfetzen zu verstehen, so etwas wie „Notlandung“ oder so ähnlich. Notfallmaßnahmen wurden eingeleitet. Es hieß: „Anschnallen! Sitzlehnen aufrecht stellen! Den Oberkörper nach vorn beugen! Kopf zwischen die Arme!“ Da ich einen Fensterplatz hatte, fiel mein Blick zufällig nach draußen. Was ich da sah, ließ das Blut in meinen Adern gefrieren. Aus dem äußeren, rechten Motor schoss eine meterlange Stichflamme. Dann war sie für einige Sekunden erloschen, um kurze Zeit später wieder aus der Motorverkleidung auszutreten. Dieses Spiel hielt eine Weile an. Offensichtlich hatten der Flugkapitän und der Co-Pilot versucht, die Flammen über die interne Feuerlöschanlage zu ersticken. Bei meinem zweiten Blick aus dem Fenster sah ich, dass der Propeller stillstand. Ich war nicht sicher, ob andere Passagiere dieses Spiel mitbekommen hatten. Wenn ja, wäre eine Panik unausweichlich gewesen. Ich spürte, dass die Maschine im Sinkflug begriffen war und an Geschwindigkeit verlor. Die Sicht war schlecht. Plötzlich gab es einen kräftigen Ruck und wir waren gelandet. Wo, das wusste außer dem Piloten noch niemand. Jedenfalls stand der Propeller des äußeren, rechten Motors still und Flammen waren auch nicht mehr zu sehen. Das Ganze dürfte sich über dem Staat Alabama abgespielt haben. Bald darauf erklang wieder die beruhigende Stimme des Flugkapitäns und verkündete, dass man auf dem Flugplatz Birmingham in Alabama notgelandet sei. Für den Weiterflug nach Atlanta habe man eine Ersatzmaschine angefordert. Durch die Reihen der Passagiere ging ein Aufatmen. Das war noch einmal gut gegangen! Nach einer längeren Wartezeit konnte ich den Weiterflug nach Atlanta fortsetzen, in der Hoffnung, den vorgesehenen Anschlussflug noch zu erreichen. Das war aber leider nicht der Fall. In Atlanta bestieg ich nach längerem Aufenthalt eine zweimotorige Propellermaschine vom Typ Fokker F-27 der Delta Airlines und erreichte mein Ziel erst am späten Abend. Bedingt durch die unvorhergesehene Verspätung war es mir leider nicht mehr möglich, noch am gleichen Tag mein Dienstgeschäft anzutreten. Die Aufregung des Fluges saß mir noch eine Weile in den Knochen, sodass ich nicht gleich einschlafen konnte.

Ein haarsträubender Unfall

Am nächsten Morgen trat ich ein wenig mitgenommen mein Dienstgeschäft an. Mein erster Weg führte zum Zollamt, wo ich die Ausfuhr von Rüstungsgütern zu deklarieren hatte. Am Hotel erwartete mich schon ein Taxi mit einem freundlichen

Fahrer, der mich zu einem streng abgeschirmten Umschlagplatz für militärische Güter brachte. Dort meldete ich mich beim Kommandanten der militärischen Einrichtung. Er empfing mich, wie immer, sehr freundlich, behandelte mich stets mit großem Respekt und bot mir jederzeit seine Unterstützung an, für den Fall, dass ich Schwierigkeiten haben sollte. Ich bedankte mich und begab mich zum Verwaltungsgebäude, wo ich gemeinsam mit zwei netten Sekretärinnen die Verladelisten abglich. An der Pier erwartete mich schon Sergeant Virgyl, der mich kameradschaftlich begrüßte. Er wies auf das an der Pier soeben festgemachte deutsche Frachtschiff mit Namen „Hasselburg" und meldete, dass alles zur Verladung bereit sei. Jedes Mal, wenn wir uns trafen, bat er mich, wenn irgendwie möglich, ihm einen Laib deutsches Brot vom Schiff zu besorgen. Den Gefallen habe ich ihm gerne getan. Es förderte schließlich die gute Zusammenarbeit. Seit seiner Rückkehr aus Deutschland, wo er als Soldat stationiert war, vermisse er das feste deutsche Brot, gestand er mir. Bevor ich beim Kapitän der „Hasselburg" vorsprach, stattete ich noch schnell dem Vertreter der St.-Louis-Missouri-Eisenbahngesellschaft einen Besuch ab, der mir mitteilte, dass sämtliches Verladegut eingetroffen sei. Diesmal handelte es sich um Munition (Panzer- und Artilleriegranaten). Der Kapitän von der „Hasselburg" machte mich mit seinem Ersten Offizier bekannt und bat mich, diesen bei eventuell auftretenden Problemen aufzusuchen. Die Verladung der Munition erfolgte, wie auch bei Stückgutübernahme, mit schiffseigener Ausrüstung (Ladebaum, Winsch und Ladegeschirr). Am ersten Tag verlief alles planmäßig. Am zweiten Tag ereignete sich ein haarsträubender Unfall. Ein Seil riss und eine Palette mit Artilleriegranaten sauste zwischen Pier und Schiffswand in die Tiefe und landete auf dem Grund des Hafenbeckens. Gott sei Dank waren die Granaten nicht mit Zündern versehen gewesen. Das hätte ja ein Riesenfeuerwerk geben können! Der Verladevorgang wurde sofort unterbrochen und die Hafenkommandantur forderte umgehend Marinetaucher an, welche die Granaten nach fast eineinhalbstündigem Tauchvorgang vollständig vom Hafengrund bargen. Eine tolle Leistung! Es fehlte nicht eine einzige Granate. Trotzdem lehnte ich die Übernahme der mit Meerwasser getauften Munition ab. Ich meldete dieses besondere Vorkommnis unverzüglich telefonisch voraus meiner Dienststelle in New Orleans. Nach der Bergung konnte der Ladevorgang fortgesetzt werden. Auf dem Übernahmeprotokoll, das ich gegenüber der Hafenverwaltung quittieren musste, wurde das Fehlen einer Munitionspalette vermerkt. Am späten Abend wurden die letzten Schiffsluken geschlossen und die „Hasselburg" konnte in See stechen. Zuvor ließ ich mir vom Kapitän noch die Übernahme der Munition quittieren. Abends im Hotel skizzierte ich noch den Verladebericht unter Erwähnung des „besonderen Vorkommnisses". Diese Dienstreise werde ich so schnell nicht vergessen. Es war eine Reise mit Schrecken und Hindernissen.

Je nach Umfang der Ladung war so ein Verladevorgang nach drei bzw. vier Tagen beendet. Während dieser Zeit war ich auf dem jeweilig eingesetzten Frachter zu Gast. Ich nahm dort an den Mahlzeiten teil und übernachtete in der Regel in einer der Gästekabinen. Manchmal wurde mir auch die Lotsen- oder sogar die Schiffseignerkabine angeboten. Zuweilen setzte die Reederei auch kombinierte Fracht- und Passagierschiffe ein. Für den Transport von Rüstungsgütern, einschließlich Munition, beauftragte das Verteidigungsministerium ausschließlich deutsche Reedereien und deutsche Schiffe. Im Zuständigkeitsbereich der Nebenstelle New Orleans fielen, wie schon erwähnt, monatlich im Schnitt zwei bis drei Dienstreisen an. Mein Chef und ich wechselten uns dabei ab. Es standen nicht immer Munitionsverladungen auf dem Programm. Das Einsatz- bzw. Verladespektrum reichte von Panzer- über Raketen- bis Sonderfahrzeug- und Munitionsverladungen.

Eine Panzerverladung

Einmal war eine Dienstreise zu einem Golfhafen in Texas zwecks Panzerverladung angeordnet. Mein Chef befand sich zu diesem Zeitpunkt in Deutschland auf Heimaturlaub. Es wurde jemand gesucht, der sich bei Panzern auskannte, insbesondere beim Typ M-48 A2C. Da ich damals in Bremerhaven eine entsprechende Einweisung erhalten hatte, war ich für diesen Job der einzig zuständige Ansprechpartner. Denn weder die Reederei noch die amerikanische Armee konnten einen Spezialisten für diesen Zweck bereitstellen. Der Krieg in Vietnam beanspruchte zu diesem Zeitpunkt jeden verfügbaren Mann. So buchte ich diesmal eine Bahnreise in einem Schlafwagenabteil von New Orleans zu meinem Zielort in Texas, da ich am nächsten Morgen ausgeruht den Dienst antreten wollte. Die Bahnfahrt war alles andere als angenehm. In der Nacht tat ich kein Auge zu. Der Schlafwagen schaukelte und wackelte wie ein Lämmerschwanz, würde man sagen. Ein paarmal musste ich mich richtig festhalten, um nicht aus der Koje geschlendert zu werden. Ich konnte bei der Reise die Erfahrung machen, dass sich das Schienennetz auf diesem Streckenabschnitt in einem miserablen Zustand befand. Am nächsten Morgen war ich wie gerädert. An der Hafenpier hatte die MS „Niedersachsen" festgemacht und die ersten Panzer wurden bereits mit einem ortsfesten Schwerlastkran über die Bordwand des Schiffes gehievt und verschwanden in dessen riesigem Laderaum. Kaum hatte ich mich beim Kapitän vorgestellt, war mein Typ unter Deck gefragt. Dort wartete schon ein schweißtreibender Job auf mich: Die Bremsen mussten in den Panzern manuell gelöst und wieder festgestellt werden. Bei über 35 °Celsius kroch ich, als Luftwaffenmensch, in solch ein stählernes Ungetüm, löste und arretierte auf Zuruf die Bremsen der Panzer, bis diese unter Deck mittels starker Ketten korrekt verzurrt bzw. gesichert waren. Dies war wahrhaftig kein Job für Personen, die an Klaustrophobie leiden. Mein früheres Interesse an Panzern und die neue Tätigkeit brachten mir den Beinamen „Panzer Rösel“ ein. Wieder in New Orleans angekommen, nahm ich erst einmal ein ausgiebiges Bad.

Autokauf

Nach einigen Monaten in den USA kam ich zu der Erkenntnis, dass man ohne Auto in diesem Lande ziemlich aufgeschmissen ist, obwohl in New Orleans der Personennahverkehr gut ausgebaut ist. Aber ohne Auto kam man über die Stadtgrenzen nicht hinaus. Meine nächste Anschaffung sollte ein fahrbarer Untersatz sein. Inzwischen hatte ich etwas gespart, was mich in die Lage versetzte, mir einen solchen zu kaufen. Also bat ich unseren Frank, der sich auch mit amerikanischen Automobilen einigermaßen auskannte, sich mit mir auf die Suche nach einem Gebrauchtwagen zu begeben. Gebrauchtwagenhändler gab es wie Sand am Meer. Bald wurden wir fündig. Ich hatte mich für einen Chrysler vom Typ „Plymouth Belvedere“ entschieden. Er war mit einem Achtzylinder-V-Motor ausgestattet und hatte 240 PS unter der Kühlerhaube. Der Motor lief so leise wie ein Uhrwerk. Natürlich hatte er ein automatisches Getriebe und hydraulische Lenkhilfe. Kostenpunkt: 550,00 Dollar. Das Fahrzeug befand sich noch in einem sehr guten Zustand, obwohl es schon sechs Jahre alt war (Baujahr 1955). Als ich Judy den Wagen zeigte, war sie von dessen Anblick ganz angetan. Sie wollte sich an den Kosten beteiligen, was ich natürlich ablehnte. Aber sie bestand darauf. Das ließ bei mir den Schluss zu, dass sie beabsichtigte, unsere Beziehung vermutlich über einen längeren Zeitraum aufrechtzuerhalten. Das war mir mehr als recht. Nun war es möglich, auch die nähere Umgebung von New Orleans zu erkunden und schon mal eine kleine Überlandfahrt zu machen. Gelegentlich luden wir die Familie Rotter/O’Quin, die selbst kein Fahrzeug besaß, zu einer Spazierfahrt ein.

Gottesdienst in deutscher Sprache

Anlässlich einer Kaffeerunde machte Frau O'Quin Judy und mich auf die Möglichkeit zur Teilnahme an einem Gottesdienst in deutscher Sprache aufmerksam. Er finde allerdings nur einmal, und zwar an jedem ersten Sonntag im Monat statt. Falls wir Lust hätten, könnten wir sie beim nächsten Mal gerne begleiten. Selbstverständlich waren wir mit dem Vorschlag einverstanden. Bei der nächsten Gelegenheit boten wir der Familie Rotter/O'Quin eine Mitfahrgelegenheit in unserem Auto an und fuhren mit ihnen gemeinsam zum evangelischen Gottesdienst in deutscher Sprache. Er fand in der St. John's Evangelium Church in einem benachbarten Stadtteil von New Orleans statt. Gehalten wurde der Gottesdienst von einem Seemannspfarrer. Hin und wieder erschien ein Pfarrer aus Texas, der eine Gastpredigt hielt. Er war Amerikaner, sprach aber ein sehr gutes Deutsch mit leichtem amerikanischem Akzent. Da stets ein chronischer Mangel an ehrenamtlichen Helfern herrschte, betätigte ich mich gelegentlich als Kollekteneinsammler. Bei einem dieser Besuche stellte sich heraus, dass Judy der katholischen Glaubensrichtung angehört. Aber das tat der Freundschaft keinen Abbruch.

Ein erster Besuch

Wenige Monate nachdem ich mich in New Orleans etabliert hatte, erhielt ich schon den ersten Besuch von einem Kameraden aus Washington D. C., dem Hauptstützpunkt des Deutschen Militärischen Vertreters. Es handelte sich um den Kameraden Wolfgang Jöres, der ursprünglich für die Besetzung der Planstelle in New Orleans vorgesehen war, aber nicht tropentauglich war. Auf meine Frage, wie es mit seiner Tropentauglichkeit bestellt sei, sagte er mir, dass damals die Blutproben verwechselt worden seien und sich im Nachhinein herausgestellt habe, dass er **doch** tropentauglich sei. Nun habe man ihn in Washington vereinnahmt. Er war mit seiner Frau auf der Durchreise. Sie wollten weiter nach Texas reisen.

Freizeitgestaltung

Wochen und Monate vergingen. Der Herbst meldete sich an mit Stürmen und Unwettern. Es war Hurrikan-Saison (hurricane season). Man verließ das Haus nur ungern und verbrachte seine freie Zeit lieber in den eigenen vier Wänden. Als Hobby-Philatelist befasste ich mich viel mit meinen Briefmarkensammlungen. Die Schallplattensammlung nahm ständig zu und der Minnedienst kam auch nicht zu kurz. Ein angekündigter Wirbelsturm zog an New Orleans vorüber. Judy und ich hatten unsere Kommunikation von Englisch auf Deutsch umgestellt. Ich hatte ihr klargemacht, dass ich nach meinem fünfjährigen Auslandsaufenthalt wieder nach Deutschland zurückmüsse. Falls sie die Absicht haben sollte, im Falle einer Heirat mit mir nach Deutschland zu ziehen, sei die Erlernung der deutschen Sprache äußerst hilfreich.

Die Adventszeit kündigte sich an. Da der Brauch, Adventskränze aufzustellen, hier nicht üblich ist, machte ich mich daran, einen solchen aus einem Drahtkleiderbügel, Toiletten- und Zeitungspapier, Alufolie, Islandmoos und Blumendraht sowie Kerzenhaltern zu basteln. Zur allgemeinen Überraschung war der Kranz ganz gut gelungen. Er hatte viele Jahre überdauert und war eine Erinnerung an die Bräuche der Heimat. Für Weihnachten hatten Judy und ich uns eine Überraschung ausgedacht. Wir wollten uns verloben. Also kaufte ich im Juweliergeschäft David Zerlein, in der Nähe unseres Büros, zwei einfache, nicht allzu teure, goldene Ringe. Unser Vorhaben sollte eine Überraschung sein. Daher erfuhr niemand etwas davon, auch nicht unsere Eltern. Heiligabend steckten wir einander bei einem

Gläschen Sekt die Ringe an. Am ersten Weihnachtstag – wir waren bei unseren Nachbarn, der Familie Rotter/O'Quin, zum Truthahnessen eingeladen – lüfteten wir unser Geheimnis. Es war eine gelungene Überraschung. Herr Lionel Bulot (er ließ sich stets mit Mister Lionel anreden) war ebenfalls zu Gast bei unseren Nachbarn.

Heiratspläne

Bald begannen Judy und ich Heiratspläne zu schmieden. Aus diesem Grunde schrieb ich einen Brief an Judys Eltern, um mich bei ihnen vorzustellen und um die Hand ihrer Tochter anzuhalten. Die Reaktion war eine andere, als ich erwartet hatte. Judys Mutter, Frau Ida Giesinger, schrieb mir einen Brief, der wenig ermutigend war. Sie teilte mir darin sinngemäß mit, dass ihre Tochter sehr launisch sei und ihre Meinung häufig ändere. Eine heute gegebene Zustimmung könne morgen in das Gegenteil umschlagen. Im Übrigen habe Judy in North Dakota genügend Verehrer, sodass sie sich nicht mit einem Ausländer abgeben müsse. Der Inhalt des Briefes rief zunächst eine tiefe Niedergeschlagenheit bei mir hervor. Ich dachte nur: typisch Mutter! Mit Judy besprach ich die Reaktion ihrer Eltern und sagte: „Dann können wir wohl unsere Heiratspläne vergessen." „Kommt gar nicht infrage", war ihre spontane Antwort. Meine Eltern habe ich erst gar nicht in unsere Pläne eingeweiht, weil ich, jedenfalls von meiner Mutter, eine ähnliche Reaktion wie von Judys Mutter erwartete. Anfang Januar des Jahres 1962 begannen wir, unsere Heiratspläne in die Tat umzusetzen. Zunächst hatten wir beim zuständigen Standesamt in New Orleans wegen eines Termins für eine standesamtliche Trauung vorgesprochen. Dort gab man uns zu verstehen, dass vorher die Geburtsurkunden, Identitätspapiere, Ehefähigkeitszeugnisse (ärztliche Bescheinigung) und ein noch auszufüllender Fragebogen vorgelegt werden müssten. In dem Fragebogen tauchte zum Beispiel die Frage auf, welcher Rasse man angehöre (Negro oder Kaukasier). Wir haben „Kaukasier“ angekreuzt, was so viel heißt wie „weiß“. Ehen zwischen Weißen und Farbigen hätten nach den damaligen Gesetzen des Staates Louisiana nicht standesamtlich vollzogen werden können. Außerdem waren auf dem Fragebogen die Namen der Trauzeugen anzugeben. Nach einer etwas peinlichen, ärztlichen Untersuchung erhielten wir unsere Ehefähigkeitszeugnisse und reichten alle erforderlichen Unterlagen beim Standesamt in New Orleans ein. Nach einer Weile erhielten wir die Benachrichtigung, dass als Termin für die standesamtliche Heirat der 9. März 1962 vorgemerkt sei. Als Trauzeugen hatte ich an den Chef unserer Dienststelle, Major Brasow, und das Ehepaar Lungartz gedacht. Die Bekanntgabe meiner Heiratsabsicht auf meiner Dienststelle schlug wie eine Bombe ein. Der Kommentar des Dienststellenleiters war: „Man wird doch nicht gleich die Erstbeste heiraten.“ „Ich schon“, entgegnete ich kurz und knapp. Trotzdem erklärte sich der Chef bereit, als Trauzeuge zu fungieren. Das Ehepaar Lungartz war sofort einverstanden.

Der Hochzeitstag

Die standesamtliche Trauung fand am 9. März 1962, 15:00 Uhr, im Büro des Friedensrichters im New Orleaner Stadtbezirk Algiers statt, der sich auf der anderen Seite des Mississippis befindet. Man musste, um dorthin zu gelangen, eine Fähre benutzen. Beim Anblick des Friedensrichters musste ich mir ein Schmunzeln verkneifen. Er trug einen verschlissenen Talar und sah darin aus wie ein evangelischer Geistlicher. Nachdem der feierliche Akt vollzogen war, luden wir unsere Trauzeugen zu uns nach Hause zu einer Kaffeetafel ein. Es gab keine große Feier. Unsere Familienangehörigen konnten wegen der großen

Entfernung nicht kommen. Dafür hatten wir uns vorgenommen, zumindest Judys Angehörige schon in den kommenden Tagen zu besuchen. Dazu mussten wir bereits gleich am Tage nach der Trauung in Richtung North Dakota aufbrechen. Die obligatorische Hochzeitsnacht ist aus Termingründen verschoben worden – oder wurde sie vorverlegt? Ich weiß es heute nicht mehr so genau. Ganz genau kann ich mich jedoch daran erinnern, dass wir unseren Hausstand einen Tag vor unserer Trauung zusammengelegt hatten. Ich hatte mein möbliertes Apartment im Anbau für „Bedienstete" aufgegeben und war mit Sack und Pack in das größere Apartment von Judy gezogen. Am gleichen Tag hatten wir unsere Reisevorbereitungen so weit abgeschlossen. Unser Plymouth war aufgetankt, Reifendruck, Kühlwasser und Ölstand überprüft, und die Koffer waren so gut wie gepackt. Beim Packen der Koffer hatte ich bemerkt, dass meine Frau viel warme Kleidung darin verstaute. Auf meine etwas törichte Frage, warum sie das tue, wo wir doch schon frühsommerliche Temperaturen hätten, antwortete sie: „Du kennst dich in unserem amerikanischen Klima nicht aus. In North Dakota herrscht noch tiefster Winter." Ich musste ihr im Nachhinein recht geben. Sie hatte vorausschauend geplant. Die Aussicht auf Winterlandschaften veranlassten mich dazu, meinen Bundeswehrparka nebst Winterunterwäsche und Kampfstiefel im großen Kofferraum des Fahrzeugs verschwinden zu lassen. Reservekanister mit Kühlwasser, Feldspaten, Taschenlampe und eine „Erste-Hilfe-Ausrüstung", auch gegen Schlangenbisse, gehörten bei mir zur Fahrzeuggrundausrüstung.

Unterkühlte Hochzeitsreise

Am Samstag, den 10. März 1962, starteten wir zu unserer Hochzeitsreise (honeymoon) und gleichzeitig zur längsten und gefahrvollsten Autofahrt in meinem bisherigen Leben. Bei unserer Abfahrt lachte die Sonne von einem strahlend blauen Himmel. Die Azaleen blühten bereits auf dem Mittelgrundstück der Esplanade Avenue und das Thermometer zeigte 86 °Fahrenheit (ca. 29 °Celsius) an. Ich hatte für die über 2.000 Meilen lange Strecke gut vier Reisetage eingeplant. Das waren 500 Meilen pro Tag. Ein paar Zweifler warnten uns und meinten, dass die weite Strecke im Sommer ohne Probleme zurückzulegen sei, aber Anfang März, wo sich der Winter im Norden des Landes meistens erst noch einmal so richtig austobe, bevor er dem Frühling das Feld überlasse, sähe die Sache schon anders aus. Unsere Begeisterung war einfach zu groß, als dass wir uns durch Unkenrufe von unserem Vorhaben abschrecken ließen. So traten wir die Reise an unter dem Motto: „Wenn Engel reisen, lacht der Himmel!“ Die Reiseroute führte von New Orleans über Baton Rouge, der Regierungshauptstadt von Louisiana, in Richtung Arkansas. Dort durchquerten wir die Ouachita Mountains. Jenen herrlichen Frühlingstag werden wir wohl niemals vergessen. Die Sonne lachte vom Himmel. Die Luft war klar und die für Louisiana typische hohe Luftfeuchtigkeit war wie weggeweht. In Fort Smith, an der Grenze zu Oklahoma, suchten wir uns ein preiswertes Motel zum Übernachten. Den umwerfend schönen Sonnenuntergang behielten wir noch lange in Erinnerung. Am zweiten Tag setzten wir die Fahrt in Richtung Kansas fort, um dort eine Tante meiner Frau, die in Manhattan wohnte, zu besuchen. Manhattan liegt etwa 30 Meilen westlich von Topeka, der Regierungshauptstadt von Kansas, entfernt. Auf dem Wege dorthin durchquerten wir zwischen Arkansas und Missouri die geheimnisvollen Ozark Mountains. Gegen Abend erreichten wir unser zweites Etappenziel, Manhattan, den Wohnsitz von Judys Tante Agnes. Dort konnten wir auch übernachten und am darauffolgenden Tag unsere Fahrt fortsetzen. Vorher hatte uns Tante Agnes, die nur zwei Jahre älter ist als meine Frau, mit Marschproviant in Form von gebratenen Hähnchenkeulen versorgt. Diese gute Tat sollte sich im Laufe des Tages als sehr hilfreich erweisen. Bei Fahrtantritt registrierten wir, dass der Himmel bedeckt war. Wir vermissten den strahlenden Sonnenschein, wie an den Tagen zuvor. Die Landschaft war langweilig: kein Baum, kein Strauch, alles Felder bis zum Horizont. Bis zur Staatsgrenze zu Nebraska verlief alles planmäßig. Wir lagen gut in der Zeit. Aber dann ging es los! Petrus hielt in Nebraska zur Begrüßung die Himmelsschleusen weit geöffnet. Es regnete derart stark und unaufhörlich, dass ich mit der Fahrgeschwindigkeit heruntergehen musste. So viele Tränen brauchten die lieben Engelchen unseretwegen nicht zu vergießen, dachten wir. Schließlich waren wir doch glücklich verheiratet. Judy richtete – mit leichtem Zweifel in der Stimme – an mich die Frage, ob wir angesichts der widrigen Witterungsverhältnisse unser vorgesehenes Etappenziel an diesem Tage noch erreichen könnten. „Nur, wenn wir bis in die Nacht hinein fahren", war meine Antwort. Wir hatten gehofft, bis zum Mittag das Schlechtwettergebiet hinter uns gelassen zu haben. Aber das Gegenteil war der Fall. Wir fuhren mitten in ein großes Unwetter hinein. Der Himmel verfinsterte sich mehr und mehr. Es kühlte stark ab und die Regentropfen verwandelten sich allmählich in Schneeflocken. Die Außentemperatur schwankte um den Gefrierpunkt. Es herrschte ein leichtes Schneetreiben. Der Schnee blieb schon liegen. Wir passierten Lincoln, die Regierungshauptstadt Nebraskas. Auf eine Mittagspause hatten wir verzichtet, um so weit wie möglich voranzukommen in der Hoffnung, die Unwetterfront so schnell als möglich hinter uns zu lassen. Stattdessen stießen wir mitten in das Zentrum eines ungeheuren Schneesturms (Blizzard). Das Schneetreiben wurde immer dichter. Es entstand eine merkwürdige Atmosphäre. Ringsum war alles so still und ruhig, kein Verkehr mehr, kein Haus, keine Menschenseele weit und breit, außer uns. Die Stille wurde nur vom Summen des Scheibenwischers unterbrochen. Es schien anfangs alles noch recht friedlich. Die Straße und die angrenzenden Felder waren in ein zartes weißes Kleid gehüllt.

Man fühlte sich unwillkürlich in die Weihnachtszeit hineinversetzt, und es hätte uns gar nicht gewundert, wenn uns plötzlich der Weihnachtsmann mit dem Rentierschlitten begegnet wäre. So fuhren wir stundenlang mit reduzierter Geschwindigkeit durch die Einsamkeit. Judy wurde das ganze Spiel unheimlich. Die stetig zunehmende Kälte und das verstärkt einsetzende Schneetreiben gaben ihr zu denken. Im Auto wurde es kontinuierlich kälter. Die Wagenheizung war schon ziemlich hoch gestellt. Judy, die im Norden der USA aufgewachsen und mit den Tücken und Eigenarten des dort herrschenden Wetters vertraut war, sagte auf einmal: „Das sieht mir sehr nach einem Schneesturm aus." „Nun mal bloß nicht den Teufel an die Wand! So ein bisschen Schneesturm kann doch einen Seemann nicht erschüttern", gab ich ihr zur Antwort. Um trübsinnige Gedanken zu verscheuchen, schaltete ich das Autoradio ein. Es ertönten warme, beruhigende Klänge, die uns in einen träumerischen Zustand versetzten. Plötzlich riss uns die unpersönliche Stimme des Ansagers im Radio mit einer „Warnmeldung an alle Autofahrer" zurück in die Wirklichkeit. Es wurde ein Schneesturm ungeheuren Ausmaßes gemeldet, welcher sich mit großer Geschwindigkeit von den Rocky Mountains in östlicher Richtung auf Grand Island in Nebraska zubewegte. Das war immerhin noch gute 60 Kilometer westlich von unserem augenblicklichen Standort entfernt. Alsbald folgten Meldungen, demnach alle Straßenverbindungen westlich, nördlich und südlich nach Grand Island unterbrochen waren. Was nun? Umkehren kam nicht infrage, nach Osten auszuweichen bedeutete einen zu großen Zeitverlust und von Westen her näherte sich das Unwetter. Also gab es nur die eine Parole: Vorwärts nach Norden, Augen zu und durch! Bis dahin hatten wir nicht einmal die halbe Tagesstrecke zurückgelegt. Am Nachmittag erreichten wir nach mühsamer Fahrt die Kleinstadt Columbus. Wir hielten an einer Tankstelle nicht nur, um zu tanken, sondern auch um das Kühlwasser mit einem Frostschutzmittel zu versehen und uns ein wenig zu stärken. Ich fragte den Tankwart, ob es ratsam sei, die Fahrt fortzusetzen. Er sagte nur, das müsse jeder selbst entscheiden. Er habe nur gehört, dass die Verbindung nach Norfolk stellenweise durch Schneewehen unterbrochen sei. Uns war klar, dass wir unser gestecktes Etappenziel, Yankton in South Dakota, nicht mehr erreichen würden. So wollten wir jedoch zumindest bis zur circa 75 Kilometer entfernten Stadt Norfolk in Nebraska kommen. Das war leichter gesagt als getan. Wir waren uns bewusst, ein großes Risiko einzugehen. Schließlich hatten wir mit den Sommerreifen auf den Rädern unseres Plymouths geringe Chancen, einen Blizzard heile zu überstehen. Wir überlegten hin und her. Letztendlich siegten Sturm und Drang über die Vernunft. Während wir noch berieten, donnerte ein Greyhound-Bus an uns vorüber. Schnell sprangen wir ins Auto und hingen uns an den Bus. Er konnte für uns eine Fahrspur machen und als Schneepflug dienen, das war unser Gedanke. Bald merkten wir, dass dort ein routinierter Fahrer hinter dem Steuer saß und wir das Tempo des Busses nicht mithalten konnten. So verloren wir ihn aus den Augen. Diese Busfahrer legen ja auch einen verwegenen Fahrstil an den Tag! Nun befanden wir uns allein als einziges Fahrzeug auf einsamer Landstraße und waren dem Toben der entfesselten Elemente ausgesetzt. Das Heulen des Sturmes nahm ständig zu. Das Schneetreiben wurde immer heftiger und die Temperaturen sanken tiefer und tiefer. Die Fahrbahn war nicht mehr von den angrenzenden Feldern zu unterscheiden. Alles war eine einheitliche, weiße Fläche. Nur die Telegrafenmasten rechts und links der Fahrbahn dienten uns als Wegmarkierungen und wiesen uns den Weg. Bald waren auch diese nicht mehr zu erkennen. Mit jedem Kilometer, der uns nördlicher brachte, hatte ich das Gefühl, immer mehr in das Zentrum des Schneesturms hineinzugeraten. Mittlerweile war die Dämmerung hereingebrochen und die Sicht war so schlecht, dass man keine zehn Meter weit mehr sehen konnte. Das Fahren wurde immer schwieriger. Ich musste in den ersten Gang herunterschalten und kämpfte mich mit 20 km/h Höchstgeschwindigkeit durch das Unwetter. Wir waren dankbar für jeden Kilometer, den wir ungeschoren vorankamen. Bis Norfolk war es aber noch sehr weit. Meine Frau schaltete wieder das Radio ein, um den neuesten Lagebericht zu hören. Schon den ersten Sätzen des Sprechers konnten wir entnehmen, dass die rückwärtige Verbindung nach Columbus durch Schneewehen unterbrochen war. Das war eine schlechte Nachricht. Es gab also kein Zurück mehr. Wir hegten nur die bange Hoffnung, dass der Weg bis zum etwa 20 Kilometer entfernt gelegenen Ort Madison noch frei war. Dort wollten wir dann übernachten und den nächsten Morgen abwarten. Das Heulen und Pfeifen des Sturmes steigerte sich inzwischen zum Inferno. Jetzt drückte er unseren Wagen schon von der Straße herunter und schob ihn in die beängstigende Nähe des mit dem Fahrbahnrand eine ebene Fläche bildenden, zugewehten Straßengrabens. Dann, plötzlich, passierte es! Zuerst spürten wir einen dumpfen Stoß, Schnee wirbelte hoch und nahm völlig die Sicht. Der Wagen drehte sich auf der vereisten und leicht abschüssigen Fahrbahn um die eigene Achse. Judy wollte sofort hinaus, um zu sehen, was los war. Es ging nicht. Die Tür auf ihrer Seite war total vereist und zugefroren. Sie ließ sich nicht mehr öffnen. Auf meiner Seite war das gleiche Dilemma festzustellen. Das ist schon ein beängstigendes Gefühl, bei einem Schneesturm im Auto gefangen zu sein. Da kann Panik aufkommen! Nicht einmal die Scheiben ließen sich herunterkurbeln. Alles war vereist. Nur unter Anwendung größter Gewalt brachte ich die Tür an meiner Seite auf. Beim Aussteigen versank ich gleich im tiefen Schnee. Was war geschehen? Ich war in eine Schneewehe, die sich nicht mehr vom übrigen Teil der Straße unterscheiden ließ, hineingefahren. Durch die Wucht des Aufpralls wurde das Hinterteil des Fahrzeugs herumgeschleudert und kam auf der anderen Straßenseite zum Stehen. Zum Glück hatte sich ein zweiter Pkw mit drei Insassen, von uns unbemerkt, hinter uns befunden. Er war deshalb hinter uns hergefahren, weil seine Beleuchtung und seine Scheibenwischer nicht funktionierten. Die Rücklichter unseres Plymouths wiesen ihm den Weg. Im Augenblick des Unfalls hatte das andere Fahrzeug noch genügend Abstand und konnte rechtzeitig zum Stehen gebracht werden. Nach halbstündiger Arbeit gelang es uns, mit vereinten Kräften den Plymouth aus dem Schnee zu buddeln und in die richtige Fahrtrichtung zu schieben. Gott sei Dank sprang der Motor gleich wieder an. Wir bedankten uns bei unseren Helfern und setzten die Fahrt mit dem beruhigenden Gefühl fort, nicht mehr allein zu sein und das Fahrzeug unserer Helfer hinter uns zu wissen. Nach etlichen Kilometern, die nur noch im Schneckentempo zurückgelegt werden konnten, hatten wir unsere Helfer aus den Augen verloren. Vielleicht waren sie von der Hauptstraße zu einer nahe gelegenen Farm abgebogen oder auf der Strecke liegen geblieben. Nun waren wir wieder allein auf weiter Flur. Wir kamen zu einem kleinen Hügel, auf dessen Kuppe sich zwei verrostete Zapfsäulen einer verlassenen Tankstelle befanden. Wir fuhren daran vorbei. Von hier aus konnten es höchstens noch 15 Kilometer bis Madison, unserem reduzierten Tagesziel, sein. Die Gegend wurde hügeliger. An manchen Steigungen drehten die Hinterräder durch, weil sie auf der vom Schnee überdeckten, vereisten Fahrbahn keinen Halt mehr fanden. So wurde das Fahren immer schwieriger, ich möchte sagen, fast unmöglich. Die Zahl der zu umfahrenden Schneewehen, die manchmal Kühlerhaubenhöhe erreichten, nahm kontinuierlich zu. Das Fahrzeug ließ sich kaum noch manövrieren. Die Lenkung, das heißt die Vorderräder, waren zum Teil durch Schnee, der sich unter den Kotflügeln angesammelt hatte, blockiert. Dann kamen wir an eine größere Steigung, auf deren halber Höhe ein Sattelschlepper mit angehängtem Tieflader quer zur Fahrbahn stand und diese in voller Breite blockierte. Das Fahrerhaus hing mit den Vorderrädern bereits im Graben. Ich brachte unseren Plymouth zum

Stehen und versuchte auszusteigen, um mir die Angelegenheit aus der Nähe zu betrachten. Kaum hatte ich die Wagentüre einen Spaltbreit geöffnet, als sie mir der Sturm wieder zudrückte. Nach mehreren Versuchen gelang es mir, die Türe zu öffnen und geschwind auszusteigen. Ich stand noch nicht richtig mit beiden Beinen auf der Straße, da blies mir der Sturm die Beine unterm Leibe weg. Gott sei Dank war ich auf einem gut gepolsterten Körperteil gelandet. Durch das Tosen des Sturmes, der inzwischen die Stärke eines Orkans angenommen hatte und anstelle von Schneeflocken nur noch scharfe Eiskristalle vor sich hertrieb, arbeitete ich mich bis zum Fahrerhaus des Lkw-Fahrers vor. Der Motor des Lkws lief noch und der Fahrer versuchte durch unermüdliches Vorwärts- und Rückwärtsruckeln seinen Lastzug wieder flottzubekommen. Ich machte mich durch heftiges Winken bemerkbar. Er brüllte mir etwas zu. Ich konnte nichts verstehen. Der Sturm nahm jedes Wort. Dann kletterte ich hoch zum Fahrerhaus und fragte den Fahrer, ob er verletzt sei und Hilfe brauche. Er verneinte dies und gab mir den guten Rat umzukehren, denn Weiterfahren sei zwecklos. Er komme schon alleine zurecht. Umkehren – aber wohin? Ab jetzt begann die Lage dramatisch zu werden. Es gab nur noch eine Rettung, nämlich die einsame Tankstelle auf einer kleinen Anhöhe, von der nur noch zwei verrostete Zapfsäulen übrig geblieben waren. Die paar Meilen bis dorthin müssten doch zu schaffen sein, dachten wir. Nach einer umständlichen Kehrtwendung fuhren wir die gleiche Strecke wieder zurück. Es ging in der hügeligen Landschaft bergauf und bergab. Bei der Talfahrt erhielt der Wagen mehr Schuss, als er haben sollte. Größte Vorsicht war bei der Bedienung des Brems- und des Gaspedals geboten. Als wir wieder eine Anhöhe hinunterfuhren – ich hielt das Fahrzeug auf der geschätzten Fahrbahnmitte –, tauchte plötzlich, wie aus dem Boden gewachsen, eine meterhohe Schneewehe auf. Infolge der „erhöhten“ Geschwindigkeit (etwa 20 oder 30 km/h) war ich nicht mehr in der Lage, noch rechtzeitig zu bremsen, und kam mit dem Wagen in einer ziemlich hohen Schneewehe zum Stehen. Vorderräder mitsamt der Kühlerhaube, fast bis zur Windschutzscheibe, waren in der weißen Masse eingetaucht. Die Sicht war gleich null. Versuche, den Wagen im Rückwärtsgang aus dem Schneeberg herauszuziehen, schlugen fehl. Die sommerbereiften Hinterräder (Antriebsräder) fanden keinen Halt und polierten nur die vereiste Fahrbahndecke spiegelglatt. Jetzt blieb mir nichts anderes übrig, als den Plymouth wieder freizuschaufeln. Zu diesem Zwecke zog ich mir im einigermaßen warmen Auto dicke Wollsocken und die derben Kampfstiefel der Bundeswehr an. Mit einem Feldspat bewaffnet, machte ich mich ans Werk und befreite zunächst die Kühlerhaube und die Seiten von der Last des Schnees. Ich weiß nicht, wie lange ich ohne den Bundeswehrparka mit dem wärmenden Vlies und der Kapuze bei dem tobenden Schneesturm, der einem den Atem nahm und die Eiskristalle ins Gesicht blies, in der eisigen Kälte außerhalb des Fahrzeugs ausgehalten hätte. Es herrschte eine gefühlte Außentemperatur von mindestens minus 20 °Celsius. Ich arbeitete sprichwörtlich im Schweiße meines Angesichts. Gesicht und Hände brannten wie Feuer, die Beine waren steif vor Kälte und in Füßen und Zehen hatte ich kein Gefühl mehr. Trotz aller Anstrengung bewegte sich der Wagen nicht von der Stelle. Die Hinterräder drehten nach wie vor durch. Also blieb mir nichts weiter übrig, als mit Beil und Feldspaten zwei 15 Zentimeter breite Spurrillen unmittelbar hinter den Antriebsrädern in das circa zwei Zentimeter dicke Eis der Fahrbahn zu schlagen. Nach geraumer Zeit war das Fahrzeug frei und ließ sich aus der Schneewehe herausmanövrieren. Ich war total geschafft und benötigte erst einmal eine Verschnaufpause. So angenehm und wohltuend hatte ich die Wärme noch nie empfunden wie jetzt, als ich ins Wageninnere kroch. Nach einer halben Stunde setzten wir die Fahrt fort. Die Dunkelheit war nun völlig hereingebrochen, obwohl es erst fünf Uhr nachmittags war. Trotz eingeschalteter Scheinwerfer war die Fahrbahn nicht mehr zu erkennen. Das dichte Schneetreiben nahm jegliche Sicht. Diesmal übernahm Judy das Steuer, und ich stapfte einige Meter vor dem Fahrzeug durch den wadentiefen Schnee einher und wies ihr mit einer Stablampe durch Blinkzeichen den Weg. Das Fahren wurde durch die vereiste Windschutzscheibe, die nur noch einen schmalen Sehschlitz aufwies, zusätzlich erschwert. Ich weiß nicht, wie lange es dauerte – mir erschien es wie eine kleine Ewigkeit –, ehe wir endlich die Stelle mit den alten Zapfsäulen, die wie zwei Denkmäler aus dem Boden ragten, erreichten. Hier gedachten wir die Nacht zu verbringen. Keine Menschenseele, kein Fahrzeug weit und breit! Dennoch fühlten wir uns im Windschatten der beiden Säulen sicherer als mitten auf freier Strecke, wo wir im Nu eingeschneit gewesen wären. Draußen tobte ein Inferno. Im warmen Auto machten wir es uns so bequem wie möglich. Warme Winterkleider und Decken wurden hervorgekramt und durchnässte Kleidungsstücke gewechselt. Dann schaltete ich das Radio ein und entlockte diesem einige heitere Klänge. Die Wagenheizung strahlte zu diesem Zeitpunkt noch eine behagliche Wärme aus und langsam kam wieder Leben in die steif gefrorenen Glieder. Nun verspürten wir auch Hunger. Judy holte ein Paar gebratene Hühnerkeulen aus der Truhe mit unserem Marschproviant hervor und ich kippte uns zwei kleine Becher Kirsch mit Rum ein, um uns auch von innen aufzuwärmen. Nun sah die Welt schon ganz anders, viel freundlicher, aus. Die Musik, der gefüllte Magen, die wohltuende Wärme und nicht zuletzt der Alkohol gaben uns das Gefühl der Geborgenheit. Draußen tobten die Naturgewalten. Das infernale Heulen des Sturmes sowie das dichte Schneetreiben wollten kein Ende nehmen. Windgeschwindigkeiten von über 70 Meilen in der Stunde (ca. 110 km/h) wurden im Radio angesagt. Die Temperaturen gingen immer weiter in den Keller (minus 25 °–30 °Celsius). Dagegen konnte auch die Wagenheizung nicht mehr ankommen. Der Plymouth war jedenfalls auf einer Seite total zugeschneit. An den Innenseiten der Fenster begannen sich Eisblumen zu bilden. Ich ließ den Motor so lange laufen, bis der Kraftstoffvorrat bis auf ein Viertel der Tankfüllung aufgebraucht war. Dann wurde der Motor abgestellt. Radio und Heizung wurden ebenfalls ausgeschaltet, um die Batterie zu schonen und genügend Energie für Notfälle bzw. für einen Startvorgang zur Verfügung zu haben. Allmählich kroch die Kälte, angefangen bei den Füßen, an unseren Gliedern hoch. Die Unterhaltung verstummte. Wir verfielen in eine Art Dämmerzustand. Nur wenn die Kälte zu aggressiv wurde, massierten wir uns gegenseitig Hände und Füße, um das Blut in Zirkulation zu bringen. So saßen wir in einem selbst gewählten Gefängnis und fragten uns, wie lange wir wohl hier ausharren müssten: eine Nacht, ein paar Tage oder sogar eine Woche, bis ein Schneepflug uns entdecken würde? Merkwürdigerweise kam in dieser prekären Situation keine Panik bei uns auf. Obwohl wir völlig allein und hilflos in der unendlichen weißen Einsamkeit gestrandet waren, hatten wir das Gefühl, nicht allein zu sein, sondern dass jemand, unsichtbar für uns, um uns war. Irgendwie fühlten wir uns geborgen und beschützt, waren voller Hoffnung und der festen Überzeugung, dass wir vielleicht mit einem blauen Auge aus dieser schlimmen Lage herauskommen würden. Die Nacht senkte sich über die Landschaft von Nebraska. Wir wurden sehr müde und verfielen in einen tiefen Schlaf.

Wie in einem Traum hörte ich ein ständiges Klopfen. Ich machte einen kurzen Atemzug und fiel wieder in den Schlaf. Das Klopfen hörte jedoch nicht auf. Das Klopfen und Hämmern kam vom Autodach. Auch an eine Scheibe wurde geklopft. Allmählich kam ich zu mir. Jetzt wurde mir die Situation wieder bewusst, in der wir uns befanden. Im Wagen herrschte ein diffuses Licht, das durch die vereisten Scheiben ins Wageninnere drang. Wie spät mochte es wohl sein? Der Zeiger meiner Uhr zeigte auf halb eins des nächsten Tages. Es war demnach um die Mittagszeit. Ich versuchte, mich aufzurichten, was mir im ersten Anlauf nicht gelang. Körper und Glieder waren richtig steif. Als Nächstes weckte ich Judy. Sie stieß einen Freudenschrei aus. Wir leben noch! Dann versuchte ich die Wagentür zu öffnen. Unmöglich! Auch die Fensterscheiben ließen sich nicht bewegen. Beinahe hätte ich den Griff von der Kurbel abgebrochen. Jetzt kam doch ein wenig Panik auf. Wir waren lebendig gefangen! Mit ganzer Kraft stemmte ich mich mindestens ein Dutzend Mal gegen die Autotür, bis sie krachend aufsprang. Ein Haufen Schnee polterte in den Wagen. Beim Öffnen der Tür musste ich mit derselben den vorgelagerten Schnee wegschieben. Ich kroch mehr oder weniger aus dem Wagen und taumelte auf die Fahrbahn, die mir geglättet erschien und tiefe Reifenspuren aufwies. Das konnte nur ein Schneepflug gewesen sein, dachte ich mir. Es war bitterkalt, aber es schneite kaum noch. Ich schritt auf die Fahrbahnmitte und schaute mich nach allen Seiten um. In einigen 100 Metern Entfernung sah ich ein Gebilde, welches wie ein Schneepflug aussah. Männer waren auf dem frei gemachten Weg. Ich winkte. Sie winkten zurück. Dann ging ich auf sie zu. Sie starrten mich an, wie jemanden, der von einem anderen Stern kommt. Sie fragten mich, wo ich eigentlich herkomme. Ich sagte: „Aus dem Auto bei den Zapfsäulen." Sie schüttelten den Kopf und erwiderten: „Das kann nicht sein! Da das Fahrzeug ringsherum eingeschneit war, sind wir direkt vom Pflug auf das Autodach gestiegen und haben auf das Dach geklopft. Anschließend haben wir das Fahrzeug an der Straßenseite vom Schnee befreit, um durch die Fenster schauen zu können. Die waren aber von innen vereist, sodass man nicht hineinsehen konnte. Als auf unser Klopfen keine Reaktion erfolgte, sind wir weitergefahren." Ich erklärte den Männern in kurzen Zügen unsere Odyssee, die am Nachmittag zuvor begonnen hatte. Dann sagte einer von ihnen: „Ihr habt wirklich einen Schutzengel gehabt. In der vom Blizzard heimgesuchten Region sind in der vergangenen Nacht 14 Personen in ihren Fahrzeugen erfroren." Auf unsere Frage, wie wir auf kürzestem Wege zu einem menschlichen Anwesen kommen könnten, sagten sie, dass es einige Meilen westlich der Hauptstraße, auf der wir uns befanden, eine winzige Ortschaft namens Humphrey gebe. Sie würden uns mit dem Schneepflug einen Weg dorthin bahnen. Dort könnten wir bleiben, bis der Schneesturm endgültig vorüber und der Highway wieder befahrbar sei. Hier erfuhren wir wieder einmal die große Hilfsbereitschaft der Amerikaner. Wir bedankten uns ganz herzlich mit einer Flasche Likör (Kosakenkaffee), die wir noch in der Vorratstruhe hatten. So waren wir ganz knapp dem Tode entronnen. Die Ortschaft Humphrey hatte circa 200 Einwohner und bestand etwa aus einem Dutzend Häuser. Darunter befanden sich eine Tankstelle mit angegliederter Reparaturwerkstatt (was für uns wichtig war), ein sogenanntes Café, in dem man auch kleine Mahlzeiten einnehmen konnte, ein General Store (Kaufladen) und ein Rooming House (Pension). Gott sei Dank war in dem Haus noch ein Zimmer für uns frei. Es war gemütlich eingerichtet und gut beheizt. Der Preis für eine Übernachtung betrug, man höre und staune, ganze viereinhalb US-Dollar. Das war die preiswerteste Übernachtung in unserem Leben! Als Erstes brachten wir unseren Plymouth in die Werkstatt und ließen auf den Antriebsrädern Schneeketten aufziehen. Unsere Hoffnung, die Reise am nächsten Tag in Richtung South Dakota fortsetzen zu können, wurde jäh getrübt, als es im Radio hieß, dass die Strecke nach Norfolk noch von großen Schneemassen blockiert sei und Schneefräsen sowie Schneepflüge bereits Tag und Nacht im Einsatz seien. An einer besonders hart vom Schneesturm betroffenen Stelle habe eine Schneefräse zwölf Stunden gebraucht, um die Fahrbahn von gut drei Meter hohen Schneewehen auf einer Länge von fast einer Meile Länge frei zu machen. Am darauffolgenden Tag hatte es aufgehört zu schneien. Klarer Himmel und bittere Kälte hatten wir in unserem Tagebuch vermerkt. Der Highway in Richtung Norfolk war noch immer unpassierbar. Unsere Reise konnten wir erst am dritten Tag unseres unfreiwilligen Aufenthaltes fortsetzen. Es war ein klarer, frostiger Wintermorgen. Unter dem Gerassel der Schneeketten stieben wir wie ein kleiner Panzer mit einer Höchstgeschwindigkeit von 30 km/h durch die verschneite Landschaft. In einiger Entfernung sichteten wir ein größeres Fahrzeug vor uns. Als wir näher kamen, erkannten wir einen Schneepflug, der die Fahrbahn vom Neuschnee befreite. Es hatte nämlich in der vergangenen Nacht wieder geschneit. Nun waren wir leider gezwungen, unser flottes Tempo zu drosseln und uns dem Tempo des Schneepflugs anzupassen; denn es war nur **eine** benutzbare Fahrspur vorhanden, nämlich die des Schneepflugs. Also tuckerten wir stundenlang hinter dem Schneepflug her. Wir kamen an meterhohen Schneebergen vorbei, die eine Schneefräse am Vortag aufgetürmt hatte. Zwischen Madison und Norfolk bekamen wir ebenfalls die riesigen Schneewehen zu Gesicht, von denen bereits über den Rundfunk berichtet wurde. Endlich, nach einer anstrengenden, mehrstündigen Fahrt erreichten wir zusammen mit dem Schneepflug Yankton in South Dakota. Dort machten wir Rast in einem Schnellimbiss-Restaurant, um uns zu stärken. Ich bestellte Bratkartoffeln mit Spiegelei. An Judys Bestellung kann ich mich nicht mehr erinnern. Von der Kellnerin und auch von einigen anderen Gästen wurden wir gefragt, woher wir kämen, weil wir so verfroren aussähen. Als wir sagten, dass wir aus Humphrey, südlich von Norfolk gelegen, gekommen seien, wollte man uns das nicht glauben. „Das ist unmöglich! Die Strecke ist schon seit Tagen gesperrt", erhielten wir zur Antwort. Als wir erklärten, dass wir direkt hinter dem Schneepflug, der soeben in Yankton eingetroffen sei, hergefahren seien, ernteten wir bewundernde Blicke. Hier erfuhren wir u. a., dass dem Schneesturm viele Rinder auf den Weiden zum Opfer gefallen seien. Viele von ihnen waren infolge zugefrorener Atemwege (Nüstern und Maul) erstickt und anderen waren die Euter abgefroren. Bald darauf ging es weiter in Richtung Norden. Ab Yankton in Süd Dakota wurden die Straßenverhältnisse schon ein wenig besser. Man konnte schon etwas flotter fahren. Nach einer 600 Kilometer langen Reise erreichten wir am späten Abend sichtlich erschöpft Aberdeen. Nach einem tiefen, festen Schlaf sowie einem ordentlichen Frühstück waren wir am nächsten Morgen zu neuen Unternehmungen bereit. Als wir vor Fahrtantritt einen Blick auf unsere Reifen warfen, bekamen wir einen Schreck. Die Ketten hatten an den Hinterrädern die Reifendecke bis auf die Karkasse durchgescheuert. So konnten wir unmöglich weiterfahren. An einer Tankstelle mussten wir die Ketten abnehmen und die abgenutzten Reifen durch neue ersetzen lassen. Das war natürlich eine unvorhergesehene Ausgabe, die unsere Urlaubskasse ordentlich strapazierte. Ab Aberdeen waren die Überlandstraßen schnee- und eisfrei, sodass wir zügig Fahrt machen konnten. Am Nachmittag erreichten wir unser Endziel, Mandan bei Bismarck in North Dakota. Die beiden Städte Mandan und Bismarck liegen sich direkt gegenüber und sind nur durch den Fluss Missouri voneinander getrennt. Die Familie Ralph und Ida Giesinger bereitete uns einen herzlichen Empfang. Judy sah ihre Angehörigen nach vielen Monaten wieder. So lernte ich auch meine Schwiegereltern sowie Judys Brüder Dennis, Larry und Eldon kennen und sie konnten endlich Judys deutschen Mann kennenlernen. Bedingt durch den Blizzard und den damit verbundenen unfreiwilligen Aufenthalt in Humphrey war unsere weitere Planung durcheinandergeraten. Daher waren wir leider gezwungen, unser Besuchsprogramm bei der weitläufigen Verwandtschaft zu kürzen. Der Besuch bei Judys Großeltern (mütterlicherseits) in der 120 Kilometer östlich von Mandan gelegenen Ortschaft Hazen war ein Muss. Die Großeltern Philip und Emma Morast erwarteten uns schon. Auch hier wurden wir wieder herzlich empfangen. Die Großeltern (väterlicherseits), Margret und Konstantin Giesinger, waren bereits in den 1950er-Jahren verstorben. Ich hatte das Gefühl, dass Großvater Morast ein wenig enttäuscht war, als er meiner ansichtig wurde. Vermutlich hatte er einen echten Germanen, wie er im Bilderbuch steht, erwartet: groß, blond und blauäugig. Damit konnte ich ihm leider nicht dienen. Ich war genau das Gegenteil: mittelgroß, braunes Haar und braunäugig. Wir kamen schnell miteinander ins Gespräch. Dabei stellte sich heraus, dass die Siedler, die überwiegend aus dem Schwabenland stammten, sich in der zweiten Hälfte des 19. Jahrhunderts westlich des Missouris in North Dakota niedergelassen hatten. Sie kamen als Neusiedler in den Genuss des von der amerikanischen Regierung erlassenen **Homestead Acts**, das heißt, sie erhielten vom Staat unentgeltlich ein 160 Acre (ca. 65 Hektar) großes Stück Land zugewiesen, mit der Auflage, dieses urbar zu machen und fünf Jahre lang zu bewirtschaften. Danach ging es in den Besitz des Siedlers über. Sparsam und fleißig wie die Schwaben nun einmal sind, hatten sie im Laufe von Jahrzehnten ein Mehrfaches an Ackerland hinzugekauft. Nun mussten die enormen Flächen auch genutzt und bewirtschaftet werden. Dies geschah dadurch, dass möglichst viele Kinder gezeugt wurden, die in der Landwirtschaft eingespannt werden konnten. Daher ist es nicht verwunderlich, dass die Farmer selten weniger als ein Dutzend Kinder hatten. Im Verlaufe der Gespräche stellte sich ferner heraus, dass Judys Ahnen wesentlich früher, in der zweiten Hälfte des 18. Jahrhunderts, von der russischen Zarin Katharina II., auch Katharina die Große genannt, als freie Bauern unter Zusage von Privilegien, wie Befreiung vom Wehrdienst, Steuer- und Abgabenbefreiung, ins zaristische Reich gerufen wurden. Nach Vertreibung der osmanischen Besatzer hatte man ihnen die Krim als Siedlungsraum zugewiesen. Unter Katharinas Nachfolgern wurden jedoch alle Privilegien aufgehoben, was daraufhin die dortigen Siedler veranlasste, das Land wieder zu verlassen und über Deutschland in die Vereinigten Staaten von Amerika auszuwandern. Deren Ausschiffung erfolgte über Bremen nach New York und von dort aus ging es über Chicago in großen Trecks in das von Indianern aufgegebene Gebiet am Missouri. – Unsere Unterhaltung erfolgte teils in Englisch, teils in Deutsch, das heißt Schwäbisch, oder besser gesagt, in Altschwäbisch. Zwischendurch wechselten meine Frau und ich einige Worte in Hochdeutsch. Unser Hochdeutsch konnten die Großeltern nur mit Mühe verstehen, was den Großvater veranlasste, Judy zu fragen: „Judy, sag mal, spricht dein Mann kein richtiges Deutsch?" Einmal begleitete ich Großvater Morast zu den Getreidesilos am Ortsrand von Hazen. Wie Philip Morast waren die meisten Einwohner Hazens Farmer. Es wurde damals fast ausschließlich Weizen angebaut. Am Silo traf der Großvater einige Nachbarn. Man unterhielt sich in schwäbischer Mundart, die mit etlichen englischen Ausdrücken gespickt war. Für die neuzeitlichen, hauptsächlich technischen Begriffe gab es nämlich keine passenden, schwäbischen Wörter. – Nun war es an der Zeit, weitere Verwandte zu besuchen. Es ging zu Onkel Edward und Tante Rose Giesinger. Auch dort wurden wir herzlich empfangen. Sie hatten ebenfalls wie Philip und Emma Morast ein Haus in Hazen. Nur zur Feldbestellung und zur Ernte begab man sich hinaus auf die Farm. In Deutschland kann man sich einfach keine Vorstellung von der Größe der Felder machen. Nicht selten nehmen sie die Fläche einer europäischen Kleinstadt ein. An einem der Tage war bei Großvater Morast Schlachttag. Da habe ich mich mit großem Eifer an der Herstellung von Summer-Sausages, eine Art Salami, beteiligt. – Wir mussten noch gut ein Dutzend Verwandtenbesuche über uns ergehen lassen. Alle wollten Judys deutschen Ehemann sehen. Zwischendurch war ich mit meinem Schwiegervater und Judys Brüdern in der Prärie, um Schießübungen zu machen. In Amerika verfügt fast jede Familie nicht nur über ein Gewehr, sondern manchmal auch über zwei oder mehrere Gewehre. Wir zielten auf Flaschen und Blechdosen. Mit meiner Pieper, einer belgischen Kleinkaliberpistole, die ich vor unserer Abreise aus New Orleans von Mister Lionel als ein Geschenk erhalten hatte,

hatte ich Pech. Nach Abgabe einiger Schüsse fiel sie auseinander. Da fällt mir gerade eine nette Episode ein: Einen Tag vor unserer Abreise aus North Dakota wollte ich unbedingt eine Indianerreservat besuchen. Eine Autostunde von Mandan entfernt liegt die **Standing Rock Indian Reservation**. Also machten Judy und ich uns auf den Weg dorthin. Wir hielten in der kleinen Ortschaft Selfridge, die ziemlich im Zentrum des Reservats liegt, und hofften, noch echte Sioux-Indianer, wie man sie in Wildwestfilmen sieht, zu Gesicht zu bekommen. Ich muss gestehen, ich war enttäuscht. Weder Indianer, wie sie sich die Europäer vorstellen, noch Mustangs noch typische Indianerzelte (Tipis) waren zu sehen. Da es an diesem Tage recht kühl war, hatte ich die warme Luftwaffenuniform angezogen. Wir stiegen aus dem Auto und bewegten uns auf ein größeres Gebäude zu. Es war das Postamt, wie sich herausstellte. In einiger Entfernung kamen uns zwei männliche Gestalten entgegen. Sie trugen Jeans. Einer von ihnen trug einen Hut und der andere eine Baseballkappe. Es konnten Vater und Sohn gewesen sein. Beim Näherkommen waren sie an ihrer kupferfarbenen Haut und an den Gesichtszügen eindeutig als Indianer zu erkennen. Als wir mit ihnen auf gleicher Höhe waren, grüßten wir mit einem „Hello“. Sie grüßten zurück und blieben stehen. Wir hielten ebenfalls an. Als wir uns lange genug gemustert hatten, sprach uns der Ältere von ihnen an und erkundigte sich nach unserer Herkunft. Ich sagte zu ihm, er möge bitte raten. Nach kurzer Pause sagte der Jüngere, er möchte wetten, dass wir aus Germany kommen. Wir waren ganz verdutzt. Wie konnte er das wissen?, fragten wir uns. Wie war es so ohne Weiteres möglich, uns mitten in der Prärie als Deutsche zu identifizieren? Auf meine Gegenfrage, woran man uns erkannt habe, erklärte uns der jüngere von ihnen, dass meine Uniform uns verraten habe. Er sei sofort in der Lage gewesen, meine Uniform eindeutig als deutsche Luftwaffenuniform zu identifizieren. Aus der kurzen Unterhaltung, die wir miteinander führten, ging hervor, dass er während seiner Militärzeit einem amerikanischen Aufklärungsbataillon in der Nähe von Stuttgart angehört hatte. Wie zur Untermauerung seiner Angaben sagte er dann in einem typisch schwäbischen Dialekt: „I kenn Deitsch lese und schreibe a bisli." Das war einfach umwerfend! Insofern hatte sich der Abstecher nach Selfridge gelohnt. Die Zeit verging sehr schnell, fast zu schnell. Zum Abschied veranstalteten Philipp und Emma Morast ein Abschiedsessen, zu dem auch die ganze Verwandtschaft eingeladen war. Zur Feier des Tages musste ich in der Ausgehuniform der deutschen Luftwaffe erscheinen. Das machte Eindruck! Dann kam die Zeit des Abschieds. Es flossen, wie konnte es auch anders sein, auf beiden Seiten jede Menge Tränen. Bei unserer Abreise herrschte mildes, fast frühlingshaftes Wetter. Für die Rückfahrt wählten wir nicht die gleiche Route, die wir auf der Hinreise genommen hatten, sondern hielten uns weiter östlich, um nicht erneut in das Schneechaos von Nebraska hineinzugeraten. Aber auch diese Route war nicht ohne Überraschungen. Im zügigen Tempo ging es von Mandan in östlicher Richtung über Bismarck bis Jamestown. Dort schwenkten wir nach Süden ein und erreichten nach mehrstündiger Fahrt Mitchell in South Dakota. Danach erfolgte ein Schwenk nach Osten bis Sioux Falls, um von dort aus wieder in südlicher Richtung die Reise fortzusetzen. Schließlich landeten wir in Sioux City im Staate Iowa, wo wir in einem Motel die Nacht verbrachten. Unterwegs stellten wir fest, dass sich die Kühlwassertemperatur des Motors im oberen Bereich bewegte. Das hieß nichts Gutes. Am nächsten Morgen ging es weiter nach Süden immer am Ostufer des Missouris entlang. Auf der Höhe von Council Bluffs machten wir die erste unangenehme Bekanntschaft mit den Auswirkungen des Schneesturms, der sich vor gut einer Woche im Osten Nebraskas an der Grenze zu Iowa und Missouri zugetragen hatte. Durch ein plötzlich und sehr intensiv einsetzendes Tauwetter waren viele Flüsse in den Staaten Nebraska, Iowa und Missouri über die Ufer getreten und hatten weite Landstriche überflutet. Wichtige Verkehrswege standen unter Wasser. So viele Umleitungen wie auf dieser Strecke hatten wir noch nie in Kauf nehmen müssen. Die Ausweichrouten verliefen stufenweise von West nach Ost und dann wieder von Ost nach Süd, um wieder erneut nach Osten und dann wieder nach Süden abzudrehen. Manchmal hatten wir das Gefühl, riesige Seen zu durchfahren, die nur durch einen Highway, wo das Wasser schon an den Fahrbahnrand schwappte, voneinander getrennt waren. Östlich von Kansas City erlebten wir eine ziemlich kritische Situation, als wir den Missouri überquerten, der hier einen scharfen Knick nach links, das heißt nach Osten macht, um später bei St. Louis in den Mississippi zu münden. Die Fluten und die starke Strömung hatten die Brückenpfeiler des Highways komplett umspült. Sie waren bereits bei der Anfahrt zur Brücke nicht mehr zu sehen. Die ungeheuren Wassermassen zwängten sich dicht unterhalb der Fahrbahn hindurch. Wir befuhren die Brücke mit einem mulmigen Gefühl. Eigentlich hätte sie längst gesperrt sein müssen. Jedenfalls machten wir drei Kreuze, als wir sie passiert hatten. In Joplin, im Staate Missouri, an der Grenze zu Kansas, beschlossen wir, die Reise für den Tag zu beenden und uns von den Strapazen zu erholen. Wie üblich schalteten wir das Autoradio ein, um die Nachrichten des Tages zu hören. Als Erstes wurde über den Einsturz derselben Brücke berichtet, die wir wenige Stunden zuvor passiert hatten. Die Pfeiler hatten dem Druck der Wasserfluten nicht mehr standgehalten und die Fahrbahn mitsamt der darauf befindlichen Fahrzeuge in die Tiefe gerissen. Wieder einmal waren wir knapp dem Tode entronnen. – Am nächsten Morgen setzten wir die Reise gut ausgeruht fort. Wir fuhren durch die Ozark und Ouachita Mountains bis nach Hot Springs im schönen, waldreichen Staat Arkansas. Hier atmeten wir Frühlingsluft und entschieden uns, für den Rest des Tages zu bleiben und auch zu übernachten. Ich erinnere mich, dass wir auf unserer Reise durch Arkansas eine Fahrt auf dem Lake

Hamilton mit einem Amphibien-Lkw machten. Bei dem Fahrzeug handelte es sich um einen schwimmfähigen Lkw aus amerikanischen Armeebeständen. Zwei Luftkammern an den Seiten sorgten für den Auftrieb und der Antrieb erfolgte durch zwei Propeller im Heck. Es war ein prickelndes Gefühl, als das Fahrzeug direkt von der Straße in die Fluten des Sees eintauchte. Gesteuert wurde mit den Vorderrädern. Außerdem besichtigten wir eine größere Tropfsteinhöhle in der Nähe von Hot Springs. Sie nannte sich **Civil War Cave**, weil während des amerikanischen Bürgerkrieges (1861–1865), Angehörige der Südstaatenarmee darin Unterschlupf gefunden hatten. – Nun wurden wir mit einem Problem konfrontiert: Wie ich bereits erwähnte, hatte sich die Temperaturanzeige für das Kühlwasser des Motors bislang im oberen Bereich befunden. Aber jetzt, wo wir uns wieder im wärmeren Klima befanden, war das Wasser am Brodeln und die Anzeige ziemlich schnell im roten Bereich. Ganz offensichtlich hatte der Kühler durch den starken Frost im Schneesturm einen Haarriss bekommen, sodass während der Fahrt kontinuierlich Kühlwasser verloren ging. Dies hatte zur Folge, dass wir alle paar 100 Meilen Kühlwasser nachfüllen mussten. Das war zwar ärgerlich, aber wir hatten schon Schlimmeres erlebt. Als wir am letzten Reisetag die Grenze nach Louisiana überquerten, wurden wir von einem heftigen Gewitter mit wolkenbruchartigem Regen begrüßt. Die Scheibenwischer konnten die Wassermassen kaum bewältigen. Einer der Scheibenwischer gab sogar seinen Geist auf. Aber dafür präsentierte uns der liebe Gott am Ende des Gewitters einen wunderschönen Regenbogen. Am späten Nachmittag trafen wir wieder in New Orleans ein und waren froh, die Reise einigermaßen glimpflich überstanden zu haben. Diese unsere Hochzeitsreise werden wir im Leben nicht vergessen. Jedenfalls war mir nach der durchgestandenen Odyssee auf unserer witterungsbedingten, unterkühlten Hochzeitsreise klar geworden, dass ich auch in Zukunft mit Judy durch dick und dünn würde gehen können.

Bald nahm uns der Alltag wieder in die Pflicht. Nach Aufarbeitung von klärungsbedürftigen Rückständen im Büro war am 11. April 1962 wieder eine Dienstreise nach North Carolina fällig. Wie üblich, ging es von New Orleans mit einer viermotorigen Propellermaschine des Typs DC-7 zunächst nach Atlanta im Staat Georgia und von dort aus mit einer zweimotorigen Propellermaschine des Typs Fokker F-27 Friendship nach North Carolina. Auf diesem Flugabschnitt traf ich häufig mit Angehörigen amerikanischer Luftlandetruppen und Marines zusammen, die von Charlotte aus die Reise zu ihren Garnisonen in Fayetville und Fort Bragg fortsetzen mussten. In North Carolina vollzog sich das bekannte Prozedere: Zollamt, Hafenbehörde, Meldung beim Kapitän. Diesmal hatte die „Sonderburg" an der Pier festgemacht und war zur Beladung bereit. Verladung von Stückgut war angesagt. Es handelte sich ausschließlich um militärische Ersatzteile. Die Aktion war an einem Tag abgeschlossen, sodass ich am nächsten Tag den Rückflug antreten konnte.

Kurzurlaub in Texas

Kaum waren wir von der unterkühlten Hochzeitsreise zurückgekehrt, planten wir schon wieder die nächste Reise. Diesmal sollte es in wärmere Gefilde gehen, und zwar nach Texas. Wir hatten die Osterfeiertage dazu ausersehen. So steuerten wir an einem sonnigen Morgen über Houston die am Fluss San Jacinto gelegene Stadt San Antonio an. Besonders hervorzuheben ist die malerische, von einem Bächlein durchflossene Innenstadt mit einer kleinen Freilichtbühne. Überall spürte man einen Hauch mexikanischen Flairs. Eigentlich wollte ich einige auf der Lackland Air Force Base zur fliegerischen Ausbildung weilende Kameraden mit meinem Besuch überraschen. Leider waren sie alle während der Feiertage ausgeflogen. Das hätte ich mir denken können. So blieb uns nichts anderes übrig, als in der Cafeteria zu Mittag zu essen. Als wir ein Bier bestellen wollten, verlangte man unsere Ausweise zu sehen. Man wollte sicher sein, dass wir schon 21 Jahre alt waren. Offensichtlich sahen wir wesentlich jünger aus. An Personen unter 21 Jahren darf laut texanischem Gesetz kein Alkohol ausgeschenkt werden. Da die mexikanische Grenze nicht allzu weit entfernt war, entschlossen wir uns, der Stadt Laredo am Rio Grande einen Besuch abzustatten. Ein starker mexikanischer Einschlag bei der Bevölkerung ließ sich nicht leugnen. Von Neugier und Unternehmungsgeist getrieben, schritten wir über die Flussbrücke auf die Grenzstation zu. Da fiel mir plötzlich ein, dass ich meinen Reisepass nicht mitgenommen hatte. Allerdings trug ich die deutsche Tropenuniform. Dem mexikanischen Grenzposten hielt ich meinen amerikanischen Führerschein unter die Nase – und was machte dieser? Er winkte uns durch. Nun befanden wir uns auf der mexikanischen Seite in Nuevo Laredeo. Nach einem Bummel kehrten wir wieder zurück und gelangten unbehelligt auf die amerikanische Seite. Die Rückreise führte uns über Corpus Christi nach New Orleans.

Eine positive Entscheidung

Sondermeldung: Da mein Zigarettenkonsum parallel zu meinem chronisch werdenden Raucherhusten kontinuierlich zunahm, hatte ich mich im Frühjahr 1962 unter Einschaltung meines Verstandes entschlossen, **Nichtraucher** zu werden. Auslöser zu diesem Schritt war eine starke Erkältung, wo mir keine Zigarette – und mochte sie noch so aromatisch sein – mehr schmecken wollte. Dieser Entschluss kam letzten Endes nicht nur meinem Geldbeutel, sondern auch meiner Gesundheit zugute. Am Ende eines Tages hatte ich damals etwa 30 Zigaretten in blauen Dunst verwandelt. Das war entschieden zu viel! So nahm ich schlagartig von einem Tag zum anderen Abschied vom Glimmstängel. Judy war die erste Person, die mir zu diesem Entschluss gratulierte. Schließlich wurde sie von ihrem passiven Raucherdasein erlöst. Soweit ich mich erinnern kann, litt ich kaum unter Entzugserscheinungen. Nach sechs Wochen Abstinenz bot mir der Erste Offizier eines deutschen Schiffes eine Zigarette meiner früheren Lieblingsmarke an, die ich nach wenigen Zügen ausmachte. Ich fand keinen Gefallen mehr daran. Inzwischen bin ich seit über 50 Jahren Nichtraucher.

Bezug einer neuen Wohnung mit Einweihungsfeiern

In unserem Apartmenthaus an der Esplanade Avenue hatte sich eine für Judy und mich günstige Veränderung ergeben. Eine auf Parterre wohnende Familie war ausgezogen. Dadurch war eine größere Wohnung mit Terrasse frei geworden. Nachdem wir die Zustimmung des Vermieters, Herrn Dulzich, eingeholt hatten, zogen wir dort ein. Es waren nur geringe wohnliche Veränderungen erforderlich. Bald fühlten wir uns heimisch. Allerdings betrug die monatliche Miete anstatt 45,00 jetzt 90,00 Dollar. Meine Frau meinte, es sei so üblich, eine kleine Einweihungsfeier zu machen. Hierzu luden wir unsere deutschen Nachbarn Rotter/O'Quin zu einer Kaffeetafel ein. Die alte Frau Rotter erzählte gerne aus ihrer Jugendzeit in Dresden. Eine ihrer Lieblingsgeschichten war, als sie zur Geburtstagsparade des sächsischen Königs mit der Schulklasse am Schloss Spalier stehen musste und dabei den König in einer mit vier Pferden bespannten Karosse aus nächster Nähe zu Gesicht bekam. Eine ihrer Lieblingsopern war der „Freischütz“ von Carl Maria von Weber. Der Nachmittag mit der Familie Rotter/O'Quin verlief sehr harmonisch. Diese Einladung konnte im Hinblick auf die nun folgende als Generalprobe betrachtet werden. Es war so weit alles gut gelaufen. Die nächste Einladung erfolgte an die

Angehörigen meiner Dienststelle und deren Familien. Außerdem hatten wir einen Herrn Wittich mit Ehefrau eingeladen. Herr Wittich war Versicherungsvertreter und als solcher u. a. zuständig für alle Kraftfahrzeugversicherungen der Fahrzeughalter unserer Dienststelle. Für Judy war dieser Anlass eine gute Gelegenheit, ihre bis dahin erworbenen Deutschkenntnisse an den „Mann" zu bringen. Als es dann so weit war und die Gäste eintrafen, wollte Judy beim Ablegen der Garderobe behilflich sein mit den Worten: „Möchten Sie nicht Ihre Klamotten ablegen?" Ich wäre aus Verlegenheit fast in den Boden versunken. Jetzt bekam ich die Quittung dafür, dass ich bei Unterhaltungen mit meiner Frau nicht immer auf ein gutes sprachliches Niveau geachtet hatte. Aber die Gäste beantworteten die Frage mit einem vergnüglichen Schmunzeln. Das war der erste Streich. Nach einem Willkommenstrunk stand meine amerikanische Frau im Mittelpunkt und wurde mit zahlreichen Fragen bombardiert. Mittlerweile war es an der Zeit, unseren Gästen etwas für das leibliche Wohl anzubieten. Darum richtete meine Frau an unsere Gäste im vermeintlich vornehmen Deutsch die Frage: „Haben die Herrschaften schon Kohldampf?" Mir stieg sofort die Schamröte ins Gesicht. Die Gästerunde beantwortete die Frage mit einem heiteren Lachen. Judy war sich ihres Fauxpas offensichtlich nicht bewusst und erkundigte sich, ob sie etwas falsch gemacht habe. Alle hatten Verständnis für die junge Amerikanerin, die auch bemüht war, die deutsche Umgangssprache zu lernen. Jedenfalls war dieser Abend noch lange Zeit Gesprächsthema bei verschiedenen Anlässen.

Abschied von Omi, meiner Großmutter

Obwohl auf dem Posten, den ich zurzeit innehatte, Diskretion und Verschwiegenheit oberstes Gebot waren, habe ich die Verbindung zu meinen Eltern in Deutschland nie abreißen lassen.

Aus Sicherheitsgründen habe ich den Kontakt mit Freunden und Bekannten allerdings abbrechen müssen. Selbst Vater und Mutter sowie Bruder und Schwester waren über die Art meiner Tätigkeit nicht im Bilde. Schließlich war ich Geheimnisträger mit einer hohen Sicherheitsstufe. Eines Tages erhielt ich einen Brief von Mutter, in welchem sie mitteilte, dass meine Großmutter, die „Omi", die ich sehr lieb hatte, schwer erkrankt sei und man mit ihrem Ableben rechnen müsse. Omi wollte mich vorher noch einmal sehen. Diese Mitteilung traf mich heftig und unerwartet. Ich wusste zwar, dass Omi vor vielen Jahren an Darmkrebs erkrankt und deswegen operiert worden war. Offensichtlich war diese Krankheit erneut ausgebrochen und das geschwächte Immunsystem kam nicht mehr gegen die Metastasen an. Am darauffolgenden Tag teilte ich meinem Chef die schwere Erkrankung meiner Großmutter mit und bat um einen 14-tägigen Urlaub, den er auch gleich genehmigte. Der Flug führte am 07.06.1962 von New Orleans mit Eastern Airlines nach New York und von dort aus konnte ich den Weiterflug mit der Lufthansa in einer Boeing B-707 nach Köln-Wahn fortsetzen. Am Flughafen holte mich Vater mit meinem grünen Käfer (Volksminna) ab. Ich setzte mich sogleich hinter das Steuer meines getreuen Gefährts und fuhr heim. Nun begann der traurigste Teil meines Aufenthaltes, der Besuch bei Omi. Sie wohnte damals bei Tante Herta und Onkel Willi in Unna-Königsborn. Ihr Schlafzimmer war abgedunkelt. Sie war kaum zu erkennen und sprach mit schwacher Stimme: „Dieter, gut dass ich dich noch einmal sehe. Wir werden uns jetzt so schnell nicht mehr wiedersehen." Bei diesen ihren Worten schossen mir die Tränen in die Augen. Ich erfasste ihre Hand und sprach mit halb erstickter Stimme: „Omi, ich wünsche dir eine gute Besserung. Auf Wiedersehen, bis zum nächsten Mal." Der Besuch bei unserer Omi machte mich sehr bedrückt. Wenige Monate nach meinem Besuch verstarb sie im Alter von 73 Jahren. Der genaue Todestag war der 25. Oktober 1962. – Bevor ich die Rückreise in die USA antrat, besuchte ich meinen alten Schulfreund Wolfgang Menneke. Er war überrascht, mich zu sehen. Wir hatten – bedingt durch meine neuen Aufgaben bei der Bundeswehr – lange nichts mehr voneinander gehört. Seine Begrüßungsworte waren: „Wie, du lebst noch?“ Seine Stimme klang leicht beleidigt. Das konnte ich gut verstehen. Schuld war die lange Funkstille zwischen uns. Ich erklärte ihm in kurzen Sätzen den Grund meines Deutschlandaufenthaltes und auch den Grund des Abbruchs sämtlicher persönlicher Kontakte zu Freunden und Bekannten. Er zeigte letztendlich Verständnis für meine Situation.

Zurück in New Orleans hatte ich zunächst Rückstände aufzuarbeiten, obwohl mich der Kamerad Lungartz während meiner Abwesenheit gut vertreten hatte. Dann war mal wieder eine Verladung fällig, diesmal in New Orleans. Die MS „Schauenburg“ hatte nur einige Container mit Kleinmaterial an Bord zu nehmen. Bis zum Feierabend war alles erledigt.

Verkehrsunfall

Da fällt mir gerade eine Episode ein, wie ich einen Oberregierungsrat von unserer vorgesetzten Dienststelle in Washington geohrfeigt habe. Eine Woche zuvor hatte ein Oberregierungsrat seinen Besuch bei unserer Außenstelle angekündigt. Er wurde nach seinem Eintreffen mit seiner Ehefrau von unserem Kraftfahrer pünktlich von deren Hotel abgeholt und zur Dienststelle gebracht. Gegenüber unserem Chef äußerte er den Wunsch, die historische Stadt am Mississippi etwas näher kennenzulernen. Major Brasow sagte: „Ja, da wird sich Feldwebel Rösel Ihrer annehmen, der kennt sich auch mit der Stadtgeschichte am besten aus.“ Ich fragte zurück: „Welches Fahrzeug steht zur Verfügung?“ „Nehmen Sie den VW Sedan“, lautete die Antwort. Gesagt, getan! Herr Oberregierungsrat nahm im Fond Platz und seine Frau setzte sich neben mich auf den Beifahrersitz. Ich fuhr mit den beiden Herrschaften zu den Sehenswürdigkeiten der Stadt und beschrieb diese auch näher. An einer Straßenkreuzung musste ich an einer roten Verkehrsampel halten, als es plötzlich hinter mir laut krachte und unser VW wie ein Geschoss fast in die Kreuzungsmitte katapultiert wurde. Ich landete mit dem aus den Führungsschienen herausgerissenen Fahrersitz, mit dem Kopf nach unten, im hinteren Fahrgastraum. Für einige Sekunden war ich weggetreten und kam erst durch ein lautes Kreischen und Hilferufen meiner Beifahrerin wieder zu Bewusstsein. Ich kam mir vor wie ein Raumfahrer. Mit der Rückenlehne lag ich quasi auf dem Fahrzeugboden und die Beine stießen fast an die Decke. Es dauerte eine ganze Weile, bis ich mich aus der unbequemen Lage befreien konnte. Meine Beifahrerin schrie noch immer. Schnell verschaffte ich mir einen Überblick und erkannte die gefährliche Situation. Auf der Rückbank des Volkswagens saß leblos und mit aschfahlem Gesicht der Herr Oberregierungsrat. Ein großer amerikanischer Straßenkreuzer mit einem jungen Liebespaar aus Texas war hinten aufgefahren und hatte das Heck des VWs eingedrückt. Zunächst half ich meiner Beifahrerin aus dem Fahrzeug. Sie wollte nicht mehr aufhören zu schreien und wies mit dem ausgestreckten Arm auf ihren wie scheintot wirkenden Mann. Nachdem ich die aufgeregte Frau aus dem Fahrzeug herausbugsiert hatte, konnte ich mich ihrem Ehemann widmen. Als ich mich in den hinteren Wagenteil quetschte, erfasste mich ein kleiner Schreck. Das Gestänge der Rückbank mitsamt dem Sitzpolster war in der Mitte eingeknickt und der Herr Regierungsrat saß leblos auf der Rückbank. Wie bekommst du am schnellsten wieder Leben in diesen Körper?, fuhr es mir durch den Kopf. Ich hob den Oberkörper leicht an und gab ihm ein paar Schläge auf die Wangen. Keine Reaktion! Das gleiche Prozedere wiederholte ich einige Male mit etwas kräftigeren Schlägen. Dann, endlich, ein Stöhnen. Der Herr Oberregierungsrat schlug verwundert die Augen auf und fragte ganz leise: „Was ist los, wo bin ich?“ Jetzt hatte auch seine unter Schock stehende Frau aufgehört zu kreischen. Gemeinsam beförderten wir ihren Mann aus dem Auto und brachten ihn zu einem in der Nähe gelegenen Haus, in dem sich zufällig eine Arztpraxis befand, wo der Herr Oberregierungsrat auch ärztlich versorgt wurde. Nun musste die Polizei noch von dem Unfall verständigt werden. Da es damals noch keine Handys gab, rief ich von einer Kneipe, die nur für Farbige bestimmt war, die Polizei und ebenso meine Dienststelle an, um den Unfall zu melden. Die farbigen Gäste in dem Lokal machten große Augen, als sich ein Weißer in ein für sie bestimmtes Lokal hineintraute. Ich glaube, meine Uniform hielt sie damals von irgendwelchen Anfeindungen ab. Der Gastwirt war freundlich und ließ mich kostenlos telefonieren. Alles Weitere ging ziemlich schnell. Die Polizei kam und nahm den Unfall auf. Das Pärchen aus Texas wurde vorläufig festgenommen, bis von ihnen der Nachweis einer Haftpflichtversicherung erbracht wurde. Meine Dienststelle setzte sich unmittelbar mit der zuständigen VW-Werkstatt in Verbindung, die binnen kürzester Zeit einen Abschleppwagen zur Unfallstelle entsandte und das stark beschädigte Fahrzeug abtransportierte. Kurz darauf erschien der Hauptgefreite Lungartz mit dem VW-Bus und brachte mich zu unserer Dienststelle. Was geschah mit dem Herrn Oberregierungsrat und seiner Ehefrau? Sie ließen sich mit einem Taxi zum Hotel fahren, packten die Koffer, nahmen die nächste Maschine nach Washington und ließen sich nie wieder in New Orleans blicken. Das war das Ende einer missglückten Urlaubsreise.

In unserer Dienststelle kam es zu einer personellen Veränderung. Die Zeit der Auslandsverwendung des Hauptgefreiten Lungartz war abgelaufen. Leider! Er war schon zu einem festen und unentbehrlichen Bestandteil der Nebenstelle geworden. Sein Nachfolger war ein Obergefreiter Wissinger. Im Nachhinein kann man sagen, er war ein würdiger Nachfolger: sympathisch und auch jederzeit hilfsbereit.

Überraschender Besuch aus Washington

Überraschend hatte sich ein weiterer privater Besuch eines ehemaligen Kameraden der SdL (Stammdienststelle der Luftwaffe), der inzwischen zum Stab nach Washington versetzt wurde, bei uns angekündigt. Es handelte sich um den Kameraden Georg Stenzel. Wir kannten uns noch aus der gemeinsamen Fliegerzeit in Uetersen und später bei der Stammdienststelle der Luftwaffe in Köln-Wahn. Kamerad Stenzel erschien mit seiner Frau an einem Samstagnachmittag und war, wie er sagte, auf der Durchreise. Nach einem Begrüßungstrunk kamen wir miteinander ins Gespräch. So nebenbei fragte mich Georg, ob ich mich noch an den Kameraden Grometsch erinnern könne. „Selbstverständlich", erwiderte ich. „Wenn ich mich recht erinnere, war er von kräftiger Statur und rothaarig." Zum Thema Grometsch gebe es interessante Neuigkeiten, sagte der Kamerad Stenzel. „Jetzt machst du mich aber neugierig", gab ich zur Antwort. Nun erzählte mir Georg, dass der Kamerad Grometsch, oder besser gesagt seine Frau, in eine Spionage-Affäre verwickelt sei. Wie mir vielleicht noch bekannt sei, war Grometsch Personalverwalter bei der Stammdienststelle der Luftwaffe. Von dort aus sei er nach Washington versetzt worden. Der Aufenthalt sei aber nicht von langer Dauer gewesen, da seine Frau, Ellen Grometsch, ein Verhältnis mit einem Marineoffizier der sowjetischen Botschaft gehabt habe. Das FBI sei der Frau Grometsch auf die Spur gekommen und habe die deutsche Botschaft über diesen Vorgang informiert. Daraufhin sei der Kamerad Grometsch kurzfristig nach Deutschland zurückversetzt worden. Hierüber wurde auch, allerdings viele Jahre später, im Fernsehen berichtet. Wenn ich so zurückdenke, gab es während des „Kalten Krieges" in deutschen Behörden Spionagefälle zuhauf. Bei angeregtem Gespräch verging der Nachmittag viel zu schnell. Familie Stenzel drängte zum Aufbruch. Beim Hinausgehen entdeckte Georg auf einem Schränkchen im Wohnzimmer ein Flugzeug- und ein Panzermodell. Beide Modelle hatte ich einst aus Langeweile nach einer Vorlage aus Plastik zusammengebaut. Besonders der Panzer, ein Flakpanzer des Typs M-42, hatte es ihm wohl angetan. Das Modell war voll funktionsfähig und ließ sich fernsteuern. Seiner Frau fiel Georgs Interesse an dem Fahrzeug auf und machte die Bemerkung: „Schorschi, ich wusste gar nicht, dass du dich für solche Bausätze interessierst." „Ich wusste ja nicht, wie du dazu stehst", war seine etwas verlegen klingende Antwort. Ich sagte nur: „Meine Frau hat für solche Hobbys Verständnis." Dann zeigte ich ihnen einen Nachbau der berühmten „Brücke am Kwai", die ich aus über 400 Balsaholzstäbchen zusammengesetzt hatte. Da war das Staunen groß. Heute ist sie der Mittelpunkt meiner Modelleisenbahnanlage. Der Kamerad Stenzel war Zeitsoldat wie ich. Nach seinem Ausscheiden aus der Bundeswehr bewarb er sich beim Bundesnachrichtendienst. Viele Jahre später erfuhr ich von einem Kollegen im Auswärtigen Amt, der einst bei der deutschen Botschaft in Bangkok auf Posten war, dass er dort seinen Namensvetter getroffen habe, der mit mir früher bei der Stammdienststelle der Luftwaffe als Personalverwalter tätig war. Dabei hatte es sich um meinen Kameraden Georg Stenzel gehandelt. Ich muss immer wieder feststellen, dass wir in einer kleinen Welt leben.

Abenteuer im Mississippidelta

Als Waffennarr hatte ich mir beizeiten zwei Handfeuerwaffen und eine Machete zugelegt. Bei den Handfeuerwaffen handelte es sich um ein halb automatisch funktionierendes Kleinkalibergewehr (Kal. 5,6 mm) der Marke Winchester mit Stangenmagazin und Zielfernrohr. Ferner erwarb ich einen Dschungelkarabiner (Kal. 7,62 mm). Der Karabiner war eine modifizierte Canadian Rifle mit verkürztem Rohr und einem trichterförmigen Mündungsfeuerschutz. Später legte ich mir noch ein flaches

Aluminiumboot mit Außenbordmotor zu. Mit dieser Ausrüstung hätte man damals auf Alligatorenjagd gehen können. Sie standen zu der damaligen Zeit noch nicht unter Artenschutz. Ich konnte es nicht fassen, wie leicht man in den USA ohne irgendeine besondere Erlaubnis und ohne einen Waffenschein in den Besitz von Schusswaffen gelangen konnte. In meiner Freizeit an den Wochenenden fuhr ich mit dem Kameraden W. und meiner Frau zu Schießübungen auf Inseln im Flussdelta des Mississippis oder in die Bayous. Auf lebende Wesen wurde nicht geschossen, das hatten wir uns zur Auflage gemacht. Wir benutzten Zielscheiben aus Pappe. In diesem Zusammenhang fällt mir eine heikle Begebenheit ein. Mit dem Alu-Boot auf dem Dachgepäckträger und dem Außenbordmotor nebst Benzinkanister im Kofferraum ging es mal wieder ins Mississippidelta auf eine der vielen Inseln. Auf der Suche nach einem geeigneten Platz begegneten wir Reihern und Pelikanen. Ab und zu sahen wir einen kleineren Alligator ins Wasser platschen. Wir hatten uns eine mit Sumpfzypressen und Buschwerk bestandene Insel ausgesucht, um dort auf mitgebrachte übergroße Zielscheiben Schießübungen zu veranstalten. Beim Betreten der Insel stießen wir auf Schwärme von Moskitos, was uns veranlasste, sofort die Mückenschleier überzustülpen. Das Kleinkalibergewehr war gut zu handhaben. Binnen kürzester Zeit ließen sich acht Schüsse herausjagen. Ganz anders verhielt es sich mit dem Dschungelkarabiner, einem Repetiergewehr. Es hatte einen starken Rückschlag und war extrem laut. Als wir mitten in der Aktion waren, hörten wir knackende Geräusche im Unterholz. Plötzlich waren wir von drei nicht besonders vertrauenerweckenden Gestalten umstellt. Sie hielten Schrotflinten im Anschlag und die Finger am Abzug. Ich schob den Mückenschleier beiseite und erkannte einen älteren Mann mit zwei jüngeren Artgenossen. Offensichtlich war es ein Vater mit seinen Söhnen. Ich fragte, was sie von uns wollten. Dann erklärte uns der Ältere, dass wir uns auf seinem Grundstück befinden. Er bedeutete uns, das Schießen einzustellen, denn sie besäßen nur eine einzige Kuh. Sie sei deren einzige Existenzgrundlage. Sie diene ihnen mit zum Lebensunterhalt. Kurz darauf hörten wir eine Kuh im Unterholz brüllen. Man wolle nicht riskieren, dass das Tier versehentlich von einer Kugel getroffen werde. Sie lebten von ein wenig Fischfang und von der Kuh. Ich war, ehrlich gesagt, erleichtert. Man hatte also nicht die Absicht gehabt, uns zu überfallen und auszuplündern. Wer weiß, es hätten ja Nachkommen von Jean Lafittes Piraten sein können. Bei der Unterhaltung vernahm ich ein paar französisch klingende Wortfetzen. Jetzt war mir klar, dass wir es mit der seltenen Spezies aus Kanada eingewanderter, französischer Siedler, den **Cajuns** (Arcadiens), zu tun hatten. Sie lebten in den Bayous und auf den Inseln im Mississippidelta. Wir entschuldigten uns bei ihnen und machten uns auf die Suche nach einem geeigneteren Übungsplatz.

San Francisco (Zwischenspiel)

Abkommandierung nach San Francisco

Wegen einer schweren, plötzlichen Erkrankung eines Kameraden der Nebenstelle in San Francisco musste dessen Arbeitsplatz auf schnellstem Wege besetzt werden. Eine mehrwöchige Abordnung nach San Francisco war deshalb für mich angeordnet. Darüber war ich nicht sonderlich erbaut. Offensichtlich waren mein Chef und ich im Augenblick die einzigen Experten, die sich auf dem Gebiet des Seetransportes auskannten. Jeder Tag des Getrenntseins von meiner jungen Frau war ein Tag zu viel. Einwände waren jedoch zwecklos. Die Reise musste unverzüglich angetreten werden. Am 4. August 1962 bestieg ich eine DC-8 der National Airlines und reiste über Las Vegas nach

San Francisco. Dort wurde ich von einem Obergefreiten Brauer am Flughafen abgeholt. Ich meldete mich sofort beim Leiter der Nebenstelle in San Francisco, Major Jansen, zum Dienst. Major Jansen winkte ab und sagte, ich solle erst einmal mit dem Kameraden Brauer meine zukünftige Unterkunft aufsuchen, die man bereits für mich reserviert habe. Dienstantritt für mich sei erst morgen (05.08., 08:00 Uhr). Der Obergefreite Brauer werde mich vor meiner Wohnung abholen. Mit seiner korrekten und geradlinigen Haltung erinnerte er mich an meinen ersten Chef in New Orleans. Meine neue Bleibe befand sich in einem preiswerten Gästehaus auf der Cherry Street in San Francisco unter der Leitung einer älteren Witwe, deren Namen ich leider vergessen habe. Kamerad Brauer holte mich am nächsten Morgen pünktlich um 07:30 Uhr mit seinem privaten Pkw ab und brachte mich zur Dienststelle.

Die berühmte Golden Gate-Brücke bei San Francisco

Relativ schnell hatte ich mich auf dem neuen Posten eingearbeitet und hatte die Dinge gut im Griff. Das war sogar dem Dienststellenleiter, Major Jansen, aufgefallen und er ließ es an

Lob nicht mangeln. An einem Wochenende lud mich der Kamerad Brauer mit seiner amerikanischen Ehefrau zu einer Besichtigungstour von San Francisco und Umgebung ein. Ich war sehr beeindruckt von der schönen Stadt, besonders von einer Fahrt über die berühmte „Golden Gate Bridge“. Erwähnenswert ist auch die Bay Bridge, die zwei übereinanderliegende Fahrbahnen hat und San Francisco mit Oakland verbindet. Von der Bay Bridge konnte man sehr gut die bekannte Gefängnisinsel Alcatraz sehen. Meine Bitte um Einlassgewährung auf Alcatraz wurde abgelehnt, mit der Begründung, dass nur Straftäter willkommen seien. Für mich treffe dieses Attribut jedenfalls nicht zu. – In der nächsten Zeit ging ich an den Wochenenden allein auf Entdeckungstour. San Francisco besitzt in der Nähe des Pazifiks einen schönen Park mit einem integrierten japanischen Garten. Weitere Sehenswürdigkeiten waren das Mark Hopkins Hotel mit einem außen liegenden Aufzug, der mich zu einer Aussichtsplattform im obersten Stockwerk des Gebäudes brachte. Eine weitere Attraktion ist die weit über Kaliforniens Grenzen hinaus bekannte Cable Car. Bei der Cable Car handelt es sich um ein Gefährt, das einem Straßenbahnwagen ähnelt, jedoch keinen eigenen Antrieb hat. Fortbewegt wird der Wagen durch ein in der Fahrbahn eingelassenes Kabel, das den Waggon zieht. Der Wagen besitzt unter dem Boden eine Greifklaue, die sich bei Bedarf am Kabel einhakt und das ganze Gefährt zieht. Eine nicht alltägliche Erfahrung machte ich im chinesischen Viertel (Chinatown). Von Erkundungsdrang getrieben, begab ich mich in ein chinesisches Restaurant, um wenigstens ein Mal im Leben chinesisch gegessen zu haben. Irgendwie muss bei der Bestellung ein Missverständnis aufgetreten sein. Jedenfalls brachte mir der Kellner ein halbes Hähnchen, aus dem noch das Blut tropfte. Als er merkte, dass ich nicht so recht wusste, was ich mit dem Ding anfangen sollte, brachte er mir geflissentlich ein Besteck. Offensichtlich wird das Gericht nur mit den Händen gegessen. Auch damit war ich nicht einverstanden und ließ alles wieder zurückgehen. Der Kellner machte ein betroffenes Gesicht und fragte, ob ich einen anderen Wunsch habe. Aus lauter Verlegenheit bestellte ich ein Gericht mit Glasnudeln, wenn ich mich recht erinnere. An einem anderen Tag schlenderte ich wieder einmal durch die Straßen von San Francisco und entdeckte eine ganz merkwürdige Straße. Sie verlief wie eine Schlange in stark gewundener Weise circa einen halben Kilometer lang in einen tiefer gelegenen Stadtteil. Diese Straße trägt den Namen Lombard Street. Schön ist es auch am Hafen mit seinem internationalen Flair. Gerne erinnere ich mich an „Fishermen's Wharf", wo ich so manches Mal frische und gesunde Seeluft inhaliert habe. – Auf der neuen Dienststelle gab es nur einmal einen kleinen Dissens, als ich mit dem Kameraden Brauer etwa 15 Minuten zu spät zum Dienst kam. Der Grund dafür war folgender: Ich stand morgens um 07:30 Uhr pünktlich und abholbereit vor der Haustür und wartete auf den Kameraden B. Obwohl er sonst immer superpünktlich war, ließ er dieses Mal auf sich warten. Nachdem ich 15 Minuten gewartet hatte, rief mich meine Vermieterin herein und bot mir ein Schüsselchen mit Porridge an. Da ich nicht unhöflich sein wollte, nahm ich ihr Angebot dankbar an. Kaum hatte ich einige Löffel von dem leckeren Brei gegessen, klingelte es und mein Fahrer stand vor der Tür. Meine Wirtin bat ihn herein und bot ihm ebenfalls etwas Porridge an. Er lehnte dankend ab und wartete die paar Minuten, bis ich zu Ende gegessen hatte. Nun kamen wir 15 Minuten zu spät zum Dienst. Der Chef war nicht im Dienstzimmer zu sehen. Also begaben Brauer und ich uns auf unsere Arbeitsplätze, ohne uns bei irgendjemandem für die Verspätung entschuldigen zu müssen. Jedenfalls erfuhr Major Jansen, wie auch immer, von unserer Verspätung. Bei einem Essen in einem Schnellimbiss-Restaurant in der Nähe unserer Dienststelle gab er mir zu verstehen, dass er größten Wert auf Pünktlichkeit lege. Mir war sofort klar, worauf er hinauswollte. Ich sagte ihm, dass ich der gleichen Auffassung sei wie er, ich aber andererseits nicht der Typ sei, Kameraden in die Pfanne zu hauen, stattdessen eher selbst Schuld und Verantwortung zu übernehmen bereit sei. Ich glaube, er hatte mich verstanden! Meine Zeit in San Francisco neigte sich dem Ende zu. Der Kamerad von der Marine war inzwischen genesen. Am Tage meiner Verabschiedung sprach mir Major Jansen für meine vortreffliche Unterstützung seiner Dienststelle in Notzeiten Dank und Anerkennung aus. Ferner wolle er meine Arbeit in Washington und New Orleans lobend erwähnen. Ich bedankte mich ebenfalls bei allen Angehörigen der Dienststelle für die freundliche Aufnahme und für die gute kameradschaftliche Atmosphäre. Dann brachte mich eine DC-8 der National Airlines wieder zurück nach New Orleans. Rückblickend kann ich sagen, dass ich die Zeit meiner Abordnung bei der Nebenstelle in San Francisco als den angenehmsten Teil meiner zwölfjährigen Dienstzeit empfunden und San Francisco als die schönste Stadt der USA in mein Herz geschlossen habe. Der einzige Wermutstropfen war die Trennung von meiner jungen Frau.

New Orleans II

Eine besondere Ehre wird mir zuteil

Meine Tätigkeit in New Orleans wurde Routine. Sie bestand aus Innendienst sowie Flugreisen anlässlich diverser Seeverladungen. Das Transportgut war unterschiedlicher Art: Mal war es Munition, mal waren es Raketen oder auch Stückgut bzw. Container.

Dienstlich musste ich wohl besonders gut eingeschlagen haben, denn mein Chef übertrug mir die Aufgabe, von nun an **sämtliche** anfallenden Dienstreisen mit Schwerpunkt North Carolina zu übernehmen. Einen spezifischen Grund für die mir zuteilgewordene Ehre hatte er aber nicht genannt. Diesen erfuhr ich erst später. Von nun an hieß es: „Feldwebel Rösel, übernehmen Sie!“ Major Brasow begab sich nur noch in Ausnahmefällen auf Reisen. Anfangs fühlte ich mich von der neuen Regelung geehrt. Als ich dann aber zusätzlich an Feiertagen, wie zum Beispiel an Weihnachts- und Osterfeiertagen, Dienstreisen machen musste, sah die Sache schon ganz anders aus. So verbrachte ich beispielsweise das Weihnachtsfest 1962 anlässlich einer Munitionsverladung in den Sümpfen von North Carolina.

Kubakrise

In der zweiten Oktoberhälfte des Jahres 1962 hielt die Welt den Atem an, als sich die Sowjetunion anschickte, auf Kuba heimlich Raketen zu stationieren. Die ganze amerikanische Nation war in hellster Aufregung. Die Schlagzeilen in den Zeitungen lauteten: „Raketen auf Kuba! USA in Reichweite von Atomraketen! Weltfrieden in Gefahr!“ Im Fernsehen wurde vor einem bevorstehenden dritten Weltkrieg gewarnt. Das Militär befand sich in höchster Alarmbereitschaft. Überall im Lande fanden Luftschutzübungen statt. Schulkinder wurden angewiesen, im Falle eines Angriffes aus der Luft, entweder in besonders dazu errichteten Luftschutzbunkern oder unter Schulbänken Schutz zu suchen. Es wurde weltweit von einer **Kubakrise** gesprochen. Zwischen dem 23. und 28. Oktober erreichte die Krise ihren Höhepunkt. Der damalige amerikanische Präsident Kennedy stellte dem sowjetischen Ministerpräsidenten Chruschtschow ein Ultimatum. Darin wurde die Sowjetunion aufgefordert, die auf Kuba stationierten Raketen unverzüglich abzubauen und wieder außer Landes zu bringen. Andernfalls sei mit Vergeltungsmaßnahmen zu rechnen. Zur Unterstreichung des Ultimatums errichteten die USA eine Seeblockade um ganz Kuba.

An dieser Blockade waren 16 Zerstörer, drei Kreuzer und ein Flugzeugträger beteiligt. Sowjetische Frachter mit Kurs auf Kuba wurden abgedrängt. Ultimatum und Seeblockade zeigten Wirkung. Am 28. Oktober traf in Washington aus Moskau die Nachricht ein, dass sämtliche sowjetische Angriffswaffen auf Kuba abgebaut und zurücktransportiert würden. Da war die Welt noch einmal haarscharf an einem Atomkrieg vorbeigeschrammt.

Ein Blick in mein Flugtagebuch sagt mir, dass ich just an diesem Datum, dem 28. Oktober 1962 eine Dienstreise nach North Carolina angetreten habe. Wenn ich mich recht erinnere, stand eine Verschiffung von Flugabwehrraketen nach Deutschland auf dem Programm. War es Zufall oder bestand hier ein unmittelbarer Zusammenhang mit der Kubakrise?

Neue Bekanntschaften und Freizeitgestaltung

Privat pflegten meine Frau und ich nach wie vor unsere nachbarschaftlichen Beziehungen zur Familie Rotter/O'Quin. Wir verbrachten so manchen gemütlichen Abend miteinander. Gelegentlich kam auch der Bekannte von Frau O'Quin, Mr. Lionel, hinzu. Dieser Mann hatte eine frappierende Ähnlichkeit mit dem damaligen US-Außenminister John Foster Dulles. Entweder tranken wir Kaffee oder einen Longdrink und hörten uns dabei Schallplatten mit klassischer und leicht-klassischer Musik an. Einmal im Monat fuhren wir mit den Nachbarn zum evangelischen Gottesdienst in deutscher Sprache. Dieser fand, wie ich bereits erwähnte, in einem benachbarten Stadtbezirk von New Orleans statt. Bei dieser Gelegenheit lernten wir ein gleichaltriges Ehepaar kennen, mit dem wir Freundschaft schlossen. Es handelte sich um Elfriede und Alvin Ducoing. Alvin Ducoing war Amerikaner und hatte während seiner Militärdienstzeit seine Frau in der Nähe von Stuttgart kennengelernt und auch geheiratet und sie nach Ablauf seiner Dienstzeit in Deutschland in seine Heimat nach Amerika mitgenommen. Im Anschluss an den Militärdienst war er Angestellter bei der Stadtverwaltung von New Orleans. Nach den Gottesdiensten kam es meistens zu einem netten Beisammensein bei Kaffee und Kuchen. Es blieb nicht aus, dass wir bei solchen Anlässen mit Angehörigen des deutschen Generalkonsulats ins Gespräch kamen. Einige von ihnen wurden später meine Kollegen bzw. Vorgesetzte im Auswärtigen Amt. – Es verging kaum ein Wochenende, wo wir dem Café „Vier Jahreszeiten“ (Four Seasons) auf der Royal Street im French Quarter keinen Besuch abstatteten. Uns gefiel das Ambiente und das Kuchenangebot ja sooo gut. Ebenfalls auf der Royal Street an der Ecke zur Canal Street befand sich Joe's Record Shop, den ich schon einmal erwähnte. Dort gab es eine Riesenauswahl an Schallplatten. Sämtliche Genres waren da vertreten. Selten verließen wir den Laden mit weniger als fünf Langspielplatten. Schwerpunktmäßig hatten wir uns auf leichte Klassik verlegt. Gelegentlich suchten wir uns aber auch Schlager aus, wie zum Beispiel Lieder mit Caterina Valente oder Freddy Quinn. Hin und wieder erfreute uns der gute Joe, der uns schon als Stammkunden betrachtete, mit einer Gratis-Schallplatte. Wenn es unsere finanzielle Situation erlaubte, gingen wir zum Abendessen auch schon mal in ein malerisches Restaurant, bekannt als „The Court of Two Sisters“. Es spiegelte das Flair des „Tiefen Südens“ wider. Berauschend schön ist der Patio mit Springbrunnen und Zierbäumchen. Dazwischen hatten schmiedeeiserne Tische und Stühle Platz. Das genaue Gegenstück dazu war ein rustikales Steak-Restaurant auf der Bourbon Street. Es nannte sich „Buck Fourty Niner“. Dort gab es ein Steak mit Salat und Folienkartoffel für sage und schreibe 1 Dollar und 49 Cents. Die Räumlichkeiten dort waren nach Western Art und das Steak war fantastisch. Eine weitere Besonderheit im French Quarter sollte unbedingt erwähnt werden: Damit ist das stadtbekannte **„Café du Monde“** am

French Market gemeint. Es liegt strategisch günstig zwischen dem Jackson Square und dem großen Fluss. Hier gibt es einen mit Zichorie gewürzten Kaffee. Dazu werden mit Puderzucker bestäubte Beignets (Krapfen) serviert. Der damalige schwedische Konsul in New Orleans hatte uns einst in das „Café du Monde“ eingeladen. Beim Verlassen des Lokals stellten wir fest, dass der Puderzucker deutliche Spuren auf unserer Kleidung hinterlassen hatte.

Unser Vermieter, Mr. Dulzich, der einen kleinen Bungalow auf dem Grundstück hinter unserem Apartmenthaus bewohnte, zog aufs Land und vermietete den Bungalow an die Familie Rotter/O’Quin. Vor dem Bungalow befand sich eine plattierte Terrasse, die von einem niedrigen, weiß angestrichenen, schmiedeeisernen Gartenzaun umgeben war. In gewissen Abständen waren ebenso schmiedeeiserne Laternchen aufgestellt, welche die Terrasse abends in ein romantisches Licht tauchten. Dieses neue Ambiente traf haargenau Frau O’Quins Geschmack. Oft saßen wir nach Sonnenuntergang mit der Familie Rotter auf der schönen Terrasse und hielten Schwätzchen bis in den späten Abend.

Ein Urlaub in Florida

Anfang Januar 1963 wurde eine Liste für die Urlaubsplanung 1963 in unserer Dienststelle herumgereicht. Dabei stellte sich heraus, dass ich noch einen Urlaubsanspruch von fast 14 Tagen aus dem zurückliegenden Jahr hatte. Dieser sollte so schnell als möglich abgegolten werden. Jetzt galt es kurzfristig Pläne zu schmieden. Es gab ja noch so viel zu sehen in diesem großen Land. Wir entschlossen uns schließlich für die zweite Januarhälfte zu einer Autoreise nach Florida. Alle Welt schwärmte von Florida. Also, auf nach Florida! Die Jahreszeit war günstig, da das Klima dort im Januar angenehm und von erträglicher Luftfeuchtigkeit bestimmt ist. Die Route führte entlang der Golfküste über Pensacola nach Silver Springs. Silver Springs liegt in einem Naturschutzgebiet mit vielen Quellen und glasklaren Seen. Bei einer Fahrt mit Elektrobooten, die einen gläsernen, also durchsichtigen Boden besitzen, kann man auf den Grund der Seen blicken und die Unterwasserwelt mit ihrer Vielfalt von Fischen bewundern. Jemand aus einer Besuchergruppe hatte behauptet, unter Wasser einmal eine Seekuh gesehen zu haben. Von Silver Springs aus ging die Fahrt weiter an riesigen Orangenplantagen vorbei zur nächsten Attraktion nach Cypress Gardens in der Nähe von Winter Haven. An einem von Sumpfzypressen umgebenen See konnte man waghalsige Vorführungen von Artisten auf Wasserskiern bestaunen. Danach hielten wir Kurs auf Südflorida. Es ging vorbei an Miami, wo wir uns nicht lange aufhielten, in Richtung Everglades (eine Sumpf- und Seenlandschaft). Schlangen, Alligatoren und jede Menge Wasservögel sind hier anzutreffen. Unvergessen bleibt uns dort eine Fahrt mit einem Airboat. Das seltsame Gefährt schob sich durch Sümpfe, überquerte Flüsse und huschte über Sandbänke. Gesteuert wurde das Boot, das aus einer hölzernen Plattform besteht und von einem Flugzeugpropeller am Heck angetrieben wird, von einem einheimischen Seminolen-Indianer. Man muss schon einen sehr guten Orientierungssinn haben, um aus dem Gewirr von Flüssen, Sandbänken und Sümpfen wieder zum Ausgangspunkt zurückzufinden. Der Besuch einer Schlangen- und Alligatorenfarm stand ebenfalls auf unserem Programm. Wir konnten beobachten, wie zum Beispiel den Klapperschlangen Gift für medizinische Zwecke abgezapft wurde. Indigoschlangen durften von den Besuchern angefasst und um den Hals gehängt werden. Ferner wurde in kleine Stücke gehacktes Schlangenfleisch zum Verzehr herumgereicht. – Für die Fahrt nach Key West hatten wir einen ganzen Tag eingeplant. Von den Everglades ging es über eine endlos erscheinende Inselkette, wo die einzelnen Inseln durch Brücken miteinander verbunden sind, nach Key West, dem südlichsten Punkt Floridas. An dieser Stelle drängte sich mir unwillkürlich Hemingways Geschichte „Der alte Mann und das Meer“ auf. Von hier aus waren es noch circa 150 Kilometer bis nach Kuba. Die Rückreise führte dann an der Westküste Floridas entlang nach Sankt Petersburg, einer Pensionärsstadt mit schönen Parks. Eine tropische und subtropische Flora konnte man dort bewundern. Weihnachtssterne waren so groß wie bei uns Rhododendronbüsche. Die Fahrt über die schwindelerregende, 50 Meter hohe Brücke, die über die Bucht von Tampa führt, war ein besonderes Erlebnis. Nach einer Übernachtung in einem netten Motel am Rande von Sankt Petersburg traten wir die Rückreise nach New Orleans an. Die gesamte Strecke wurde an einem Tag bewältigt.

Karneval in New Orleans

Nach Rückkehr von unserer Reise gerieten wir mitten in den New Orleaner Karnevalstrubel. Der Karneval war noch ein Erbe aus der französischen Siedlungszeit. Er wurde, wie bereits erwähnt, im Jahre 1838 eingeführt. Als wir wieder einmal bei unseren Nachbarn zu einem Pläuschchen weilten, hatte Mr. Lionel eine schöne Überraschung für uns parat: Eintrittskarten für eine Karnevalssitzung des Lions Clubs im Auditorium von New Orleans. Im Gegensatz zu deutschen Karnevalssitzungen war das hier eine stocksteife Angelegenheit. Abendgarderobe war vorgeschrieben. Aus diesem Anlass hatte ich meine schicke Luftwaffenausgehuniform angezogen. Uniformen machen immer einen guten Eindruck, besonders in Amerika. An das Programm kann ich mich nur ganz vage erinnern. Zuerst wurde, wie konnte es bei öffentlichen Veranstaltungen anders sein, die amerikanische Nationalhymne abgespielt. Anschließend erfolgte die Begrüßung der Honoratioren der Stadt durch den Präsidenten des Lions Clubs. Danach trat eine Musikkapelle auf, die ein klassisches Stück spielte. An Einzelheiten kann ich mich nicht mehr so genau erinnern. Jedenfalls hatte das weitere Geschehen den Charakter eines Debütantinnenballs. Man musste so eine Sitzung unbedingt einmal miterlebt haben, um Vergleiche, sagen wir beispielsweise zum Kölner Karneval, ziehen zu können. Auch beim Straßenkarneval ging es beileibe nicht so ausgelassen zu wie im Rheinland. Die Karnevalsumzüge waren zwar kilometerlang und prächtig, aber mit politischen Glossen hielt man sich zurück. Es kamen mehr regionale Ereignisse zum Ausdruck.

Eine Dienstreise – schön und gefährlich zugleich

Nun komme ich auf eine meiner schönsten, aber auch gefährlichsten Dienstreisen zu sprechen. Im Frühjahr 1963 erhielt ich den Auftrag, als militärischer Begleiter auf der MS „Hasselburg" von New Orleans nach North Carolina zu reisen. Die „Hasselburg" hatte in New Orleans sensibles Ladegut an Bord genommen. Es handelte sich um Radarausrüstung für ein Flugabwehrraketensystem. Die dazugehörenden Raketen sollten in North Carolina an Bord genommen werden. Ich meldete mich beim Kapitän bzw. dessen Vertreter und bekam als Ehrengast die Kabine des Schiffseigners zugewiesen und speiste mit dem Kapitän in der Offiziersmesse. Während der Schiffsreise war es meine Aufgabe, den Verschluss des Verschlages, in welchem die sensible Fracht untergebracht war, in unregelmäßigen Abständen zu überprüfen. Bevor das Schiff in New Orleans ablegte, kam der Lotse an Bord. Er verließ die „Hasselburg" erst bei der Lotsenstation an der Mündung des Mississippis. Die Nacht verlief ruhig. Der Morgen war frühlingshaft. Die See war glatt und es wehte eine milde Brise. Als ich nach dem Frühstück meine Runde drehte, entdeckte ich am Horizont einige dunkle

Objekte, die sich auf die „Hasselburg“ zubewegten. Dienstbeflissen meldete ich meine Wahrnehmung dem Ersten Offizier. Der führte sein Fernglas ans Auge und begann heftig zu lachen. Die dunklen Objekte waren Delfine, die unser Schiff eine Strecke lang begleiteten. Nicht nur Delfine, auch fliegende Fische bekam ich das erste Mal in meinem Leben zu sehen. Sie bewegten sich in Sichtweite des Schiffes. Diesem Schauspiel hätte ich stundenlang zusehen können. In unvergesslicher Erinnerung wird mir auch eine Shanty-Party beim Passieren der Straße von Florida bleiben. Die Nacht war bereits hereingebrochen. Die See war ruhig, am Himmel waren die Sterne und die bleiche Sichel des Mondes und in der Ferne die Lichter von Miami zu sehen. Auf dem Achterdeck hatte sich die dienstfreie Schiffsbesatzung versammelt, Bierflaschen machten die Runde und es wurden Seemannslieder (Shanties) angestimmt. Als Außenseiter wurde ich von den Jungs freundlich in der Runde aufgenommen. Man reichte mir zu trinken und ich stimmte fröhlich in den Gesang mit ein. Man staunte nicht schlecht, dass ich viele der Texte kannte und ich beim Singen mithalten konnte. Schließlich war ich ja lange genug bei der Bundeswehr gewesen, wo außer Marsch- auch Seemannslieder gesungen worden waren, wie zum Beispiel: „Heute geht es an Bord“, „Rolling Home“ oder „Wir lagen vor Madagaskar“. Es wurde eine lange Nacht. Ich musste mich am Morgen beeilen, um pünktlich zum Frühstück in der Offiziersmesse zu sein. Inzwischen befand sich die „Hasselburg“ im Atlantik. Man merkte es an einer lang anhaltenden Dünung. Der Bug hob und senkte sich in größeren Intervallen. Dieses gleichmäßige Auf und Ab machte mir, im Gegensatz zur unregelmäßigen Schüttelei in kleinen Propellerflugzeugen, nichts aus. Im Gegenteil, es machte mir Spaß. Nach viereinhalb Tagen legte unser Schiff in einer Sicherheitszone an einer abgelegenen Pier in North Carolina an. Das Wetter hätte während der gesamten Reise nicht besser sein können. Nun begann der zweite, gefährlichere Teil des Unternehmens. Dutzende Flugabwehrraketen mussten sorgsam unter Deck verstaut werden. Dabei waren die besonderen Lade- und Sicherheitsvorschriften zu beachten. Im Gegensatz zum späteren Nachfolgemuster, wo mit Festtreibstoff gestartet wurde, benutzte dieser Raketentyp einen hochexplosiven Flüssigkeitstreibstoff, der sich in metallischen Fässern befand. Aus Sicherheitsgründen durfte diese brisante Fracht nicht unter Deck gestaut werden. Die einzelnen Fässer wurden direkt an Deck in der Nähe der Reling mit starken Seilen verzurrt, um sie im Gefahrenfall über Bord rollen zu können. Dazu hatte man in der Nähe Äxte griffbereit zum Kappen der Seile deponiert. An Bord herrschte absolutes Rauchverbot! Bei derartigen Verladungen stand man immer mit einem Bein im Grab. Schiffe, die extrem explosives Gefahrengut zu transportieren hatten, waren sehr hoch versichert und die Schiffsbesatzung erhielt eine Gefahrenzulage. Von einer Gefahrenzulage konnten meine Kameraden und ich nur träumen. In unserem Beruf waren Risiken inbegriffen. Am Tage bevor die „Hasselburg“ ablegte, erhielt ich Verstärkung von einem Kameraden aus Washington, der auch die Ladung während der Überfahrt nach Deutschland überwachte und begleitete. Verladungen dieser Art sind in gewissem Sinne auch Himmelfahrtskommandos!

Heimaturlaub

Für die Zeit von Mitte Mai bis Mitte Juni 1963 hatte ich Heimaturlaub eingereicht, der auch ohne Weiteres genehmigt wurde. Dank der Tatsache, dass meine Frau ganztags berufstätig war und gut verdiente, konnten wir uns die eine oder andere größere Reise leisten. Endlich hatte meine Frau Gelegenheit, ihre deutschen Schwiegereltern persönlich kennenzulernen. Die Hinreise erfolgte mit einer DC-8 der Delta Airlines bis New York und von dort aus brachte uns eine Boeing B-707 der Lufthansa ohne Zwischenfälle nach Köln-Wahn. Diesmal holte uns mein

Schulfreund Wolfgang vom Flughafen ab. Wir wundern uns heute noch, wie wir mit unserem ganzen Gepäck in seinen kleinen Fiat 600 hineingepasst haben. Zu Hause, in Unna, hielten sich Wiedersehensfreude und Neugier die Waage. Alle wollten doch sehen, wie eine Amerikanerin aussieht. Wir verweilten nicht allzu lange in Unna. Wir hatten uns entschlossen, die Eltern auf eine Reise nach Bayern mitzunehmen. Vater und Mutter liebten die Berge und hatten in ihrem bisherigen Leben nie die Gelegenheit gehabt, die Alpen zu sehen. Diesen Wunschtraum wollten wir ihnen nun erfüllen. Für meine Frau waren die Alpen auch etwas Neues. In ihrer amerikanischen Heimat, in North Dakota, gibt es so gut wie keine Berge und auch keine Wälder. Die Landschaft dort ist mehr oder wenig eben bzw. leicht wellig, dafür mit unermesslichen Getreidefeldern und Prärielandschaften durchsetzt. – An einem frischen Maimorgen traten wir in meinem alten, aber noch längst nicht altersschwachen VW Käfer die Reise in Richtung Süden an. Die erste Unterbrechung unserer Reise fand in Heidelberg statt. Hierhin hatte es vor fast zwei Generationen meinen Urgroßvater Ulber (Moni) als Wanderburschen verschlagen. Er hatte öfter von seinen Wanderjahren erzählt. In seinem Zimmer hing auch ein größeres Bild mit dem Heidelberger Schloss im Hintergrund und der berühmten Neckarbrücke im Vordergrund. Nach einem Bummel durch die Altstadt – zum Schloss sind wir nicht hinaufgegangen – setzten wir die Fahrt in unserer grünen „Volksminna“ fort. In Heilbronn, dem Ursprungsort von Judys Vorfahren, suchten wir uns in einem gemütlichen Gasthaus ein Nachtquartier und beschlossen dort nach einem üppigen Abendessen den Tag. Am nächsten Morgen ging die Reise weiter über Stuttgart, Ulm und Kempten nach Füssen am Forggensee. Dort fanden wir außerhalb der Ortschaft ein schmuckes Gasthaus mit einer einladenden Terrasse, wo wir uns mit einem echten bayerischen Gerstensaft, der in einem Halbliterglas serviert wurde, erfrischten. Da fällt mir gerade eine lustige Episode ein:

Als Vater, der immer einen Sinn für Humor besaß, sein Glas geleert hatte, vertauschte er es mit Mutters Glas, ohne dass diese es bemerkte. Mutter war durch ein Gespräch, welches sie mit Judy führte, abgelenkt. Kaum hatte die Kellnerin das leere Bierglas bei Muttern erblickt, kam sie dienstbeflissen an unseren Tisch geeilt und fragte Mutter: „Möchte die Dame noch ein Bier?“ Mutter war ganz verdattert, als sie ihr leeres Bierglas erblickte. Sie traute ihren Augen nicht und fragte zu Vater gewandt: „Walter, warst du das?“ Sie musste sich wohl in dem Augenblick wie eine Trinkerin vorgekommen sein. Auf die erneute Frage der Bedienung, ob sie noch ein Bier haben möchte, schüttelte Mutter den Kopf und sagte: „Nein danke.“ Wir fingen alle herzhaft an zu lachen. Alle, außer Mutter, hatten den kleinen Scherz von Vater mitbekommen. – In Füssen verweilten wir einige Tage, um die märchenhaft schönen Königsschlösser Hohenschwangau und Neuschwanstein zu besichtigen. Die Eltern und auch Judy waren ganz hingerissen von der malerischen Voralpenlandschaft und den beiden Schlössern. Auf unserer Weiterfahrt in Richtung Garmisch-Partenkirchen besichtigten wir Schloss Linderhof, die Perle unter den bayerischen Schlössern. In Garmisch-Partenkirchen hielten wir uns nicht lange auf und begaben uns auf der Deutschen Alpenstraße nach Berchtesgaden. Unvergessliche Bilder prägten sich uns ein, als wir an der Alpenkette entlangfuhren. Viele „Ahs“ und „Ohs“ waren zu hören. Etwas nördlich von Berchtesgaden tauchten wir in die Alpenwelt ein. Bei Ramsau ging es durch das von Bergriesen gesäumte Wimbachtal nach Berchtesgaden. Im Ortsteil Bischofswiesen hielten wir Ausschau nach einer Unterkunft für die nächsten Tage. Mutter und Vater konnten sich in der Pension Oehlke einquartieren. Judy und ich fanden eine nette Bleibe in ihrer Nähe. Es war die Pension Bachmaier. Die Pension verfügte über eine schöne Terrasse. Jeden Morgen, wenn wir dort das Frühstück einnahmen, hatten wir eine herrliche Sicht auf den 2.714 Meter hohen Watzmann, den Hausberg von Berchtesgaden. Das Wetter hatte es die ganze Zeit über gut mit uns gemeint. So konnten wir den Urlaub richtig genießen. Als Erstes machten wir zum Beispiel einen Ausflug zum von steilen Felswänden eingerahmten Königssee und setzten mit einem leisen Elektroboot über zur Kapelle von St. Bartholomä. Unterwegs lauschten wir den Klängen eines Trompeters und erlebten dabei das berühmte „Echo vom Königssee". Die Trompetentöne wurden von den Felswänden mehrfach zurückgeworfen und erzeugten ein vielfältiges Echo. Nach der Rückkehr von der Bootsfahrt nahmen wir den Sessellift zum Jennergipfel, um eine großartige Aussicht zu genießen. Anderntags ging es zur Roßfeld-Höhenringstraße (heute: Rossfeldpanoramastraße) und zum Obersalzberg, der von Hitlers ehemaligem Teehaus gekrönt war. Auch eine Besichtigung des Berchtesgadener Salzbergwerks durfte nicht fehlen. Zwischendurch machten wir einen Abstecher nach Salzburg. Eine bleibende Erinnerung war eine Wanderung durch die romantische Wimbachklamm. Hier hatte ich eine gute Gelegenheit, mit meiner aus den USA mitgebrachten Schmalfilmkamera eindrucksvolle Aufnahmen zu machen. Wenn wir von unseren Tagesausflügen zurückkamen, tuckerten wir mit unserer Volksminna, von der Berchtesgadener Unterstadt kommend, zu unserem Quartier auf Bischofswiesen zu. Dabei mussten wir in der Oberstadt zwangsläufig am Hotel Geiger vorbei. Jedes Mal, wenn wir das Hotel passierten, sang Vater den Refrain eines Liedes, welcher lautete: „Dann hol' ich meine Geige 'raus und spiel' dir was von Fledermaus." Beim Ertönen dieses Refrains wussten wir, dass es nicht mehr weit bis zu unserer Bleibe war. Die schöne Zeit in Berchtesgaden neigte sich langsam dem Ende zu. Auf der Rückreise waren noch einige Zwischenstopps in Zusammenhang mit Verwandtenbesuchen in Hinterwössen am Chiemsee, Brunntal bei München und Erlangen vorgesehen. Unvergessen wird uns ein Alpenglühen bleiben, das wir am frühen Abend auf der Strecke von München nach Memmingen erleben konnten. Mutter war ganz hingerissen und zu Tränen gerührt. Sie hatte nicht geglaubt, dass sie solch ein Naturschauspiel einmal erleben würde. Am vorletzten Tag unserer Reise legten wir einen Besuch in dem romantischen Städtchen Rothenburg ob der Tauber ein. Dort übernachteten wir auch. Dann ging es endgültig heim. Vorher machten wir noch einen Abstecher nach Mannheim-Sandhofen zu den Eltern des Kameraden Wissinger. Er hatte uns gebeten, bei seinen Eltern vorbeizuschauen und ihnen herzliche Grüße von ihm auszurichten und ihnen mitzuteilen, dass es ihm in New Orleans gut gehe. Sie haben sich riesig über die Grüße gefreut. Im Gasthof „Zum grünen Baum" in Sandhofen hatten wir auf Empfehlung des Kameraden Wissinger zu Mittag gegessen. Dann ging es endgültig heim. Mit einer „Höchstgeschwindigkeit" von 110 km/h bretterten wir über die Autobahn. Erstaunlicherweise bewältigte der Käfer bergab immer die tollsten Steigungen! In Unna ging es schon wieder ans Packen für die Reise über den großen Teich. Judy und ich verabschiedeten uns vor der Abreise noch von Tante und Onkel in Königsborn sowie von meinem Schulfreund Wolfgang. Am Tag darauf hieß es Abschiednehmen von der Familie. Es flossen, wie erwartet, wieder Tränen, besonders bei Mutter. Diesmal fuhr ich selbst mit unserem VW Käfer zum Flughafen Köln-Wahn. Die Eltern begleiteten uns dorthin. Vater fuhr dann mit Mutter wieder zurück nach Unna, und Judy und ich hoben in einer Boeing B-707 der Deutschen Lufthansa in Richtung Amerika ab. Für die Eltern war dies der bislang schönste Urlaub in ihrem Leben. Sie haben noch lange davon gezehrt.

Schlechte Stimmung auf der Dienststelle

Nach meiner Rückkehr aus Deutschland erfuhr ich von unserer Sekretärin, dass sich unser Chef mit seiner Familie auf Heimaturlaub nach Deutschland begeben habe. Er muss sich wohl ziemlich plötzlich dazu entschlossen haben. Mir gegenüber hatte er nichts davon erwähnt. Jedenfalls hatte sich Major Brasow in den letzten Monaten über seine überfällige Beförderung zum Oberstleutnant beklagt. Die Sekretärin konnte sich erinnern, dass unser Chef in einem Telefonat mit seiner vorgesetzten Dienststelle in Washington erwähnt habe, während seines Deutschlandaufenthaltes einen guten Bekannten im Bonner Verteidigungsministerium besuchen zu wollen. Major Brasow kehrte am 7. August 1963 aus seinem Urlaub zurück, während seine Familie noch einige Wochen in Deutschland blieb. Ab jetzt hatte sich in unserem Major eine Wandlung vollzogen, und zwar zum Negativen. Vermutlich aus Frust über die ausbleibende Beförderung ließ er seinen Unmut an seinen Mitarbeitern aus. Das war aber nicht alles. Er tat Dinge, die eines Offiziers nicht würdig sind. Einige seiner Handlungen ließen ferner den Verdacht aufkommen, dass er es in Sachen Sicherheit bei Verschlusssachen nicht so genau nahm. Außerdem sprach er, auch während des Dienstes, dem Alkohol zu. Daher war es nicht verwunderlich, dass wir als seine Mitarbeiter bzw. Untergebenen allmählich jeglichen Respekt vor dieser Person verloren. Seitdem herrschte an unserer Nebenstelle eine äußerst gedrückte Stimmung.

Attentat auf den US-Präsidenten Kennedy

Am 23. November 1963 erschütterte ein tragisches Ereignis die gesamte amerikanische Nation, und nicht nur die, sondern die ganze Welt. Es handelte sich um die Ermordung des US-Präsidenten John F. Kennedy durch ein Attentat. Präsident Kennedy war es, der die sowjetische Raketenbedrohung im Jahre 1962, die von der Insel Kuba ausging, vom amerikanischen Volk abgewendet hatte und ein Jahr zuvor beim Berliner Mauerbau sich schützend vor die Berliner und das deutsche Volk gestellt hatte. Die Welt war bestürzt. Wie war es dazu gekommen? Am Freitag, den 23. November 1963, fuhr Präsident Kennedy anlässlich eines Besuchs der texanischen Stadt Dallas in einer Autokolonne in einem offenen Wagen durch die Stadt. Beim Verlassen des Stadtzentrums wurde er von drei Kugeln des Kalibers 6,5 mm aus einem Gewehr der italienischen Firma Marcano tödlich getroffen. Als mutmaßlicher Mörder wurde ein Lee Harvey Oswald festgenommen, der jedoch die ihm zur Last gelegte Tat bestritt. Am 24. November wurde Oswald von dem Nachtklubbesitzer Jack Leon Rubinstein, genannt Jack Ruby, erschossen. Ruby wurde kurz nach der Tat unter Mordanklage gestellt und zum Tode verurteilt. An der Beisetzung Präsident Kennedys auf dem Heldenfriedhof in Arlington nahmen über 100 Delegierte aus aller Welt teil, unter ihnen Bundespräsident Heinrich Lübke, Bundeskanzler Ludwig Erhard und der Regierende Bürgermeister von Berlin Willy Brandt.

Ein Hauch von Winter

Zum Jahresausklang 1963 wurde Louisiana von einem plötzlichen Wintereinbruch überrascht. Eine circa zehn Zentimeter hohe Schneedecke hatte sich über New Orleans gebreitet. Die Temperaturen sanken auf minus zwölf Grad Celsius, sodass der Schnee liegen blieb und nicht wegschmolz. Solch eine Kapriole des Wetters hatte es seit Jahrzehnten hier nicht gegeben. Die Menschen spielten beinahe verrückt. Sie errichteten Schneemänner, machten Schneeballschlachten oder schnallten sich ihre Wasserskier unter und ließen sich, die Straßen als Loipen benutzend, von Autos durch die Straßen ziehen. Einige Betriebe machten sogar vorübergehend dicht und öffentliche Verkehrsmittel hatten den Betrieb eingestellt. Nach drei Tagen war der ganze Spuk vorüber.

Flugzeugabsturz in den Lake Pontchartrain

Das Jahr 1964 begann mit einem tragischen Ereignis: Eine DC-8 der Eastern Airlines war gleich nach dem Start in den Lake Pontchartrain gestürzt und hatte sich viele Meter tief in den sumpfigen Grund des Sees gebohrt. Es gab keine Überlebenden. Dieses Unglück habe ich als mittelbar Beteiligter quasi hautnah miterlebt: Am 25. Februar des Jahres 1964 war bei mir wieder einmal eine Dienstreise nach North Carolina fällig. Mein Flug war mit **Eastern Airlines** auf einer DC-8 für in der Frühe gebucht. Kurz vor dem planmäßigen Abflugtermin stellte man fest, dass man für mich einen falschen Flug gebucht hatte. Jetzt hieß es mal wieder: „Rein in die Kartoffeln, raus aus den Kartoffeln." Eine gängige Soldatenerfahrung! Die neue Planung sah nun vor, dass ich am selben Tag, aber erst einige Stunden später als ursprünglich vorgesehen, ebenfalls mit einer DC-8, diesmal jedoch mit **Delta Airlines,** fliegen sollte. Anfangs hatte ich mich geärgert, als mir unser Kraftfahrer mit den neuen Flugtickets die Mitteilung über die geänderten Flugdaten überbrachte. Schließlich saß ich seit geraumer Zeit auf gepackten Koffern und wartete auf das Fahrzeug, das mich zum Flughafen bringen sollte. Auf dem Wege zum „Moisant Airport" herrschte ein reger Verkehr. Auffallend viele Ambulanz-, Polizei- und Rettungsfahrzeuge waren zu sehen. Sie bewegten sich alle in Richtung Flughafen. Ständig musste unser Fahrer rechts heranfahren, um Rettungs- und Sicherheitsfahrzeuge mit heulenden Sirenen vorbeizulassen. Vor dem Terminal stauten sich Fahrzeuge aller Art. Es war kein Durchkommen mehr. Unser Fahrer ließ mich schon vorzeitig aussteigen. Die letzten 100 Meter ging ich zu Fuß. Am Ticketschalter von Delta Airlines erkundigte ich mich nach dem Grund der Aufregung und dem nicht enden wollenden Aufmarsch an Rettungsfahrzeugen. Die Dame am Schalter klärte mich auf und fragte: „Haben Sie noch nichts davon im Radio gehört? Heute in der Früh ist eine Maschine der Eastern Airlines unmittelbar nach dem Start abgestürzt, direkt in den Lake Pontchartrain.“ Nach dieser Auskunft lief mir ein eiskalter Schauer über den Rücken. Als ich ihr sagte, dass ich ursprünglich die besagte Maschine nehmen sollte, sagte sie: „Mein Gott, da haben Sie aber einen Schutzengel gehabt. Gut, dass Sie noch rechtzeitig umgebucht haben.“ So war ich dank eines rechtzeitig entdeckten Buchungsfehlers mit knapper Not einer Katastrophe entronnen. Zum wiederholten Male wurde mir klar, dass es so etwas wie eine göttliche Vorsehung gibt. Man kann sich gewiss vorstellen, mit welch einem mulmigen Gefühl ich danach ins Flugzeug gestiegen bin. Nach dem Start konnte ich vom Fenster aus unter mir ein Gewimmel von Rettungsbooten, Schwimmkränen und Polizeihubschraubern auf und über dem See erkennen. Nur von der abgestürzten Maschine war nichts zu sehen. Am nächsten Tag wurde in der Zeitung, der **Times Picayune,** von dem Absturz groß und breit berichtet: Es gab keine Überlebenden! Unter den Opfern befand sich u. a. auch der berühmte Sänger **Kenneth Spencer**. Er war weltweit bekannt geworden mit dem Lied vom „Ol' Man River“. Der 52-jährige Sänger (Bassist) befand sich auf einer Konzertreise. Wie zu erfahren war, wurde im Jahre 1956 dem amerikanischen Bürger Kenneth Spencer die deutsche Staatsbürgerschaft verliehen. Zur Beantragung der deutschen Staatsbürgerschaft hatte er sich, wie er einmal sagte, entschlossen, weil ihm in den USA nicht die nötige Anerkennung zuteilwurde und er sich auch als Farbiger häufig diskriminiert fühlte. Judy und mich hatte das tragische Schicksal des großartigen Sängers besonders betroffen gemacht, da wir seine Lieder gerne hörten. Sogar heute noch besitzen wir eine Langspielplatte aus seiner Zeit vor über 50 Jahren.

Sänger Kenneth Spencer

Wie ich zum Notfall wurde

Für mich war die Reise nach North Carolina am 25. Februar 1964 noch lange nicht beendet. In Atlanta musste ich auf eine Fokker F-27 der Piedmont Airlines, die mich nach North Carolina bringen sollte, umsteigen. Es war keine halbe Stunde nach dem Start vergangen, als die kleine zweimotorige Fokker in ein fürchterliches Unwetter geriet. Die Maschine wurde von den Turbulenzen wie ein welkes Ahornblatt hin- und hergerissen. Gegenstände wirbelten durch die Kabine. Man hatte das Gefühl, dass die schwingenden Tragflächen den Belastungen nicht standhalten würden und jeden Augenblick herabstürzen konnten. Ich hatte noch immer den Flugzeugabsturz vom Vormittag im Kopf. Außerdem war in meinem Unterbewusstsein die Notlandung mit einer Maschine der Delta Airlines mit brennendem Motor in Birmingham/Alabama am 30.9.1962 noch lebendig. Langsam kam bei mir so etwas wie Panik auf. Mir wurde ganz heiß, ich bekam Atemnot, der Kopf drohte zu platzen und mir wurde schwindelig. In meiner Not rief ich mit heiserer Stimme: „Help!" Mein linker Sitznachbar reichte mir sofort eine Spucktüte. Ich winkte ab und schüttelte den Kopf, da mir nicht nach Erbrechen zumute war. Meine letzte Wahrnehmung war, dass ich wie ein Klappmesser vornüberkippte und wahrscheinlich vom Sitz gerutscht wäre, wenn mich der Sicherheitsgurt nicht festgehalten hätte. Was danach geschah, habe ich nicht mehr mitbekommen. Ich kam erst in einer provisorischen Krankenstation der Piedmont Airlines wieder zu mir. Wo war ich? Alles kam mir so verändert vor. Ich lag mit entblößtem Oberkörper auf einem Untersuchungstisch. Ein Arzt, erkennbar an einem weißen Kittel, und weiteres Krankenpersonal umstanden den Tisch. Sie schauten mich besorgt an. Alle möglichen Gedanken rasten durch meinen Kopf, wie: Wo bin ich? Was ist passiert? Wo ist die Tasche mit den dienstlichen Unterlagen? Was haben die Ärzte hier zu suchen? Ich versuchte den Arzt zu fragen, was das alles hier zu bedeuten habe. Als ich den Mund aufmachte und eine Frage zu formulieren versuchte, stellte ich fest, dass ich außer einem Lallen keine Wörter mehr herausbrachte. Was war mit mir geschehen? Jetzt kam echte Panik auf. Ich versuchte, mich zu erheben. Aber das Krankenpersonal drängte mich zurück auf die Liege und der Arzt verpasste mir eine Spritze. Danach muss ich wohl eingeschlafen sein. Es war bereits Abend, als ich wieder zu mir kam. Der Arzt war noch immer da. Er richtete einige Fragen an mich, die ich zu beantworten versuchte. Aber es kam nur ein Lallen heraus. Ich bedeutete ihm, dass ich ihn wohl verstehe, aber nicht sprechen könne und bat um ein Blatt Papier. Die weitere Kommunikation vollzog sich nun schriftlich. So erfuhr ich, im Flugzeug ohnmächtig geworden zu sein und der Pilot sich aufgrund der Notfallsituation entschlossen habe, Myrtle Beach in South Carolina anzufliegen, um dort auf einem kleineren Flugplatz außerplanmäßig zu landen. Mit einer Trage wurde ich dann bewusstlos aus der Maschine in ein Nebenzimmer der Piedmont Airlines gebracht. Über Funk sei ein Notarzt herbeigerufen worden, der mich gleich in Empfang nahm und untersuchte. Von alldem hatte ich nichts mitbekommen. Auf meine Frage, was er mir rate, zu tun, antwortete der Arzt: „Auf keinen Fall sollten Sie ein Flugzeug besteigen. Sie stehen noch unter Schock und leiden vermutlich an einem Trauma. Ein leichter Schlaganfall sei auch nicht auszuschließen. Setzen Sie die Reise nach North Carolina mit einem Bus fort, sobald es Ihnen wieder besser geht, oder brechen Sie die Reise ganz ab. Die nächsten zwei Tage übernachten Sie in einem Hotel in Myrtle Beach, das Ihnen Piedmont Airlines zur Verfügung stellt. Die Kosten für die Busfahrt von hier zu Ihrem Bestimmungsort in North Carolina übernimmt ebenfalls die Fluggesellschaft." Damit verabschiedete sich der freundliche und hilfsbereite Arzt und wünschte mir alles Gute. Vorher stellte er mir noch eine Krankenbescheinigung mit einem Hinweis über die verabreichten Medikamente aus. Ich bedankte mich bei ihm für die gute ärztliche Versorgung und sah ihm noch eine Weile nach. – Wie ich nun ins Hotel kam, ob mit dem Taxi oder der Ambulanz, weiß ich heute nicht mehr. Ich muss einen Filmriss gehabt haben. An das Hotelzimmer kann ich mich auch nicht mehr erinnern. Allmählich kehrte meine Sprache wieder zurück. Anfangs ging es noch etwas holprig, aber es wurde nach und nach besser. Am dritten Reisetag fühlte ich mich in der Lage, die Fahrt in einem Greyhound-Bus in Richtung North Carolina fortzusetzen. An dieser Stelle muss ich Piedmont Airlines für deren Fürsorge und hervorragende Betreuung ein großes Lob und meinen Dank aussprechen. In dieser Hinsicht kann sich manche andere Fluggesellschaft ein Beispiel an Piedmont Airlines nehmen. – Am vorgesehenen Zielort in North Carolina ließ ich mich mit dem Taxi zum Hotel bringen. Dort war ich schon bekannt und zählte beinahe zu den Stammgästen. Es war bereits Abend. So entschloss ich mich, am nächsten Morgen unsere Nebenstelle in New Orleans über den Vorfall telefonisch in Kenntnis zu setzen. Da ich wegen des Zeitunterschiedes keine Verbindung bekam, hielt ich es für angebracht, unsere vorgesetzte Dienststelle in Washington anzurufen und diese über den Grund meines verspäteten Dienstantritts in Kenntnis zu setzen. Es meldete sich Kapitän zur See Paulo. Er war dort stellvertretender Dienststellenleiter und außerdem der Experte für Seetransporte und damit auch zuständig für die Bereiche der Nebenstelle New Orleans. Ihm berichtete ich ausführlich über den Vorfall während des Fluges von Atlanta nach Myrtle Beach. Er hatte volles Verständnis für meine Situation und legte mir ans Herz, nach Beendigung der Dienstgeschäfte unbedingt die Rückreise mit dem Bus anzutreten. Nach Beendigung der Dienstgeschäfte ging es mir wieder besser. So nahm ich dann einen Bus bis Charlotte in North Carolina und bestieg dort eine Düsenverkehrsmaschine nach New Orleans. Im Gegensatz zu Propellermaschinen hatte ich noch nie gesundheitliche Probleme auf Düsenflugzeugen gehabt. Der Rückflug verlief ohne besondere Vorkommnisse. Ich war erleichtert, wieder wohlbehalten in New Orleans gelandet zu sein. Vielleicht war ich abermals dem Totengräber von der Schippe gesprungen. Wieder einmal hatte ich allen Grund, unserem Schöpfer für seinen Schutz und für seine weise Vorausplanung dankbar zu sein.

Ein krimineller Auftrag

In New Orleans wurde ich auf der Dienststelle mit Fragen über meine lange Abwesenheit überschüttet. Ich schilderte alles so, wie es gewesen war. Anschließend sagte Major Brasow zu mir gewandt, mit einem gewissen Sarkasmus in seiner Stimme:

„Feldwebel Rösel, da wartet in Kürze eine neue Verladung auf Sie. Ich habe so weit schon alles dazu vorbereitet." „Oje", entfuhr es mir. Meiner Frau habe ich erst später von dem tragischen Ereignis mit Kenneth Spencer und meinem eigenen Erlebnis auf dem Flug von Atlanta nach North Carolina erzählt, um sie nicht zu ängstigen. Tatsächlich war zehn Tage später wieder eine Dienstreise fällig, die der Herr Major selber hätte antreten müssen. Er leitete jedoch die Weisung aus Washington an mich weiter. Ich führte sie auch aus. Einen Tag vor meiner Abreise drückte mir der Herr Major ein kleineres Paket unbekannten Inhalts in die Hand, mit der Weisung, dieses an Bord des Flugzeuges zu nehmen und dem Kapitän des deutschen Handelsschiffes „Niedersachsen" zu übergeben. Bei diesem seinem Ansinnen vermutete ich eine hinterhältige Falle. Ich lehnte diesen Auftrag ab, mit der Begründung, dass ich mich strafbar machen könne, wenn ich Behältnisse unbekannten Inhalts an Bord eines Flugzeuges nehmen würde. Es war das erste Mal, dass ich in meiner gesamten militärischen Laufbahn einen Befehl verweigert habe. Die Reise verlief dann ohne Vorkommnisse. Nun war es an der Zeit, mal wieder Urlaub zu beantragen. Ich hatte, ehrlich gesagt, die Nase in Sachen Dienstreisen für eine Weile gestrichen voll.

Wohnungseinbrüche

Wer glaubt, dass damit alle unerfreulichen Ereignisse ein Ende gehabt haben, hat sich geirrt. Es geschah während der Karnevalszeit, man sagt hierzulande Mardi Gras, als in unserer Wohnung binnen dreier Wochen zweimal eingebrochen wurde. Die Tatzeit muss jeweils vormittags zwischen 10:00 und 12:00 Uhr gewesen sein, während meine Frau und ich auf der Arbeit waren. Vom Täter oder von den Tätern fand man keine Spur. Beim ersten Einbruch wurde zu meinem großten Bedauern ein gutes und leistungsfähiges Weltempfänger-Radio gestohlen. Fast jeden Abend hatte ich auf der Frequenz der Deutschen Welle die deutschen und internationalen Nachrichten gehört. Außerdem ließen die Täter Schmuck und einen Stapel neuer Oberhemden mitgehen. Den Einbruchdiebstahl hatten wir unverzüglich der Polizei gemeldet, die auch am Ort des Geschehens erschien und feststellte, dass der Einbruch durch die Haustür erfolgt sei. Bedingt durch den Umstand, dass sich die Tür nicht von außen verriegeln lasse, sei es ein Leichtes für die Einbrecher gewesen, mittels einer Plastikkarte den abgeschrägten Riegel von außen beiseitezuschieben und die Tür aufzudrücken. Ich ließ mir eine Kopie des Polizeiberichtes zuschicken. Man sagte uns, dass gerade zur Karnevalszeit sehr viele solcher Einbrüche erfolgten. Aus dem Norden der USA komme jährlich zur Karnevalszeit viel Gesindel in den Süden, um größere und kleinere Straftaten zu begehen. Judy und ich waren ziemlich sicher, dass die Einbrecher es bei einem Einbruch belassen würden. Da hatten wir uns jedoch mächtig geirrt. Kaum drei Wochen waren vergangen, als der zweite Einbruch erfolgte. Diesmal ließen die Einbrecher meine beiden Gewehre nebst Munition, die ich in einer Kammer gut versteckt hatte, mitgehen. Auch diesmal wurde der Einbruch der Polizei gemeldet. Sie riet uns, die Haustür von innen mit zusätzlichen Riegeln zu versehen und die Wohnung durch eine Seitentür, die wir mit einem Vorhängeschloss verriegeln konnten, zu verlassen. Das taten wir auch unverzüglich. Aber nicht nur das. Unter Vorlage der Polizeiberichte ließ ich mir gleich bei der örtlichen Kriminalpolizei einen Waffenberechtigungsschein für eine Pistole ausstellen und besorgte mir gegen Vorlage dieses Scheines in einem Waffengeschäft eine Pistole mittleren Kalibers (Kal. 6,35 mm) vom Typ Beretta. Damit sollte sich meine Frau gegen Einbrüche und Überfälle schützen, wenn ich für längere Zeit auf Dienstreisen war.

Eine Reise nach Mittelamerika

Gott sei Dank gab es im privaten Bereich erfreulichere Dinge. Judy und ich hatten im April 1964 Urlaub eingereicht. Durch geschickten Einbau der Osterfeiertage hatten wir drei Wochen zur Verfügung. Bei der Fluggesellschaft Eastern Airlines wurden damals für 90,00 US-Dollar (Hin- und Rückflug) preiswerte Sonderflüge nach Mittelamerika angeboten. Solch eine günstige Gelegenheit, die Welt südlich der USA kennenzulernen, wollten wir uns nicht entgehen lassen. Also buchten wir eine Reise nach Mexiko und Guatemala. In Guatemala, dem Land des ewigen Frühlings, gedachten wir den ersten Teil unseres Urlaubs zu verbringen. Uns interessierten, wie immer, Land und Leute. Von den Mayas hatten wir schon viel gehört. Nun hatten wir erstmals Gelegenheit, mit ihnen in persönlichen Kontakt zu treten. Nicht unbedingt in der Hauptstadt Guatemalas, Guatemala City, sondern außerhalb der Großstadt, wie zum Beispiel in Antigua, hatten wir dazu Gelegenheit. Dort fühlte man sich in eine andere Welt versetzt. Umgeben von den Vulkanen Fuego, Agua und Acatenango auf circa 2.000 Meter Höhe in subtropischer Landschaft befindet sich die alte, teilweise von einem Erdbeben zerstörte Hauptstadt Antigua. Kirchen, öffentliche Gebäude, wie zum Beispiel das Rathaus und der Gouverneurspalast sowie Brunnen und Marktplatz stammen noch aus der spanischen Kolonialzeit. Wir entschieden uns, in diesem malerischen Ort einige Tage zu verbringen. Als Bleibe wählten wir das zur Herberge umgebaute Kloster „Posada Belem". Alles war im alten spanischen Kolonialstil eingerichtet. Es existierte sogar noch der für ein Kloster typische Kreuzgang. Außerdem gab es einen Innenhof mit einem großen Springbrunnen, an dessen oberem Rand sich Papageien aufhielten. Sagte man zu einem von ihnen: „Gib das Füßchen", und streckte den Arm zu ihm aus, kletterte der gefiederte Geselle vom Arm hoch bis auf die Schulter. Ich hatte es auch einmal probiert und einem der

Papageien meinen Arm hingehalten. Er nahm die Einladung gleich an und wollte gar nicht mehr herunter. Ich hätte mit ihm durch die ganze Anlage spazieren können, ohne dass er davongeflogen wäre. Nur mit Mühe konnte ich den anhänglichen Burschen dazu überreden, sich wieder auf den Brunnenrand zu begeben. Da wir über Ostern in Antigua weilten, hatten wir das Glück, die dortigen Osterfeierlichkeiten mitzuerleben. Interessant war die Karfreitagsprozession, die sich über eine aus bunten Sägespänen bestehende Straße mit den schönsten Blumenmustern hinzog. Die Teilnehmer an der Prozession trugen auf ihren Schultern schwere, meterlange hölzerne Podeste, auf denen sich übergroße Heiligenfiguren befanden. Die kleinen Mayas mit einer Körpergröße von höchstens 1,60 Meter drohten unter dem enormen Gewicht zusammenzubrechen. Das war für sie wirklich ein Martyrium. Sie taten uns echt leid. Natürlich wurden die Träger von Zeit zu Zeit ausgewechselt. Wenn man durch die Straßen und Gassen Antiguas stromerte, lag ein Duft von verbranntem Maisstroh oder manchmal auch Kiefernholz in der Luft. Das Klima auf 2.000 Meter Höhe war angenehm sonnig und kühl. Im Gegensatz zu Louisiana war hier kaum Luftfeuchtigkeit zu verspüren. Bei einer gebuchten Autofahrt durch das Hochland von Guatemala kamen wir an Kaffeeplantagen, Kiefernwäldchen und Maisfeldern vorbei. Guatemala ist bekannt für seinen guten Kaffee. Wir hatten damals das Glück, eine Kaffeeplantage mit Verarbeitungsbetrieb der Firma Jacobs aus Deutschland besichtigen zu können. Kein Wunder, dass Jacobs-Kaffee zu den besten Kaffeesorten der Welt gehört. In San Antonio de Aguas Calientes konnten wir einheimischen Weberinnen bei der Herstellung von Decken, Deckchen und Wandbehängen zuschauen. In Patzún betraten wir eine alte Kirche mit einem massiv silbernen Altar. Die Kirchen hier oben im Hochland waren erfüllt von Weihrauch und Kieferndruft. Auf unserer Fahrt durch das Hochland Guatemalas in das Gebiet der Quiché-Indianer berührten wir auch die Stadt Chimaltenango, die an einer Wasserscheide liegt. Sie weist eine Besonderheit auf. Im Stadtpark von Chimaltenango gibt es einen Brunnen, dessen Wasser zur einen Seite in den Pazifik und zur anderen Seite in den Atlantik fließen. Die Reise ging weiter in Richtung Chichicastenango, einer Hochburg der Quiché-Indianer. Auf dem Wege dorthin gelangten wir bei Panajachel an den Atitlán-See. Er ist der zweitgrößte See Guatemalas. Er misst 20 Kilometer in der Länge und 8 Kilometer in der Breite. Er ist ein reiner Kratersee mit einer Tiefe von beachtlichen 333 Metern. Wir ließen uns dazu verführen, in dem schönen, klaren Gewässer zu schwimmen. Zuvor hatte man uns vor warmen und kalten Schichten bzw. Strömungen im See gewarnt. Diese Temperaturunterschiede bekamen wir auch gleich zu spüren. Ich konnte mir vorstellen, dass es beim Übergang von einer warmen in eine kalte Strömung sehr leicht zu einem Kälteschock kommen kann. Deshalb hatten wir uns nicht zu weit in den See hinausgewagt. Es war trotzdem sehr beeindruckend, in dem von riesigen Vulkanen wie Atitlán, Pedro und Tolimán umgebenen Hochgebirgssee zu baden. An den etwas sanfteren Hängen des Pedro wurde Kaffee angebaut. Wir übernachteten in einem der exotischen Umgebung angepassten Hotel. Am nächsten Morgen bestiegen wir ein Postboot, das uns an das gegenüberliegende Ufer des Sees nach Santiago de Atitlán brachte. Jetzt waren wir in einer urtümlichen Maya-Siedlung gelandet. Sie bestand überwiegend aus weiß getünchten Lehmhütten mit Strohdächern. Hier fiel uns die besondere Tracht der Frauen auf. Sie trugen rote Röcke und bunte Blusen. Ihr blauschwarzes Haar war zu Zöpfen geflochten, in denen bunte Bänder eingearbeitet waren. An der Farbe der Bänder war der Familienstand der jeweiligen Trägerin zu erkennen. Wäschekörbe und Krüge balancierten die Frauen auf ihren Köpfen. Zu diesem Zwecke waren deren Zöpfe auf dem Kopf zu einer Art Plattform gewunden. Die Frauen wuschen am Seeufer Wäsche, während die Männer in kleinen Booten auf Fischfang aus waren.

Am darauffolgenden Tag erreichten wir nach mehrstündiger Autofahrt unser eigentliches Ziel, die Stadt Chichicastenango, die zu 95 Prozent von einem der Hauptstämme der Mayas, den Quiché, bewohnt wird. Uns fiel sofort die Stammestracht dieser kleinen, aber emsigen und quirligen Menschen auf. Die Männer trugen schwarze, wie Filz wirkende Jacken und ebenso schwarze, wadenlange Hosen. An den Füßen hatten sie schwere lederne Sandalen und der Kopf war mit einer Art Turban bedeckt, bei dem die rote Farbe vorherrschte. Judy und ich hatten uns als Bleibe für die nächsten zwei Nächte das malerische Hotel **Maya Inn** ausgesucht. Es hatte gleichzeitig Museumsfunktion. In diesem Hotel erhielt jeder Gast einen einheimischen Diener, der für das Zimmer und die Bedienung bei den Mahlzeiten zuständig war. Die Zimmertüren blieben Tag und Nacht unverschlossen. Die Türen hatten zwar Riegel, aber keine Schlösser. Für die Sicherheit der Gäste war ebenfalls der Diener zuständig. Der Name unseres Dieners lautete Pedro Tol. Er war absolut ehrlich und zuverlässig. Ich hatte einmal eine Banknote im Zimmer liegen gelassen. Sie lag nach unserer Rückkehr von einem Ausflug noch immer am selben Platz. Judy und ich hatten das Glück, Chichicastenango an einem Markttag zu erleben. Auf dem Marktplatz reihten sich dicht an dicht Buden und Stände mit allen möglichen Erzeugnissen aus der Umgebung. Hauptprodukt waren Töpferwaren. Aus allen Richtungen kamen die Indios aus den Bergen herbeigeströmt. Auf ihrem Rücken schleppten sie Stiegen mit irdenen Krügen, Schüsseln, Töpfen etc. kilometerweit aus den umliegenden Dörfern herbei. Zur günstigeren Gewichtsbewältigung und Gewichtsverlagerung hatten die Träger Stirnbänder angelegt, die mit den schweren Stiegen verbunden waren. Der Marktplatz von Chichicastenango weist zwei sich gegenüberliegende Kirchen auf, von denen die Kirche Santo Tomás die ältere und bedeutendere ist. Sie wurde an der Stelle eines ehemaligen Maya-Tempels errichtet. Daran erinnern noch heute 18 breite Stufen – entsprechend der Monatszahl des alten Maya-Kalenders –, die zum Kirchenportal führen. Vor der Kirche und auf den Stufen, die zum Kircheneingang führen, trafen wir viele Weihrauchgefäße schwenkende und Gebete murmelnde Indios an. In der Kirche selbst hatten die Indios auf den Gängen wunderschöne Blumenornamente in Karreeform arrangiert, die von einzelnen, Gebete murmelnden Familien umlagert waren. In dieser Kirche, wie in so vielen anderen, wurde nicht nur Gott, sondern auch den heidnischen Vorfahren gehuldigt. In diesem Zusammenhang fällt mir eine Episode ein, die meine Frau und ich etwas außerhalb der Stadt erlebten: Judy und ich standen gerade an einer Straßenecke, als wir von einem Indio auf Deutsch angesprochen wurden. Er fragte, ob er uns helfen könne. Wir bejahten seine Frage und ließen ihn wissen, dass wir zum Götzen wollten. Er war hilfsbereit und erklärte uns den Weg. Auf unsere Frage, woher er Deutsch spreche, gab er uns zur Antwort, dass vor Jahren ein deutscher Missionar in Chichicastenango gewirkt habe und den Indios einige deutsche Phrasen beigebracht habe. Danach begaben wir uns auf einen aus der Stadt führenden Pfad auf eine mit Kiefern bestandene Anhöhe. Oben angekommen, tat sich eine Lichtung auf, die den Blick auf eine in schwarzes Basaltgestein gemeißelte Götzenfigur freigab. Die Figur bestand aus einem Kopf mit einer grässlichen Fratze und halbem Oberkörper (Torso). Ein Halbkreis aus Steinen umgab die Figur. Die Lichtung war angefüllt mit Indios, die außer großen Taschen mit Weihrauchvorrat auch Macheten bei sich trugen. Ähnlich wie an der Kirche Santo Tomás wurden auch hier Weihrauchgefäße geschwenkt und Gebete gemurmelt. Gelegentlich zauberte der eine oder andere Indio ein Trinkgefäß hervor, trank einen Schluck daraus und spendete dem Götzen, der offiziell **Pascual Abaj** heißt und in der Maya-Sprache als Irk oder Irque (phonetisch) bezeichnet wird, ebenfalls einen Schluck. Judy und ich waren die einzigen fremden Beobachter der ganzen Szene. Man nickte uns freundlich zu und wollte uns auch zu trinken geben. Wir lehnten dankend ab, was wir vielleicht nicht hätten tun sollen; denn augenblicklich schlug die bislang freundliche Stimmung bei den Indios ins Gegenteil um. Ich schickte mich gerade an, mit meiner Schmalfilmkamera Filmaufnahmen zu machen, zog es aber angesichts der veränderten Situation vor, dies zu unterlassen. Die Mienen der Indios verfinsterten sich und teilweise machte man uns gegenüber Drohgebärden. Wir hielten es jetzt für angebracht, den Rückwärtsgang einzulegen. Wir begaben uns auf dem gleichen Weg wieder zurück. Während des schätzungsweise 20-minütigen Rückmarsches hörten wir im Unterholz rechts und links des Weges knackende Geräusche, als würden Rehe durchs Holz stöbern. Als wir unten am Fuße der Anhöhe angelangt waren, standen einige der Indios vom Berg bereits unten und fingen uns gekonnt ab. Die knackenden Geräusche im Unterholz entpuppten sich nun als vorbeihastende Indios. Die kleinen Kerle waren flink und ausdauernd. Sie empfingen uns mit einem breiten Grinsen und fuchtelten mit ihren Macheten herum. Wir grinsten zurück und bahnten uns einen Weg durch deren Reihen. Wir hatten verstanden! Man wollte uns einen Schreck einjagen und uns gleichzeitig eine Lehre erteilen, ihre Bergandacht in Zukunft nicht mehr zu stören. Nach diesem Abenteuer begaben wir uns mit unserem Fahrer auf den Rückweg nach Antigua, wo wir die letzte Nacht vor unserem Abflug nach Merida im Hotel Antigua verbrachten. Auf der langen Fahrt von Chichicastenango nach Antigua hatten wir hinreichend Gelegenheit, uns mit dem Fahrer zu unterhalten. Sein Name war Salvador. Außer meiner Frau und mir war noch ein älteres, amerikanisches Ehepaar mit Namen Vincens im klapprigen Buick. Im Verlaufe des Gesprächs stellte sich heraus, dass wir drei Männer alle einmal in unserer jeweiligen nationalen Luftwaffe gedient hatten. Salvador hatte sogar auf dem gleichen Flugzeugmuster wie ich geschult. Als Herr Vincens vernahm, dass ich Deutscher bin und wir in New Orleans wohnen, sprach er spontan eine Einladung zu sich nach Tucson in Arizona aus. Frau Vincens kam jedoch nicht umhin, ihren Mann zu warnen mit den Worten: „Gib acht! Du hast es mit Deutschen zu tun. Die halten, was sie versprechen!" Es folgte ein allgemeines Gelächter. Ansonsten genossen wir während der langen Fahrt noch einmal die malerische Landschaft, bevor wir uns in Antigua von unseren Mitfahrern und dem Fahrer Salvador verabschiedeten. Salvador erhielt noch ein ordentliches Trinkgeld. In Guatemala habe ich übrigens meine schönsten und interessantesten Filmaufnahmen während der gesamten Reise gemacht.

Judy und ich hatten ursprünglich geplant, von Guatemala City aus mit einer alten, klapprigen DC-3 nach Tikal zu fliegen, um eine im Dschungel von El Petén verborgene, alte Mayastätte zu besichtigen. Dazu war es aus terminlichen Gründen leider nicht gekommen. Stattdessen setzten wir uns ins Flugzeug und flogen nach Mérida auf die Halbinsel Yucatán. Wir ließen uns im Hotel Mérida nieder und machten Pläne für die nächsten Tage. Wir entschieden uns, als Ausgleich für die entgangene Besichtigung Tikals, Chichén Itzá, eine ebenfalls bekannte Maya-Niederlassung auf der Halbinsel Yucatán zu besichtigen. Noch am selben Abend heuerten wir einen vom Hotel empfohlenen Fahrer an, der uns am nächsten Tag zu den Mayastätten nach Chichén Itzá bringen sollte. Im Hotel Mérida kam es zu einem peinlichen Vorfall. Wir hatten am Abend unserer Ankunft im Hotel zu Abend gegessen. Ich hatte eine Paella mit Meeresfrüchten bestellt, die mir nicht gut bekommen war. Judy hatte Gott sei Dank etwas anderes bestellt. Ich sagte noch zu meiner Frau: „Die Shrimps schmecken so merkwürdig." Aber da war es schon zu spät. Der letzte Bissen war bereits gegessen. Noch in derselben Nacht wurde ich von einem furchtbaren Rumoren in der Magengegend geplagt. Es dauerte nicht lange, da musste ich mich übergeben. Die halbe Nacht verbrachte ich mit Toilettengängen. Am nächsten Morgen war ich wie gerädert. Wir standen gerade in der Hotelhalle an der Rezeption, um unsere Rechnung zu begleichen. Da überkam mich plötzlich ein Würgen mit einem gleichzeitigen Druck in der Magengegend. Ich brachte nur noch das Wort „Toilette“ heraus, als ich mich mitten in der Lobby übergeben musste. Es ging so schnell, dass ich die Toilette gar nicht mehr erreichte. Mit einem Mal kam Bewegung in die Armada der Hotelbediensteten, die bislang mehr oder weniger gelangweilt herumgestanden hatten. So geschwind hatte ich in Mexiko noch niemanden agieren sehen. Wassereimer mit Schrubber, Feudel und Desinfektionsmittel kamen zum Einsatz. Selbstverständlich entschuldigte ich mich an der Rezeption vielmals für das Malheur, obwohl sich das Hotel für das schlechte Essen bei mir hätte entschuldigen müssen. Vor dem Hotel wartete bereits der Fahrer, der uns nach Chichén Itzá bringen sollte. Ich war total erschöpft und bestieg das Fahrzeug mehr tot als lebendig. Die Sonne war schon sehr aktiv am frühen Morgen. Im Fahrzeug war es drückend heiß. Es besaß keine Klimaanlage. Die Fahrt war langweilig. Die Landschaft war flach wie ein Brett. Wo das Auge auch hinschaute: Agavenfelder, unterbrochen von Strauchwerk und Kakteengruppen. Mein Gesundheitszustand verschlechterte sich zusehends. Ich war heilfroh, als wir unser Ziel, die Maya-Ruinen, erreichten. Der Fahrer hielt am Hotel „Maya Land“, der einzigen Unterkunftsmöglichkeit weit und breit. Die gesamte Hotelanlage bestand aus weiß getünchten und strohgedeckten Minibungalows. Sie sahen sehr einladend aus und waren der Landschaft angepasst. Sogleich nach der Anmeldung an der Rezeption bezogen wir unseren zugewiesenen Bungalow. Ich warf mich sofort aufs Bett, ließ das darüber gespannte Moskitonetz herunter und versuchte zu schlafen. Anfangs glaubte ich, nur von „Montezumas Rache“ erwischt worden zu sein. Dem war aber nicht so. Ich bekam im Laufe des Nachmittags hohes Fieber, hatte keinen Appetit, nur noch Durst und war total geschwächt. Alle Symptome deuteten auf eine Fisch- bzw. Salmonellenvergiftung hin. Judy machte sich große Sorgen. Sie ging zur Rezeption und fragte nach einem Arzt. Es gab keinen Arzt, nur jemanden, der in Erster Hilfe ausgebildet war. Man drückte meiner Frau eine Schachtel Bayer Aspirintabletten in die Hand und sagte ihr, ich möge es mal damit versuchen. Das war wirklich ein „großer Trost". Ich schluckte einige dieser Tabletten und schlief kurz darauf ein. Am frühen Abend wachte ich wieder auf. Mit Judys Unterstützung schaffte ich es zur Dusche. Ich erinnere mich, dass es keine Einzelduschkabine gab, dafür aber einen großen, gekachelten Duschraum, wo die Duschköpfe in der Wand eingebaut waren. Das war eine wunderbare Sache. Für mich fiel infolge Appetitlosigkeit das Abendessen aus. Judy hatte in der Hotellobby eine Flasche Cola für mich besorgt. Damit konnte ich vorerst meinen Durst löschen. Nachdem ich einige Aspirintabletten geschluckt hatte, verkroch ich mich wieder unters Moskitonetz und fiel in einen tiefen Schlaf. Am nächsten Morgen ging es mir ein klein wenig besser. Judy hatte Kekse und einen Ananassaft für mich besorgt. Sie meinte, ich müsse unbedingt etwas zu mir nehmen, damit ich wieder zu Kräften komme; denn von Aspirintabletten könne ich auf Dauer nicht leben. Ich war noch recht schwach auf den Beinen. Aber ich wollte, nein, ich *musste* unbedingt zu den Maya-Kultstätten. Deshalb waren wir ja hergekommen. Ich wollte doch alles filmen. Die Bedingungen dazu waren, abgesehen von meinem Gesundheitszustand, optimal: das Wetter, die Lichtverhältnisse und vor allem die Motive. Der langen Rede kurzer Sinn: Ich schnappte die Filmkamera und schwankte zur Tür. Es herrschte ein wunderbares Frühlingswetter. Judy musste mich zeitweilig beim Filmen und bei der Begehung der historischen Anlagen stützen. Wir sahen die neunstufige Schlosspyramide (Castillo) mit vier mal neunzig Treppen (so viele wie der Maya-Kalender Tage hat). Deren Besteigung hatten wir uns jedoch für später vorgemerkt, wenn ich wieder bei Kräften sein würde. Wir sahen uns nur Stellen an, die ohne großen Kraftaufwand zu begehen waren. Das galt für den Ballspielplatz, den Tempel der Krieger und den tiefen

Opferbrunnen (Cenote Sagrado). Das Observatorium hatten wir uns für den darauffolgenden Tag vorgemerkt. Gegen Mittag, zur heißesten Tageszeit, brachen wir die Besichtigungen für den Rest des Tages ab. Ich war erschöpft und hatte das Bedürfnis zu ruhen. In der Morgenfrische des nächsten Tages machten wir uns auf den Weg zum Castillo und erklommen alle 90 Stufen zur oberen Plattform, auf der sich ein einstöckiges Gebäude, eine Art Tempel, mit vier Zugängen befindet.

Neunstufige Maya-Pyramide, bekannt als „El Castillo"

In der Mitte des Raumes thront der Regengott **Chaac**. Wir erfuhren, dass sich unter der Pyramide eine zweite, überbaute Pyramide befindet. Über einen geheimen Zugang, den nur wenige Eingeweihte kennen, kann man von innen über eine Treppe zur oberen Plattform gelangen. Anschließend nahmen wir uns das Observatorium vor. Über eine Wendeltreppe gelangten wir auf die obere Plattform. Es ist bekannt, dass die Mayas ein Volk mit einer hohen Kulturstufe waren. Außer Mathematik betrieben sie auch Astronomie. Der von ihnen benutzte Kalender war genauso präzise wie der unsrige (gregorianische) heutzutage. Es gab, genauer gesagt, drei Kalender, nämlich einen Ritualkalender mit 260 Tagen, der kulturellen Zwecken diente, einen Kalender entsprechend einem Venusjahr mit 584 Tagen und den wichtigsten Kalender, der einem Sonnenjahr mit 365 Tagen entspricht. Der letztgenannte Kalender war unterteilt in 18 Monate zu jeweils 20 Tagen. Hinzu kamen fünf besondere Tage (Feiertage). Die Mayas hatten alle drei Kalender in einem System von ineinandergreifenden, mit Zahlen und Symbolen versehenen Zahnkränzen unterschiedlicher Größe dargestellt. Man rechnete in Zyklen von 52 bzw. 260 Jahren. Nach Ablauf dieser Fristen waren alle Kalender wieder an ihrem Ausgangspunkt angelangt. – Mit Keksen und Ananassaft hatte Judy mich wieder einigermaßen hochgepäppelt, sodass ich mir eine einstündige Autofahrt nach Uxmal – einer weiteren Mayastätte – zutraute. Besonders erwähnenswert sind dort die Pyramide der Zauberer und der gut erhaltene Gouverneurspalast. Die Pyramide der Zauberer ist von einem Tempel gekrönt. Von der Spitze der außergewöhnlich steilen Pyramide hat man eine hervorragende Aussicht. Die Pyramide der Zauberer war mit größter Vorsicht zu besteigen. Die hinaufführende Treppe besaß kein Geländer! Stattdessen verlief auf der Treppenmitte von oben bis unten eine schwere Kette, an der man sich hochhangeln musste. Außerdem hatten die Stufen eine unregelmäßige Höhe und Tiefe. Wenn man oben von der Plattform hinunterschaute, war die Treppe nicht mehr zu sehen. Eine Dame erlitt dort oben eine Panikattacke und wollte nicht mehr von der Plattform herunter. Mit gutem Zureden und Hilfestellung schaffte sie dann endlich den Weg wieder nach unten.

Am fünften Tag traten wir die Rückfahrt nach Mérida an, wo wir einen Ruhetag einlegten. Wir hatten uns diesmal ein weniger modernes, dafür aber ein kleines, malerisches Hotel mit einem gewissen Flair ausgesucht. Nach einem Spaziergang zum Marktplatz und einer Kutschenfahrt durch die Altstadt strebten wir wieder unserem Hotel zu. Ich spürte, dass ich gesundheitlich noch nicht auf der Höhe war, und ruhte mich im Hotel aus.

Nach dem Ruhetag in Mérida ließen wir uns mit dem Taxi zum Flughafen außerhalb von Mérida fahren und bestiegen am 10. April eine Comet IV der mexikanischen Fluggesellschaft Mexicana, die uns nach Mexico City, der Hauptstadt Mexikos, brachte. Wir bestiegen die Maschine mit einem etwas bangen Gefühl, denn dieser Flugzeugtyp aus britischer Produktion war bekannt wegen seiner häufigen Abstürze. Es war ein nicht vollständig ausgereiftes Modell. Nachteilig erwiesen sich die vier in den Tragflächenwurzeln, dicht am Rumpf eingebauten Triebwerke. Abgesehen von der Lärmbelästigung übertrug sich die Vibration der Triebwerke auf den gesamten Flugzeugrumpf. Das hatte zur Folge, dass im Passagierraum ein ständiges Vibrieren zu verspüren und Ächzen zu hören war. Wir waren erleichtert, als die Maschine in Mexico City wieder sicher gelandet war. In Mexikos Hauptstadt – sie hatte damals schon über acht Millionen Einwohner – gedachten wir ein paar Tage zu verweilen. Mexico City hat sehr viel an Sehenswürdigkeiten zu bieten. Wir bezogen ein Zimmer im Hotel de Cortés, welches im Kolonialstil errichtet ist und in der Nähe des Alameda-Parks, dem ältesten Park Mexico Citys, liegt. Nicht weit davon entfernt befindet sich der „Palast der schönen Künste“ (Palacio de Bellas Artes), welcher, bedingt durch einen sumpfigen Untergrund, kontinuierlich im Morast versinkt. Zu Baubeginn führten breite Stufen zum Haupteingang nach oben. Heute weisen Stufen zum Haupteingang nach unten.

Von der Fischvergiftung schien ich mich erholt zu haben. Inzwischen regte sich wieder der Appetit. Für einen Peso, das sind wenige US-Cents, nahmen wir ein Taxi (Coche de Peso) in die Innenstadt. Diese preiswerten Taxis waren zu unserer Zeit ausschließlich an der Paseo de la Reforma, einer der Hauptverkehrsstraßen in Mexico City, anzutreffen. Ich hatte nach langer Zeit mal wieder ein Verlangen nach einem schönen, saftigen

Filetsteak. Wir suchten ein x-beliebiges Restaurant auf und bestellten ein Rinderfilet-Steak. Oh Schreck, das Fleisch war zäh wie Leder. Ich reklamierte das Essen sofort beim Ober und wies auf die zähe Konsistenz des Fleisches hin. Der Ober bedauerte das Geschehen und versprach, Abhilfe zu schaffen. Er werde die Angelegenheit mit dem Küchenchef regeln. Nach wenigen Minuten kehrte er mit strahlender Miene zurück, überreichte mir ein superscharfes Messer und meinte, damit könne man notfalls auch Knochen zerschneiden. Ich versuchte mit der neuen Klinge nochmals mein Glück, um schließlich nach einigen Bissen die Waffen endgültig zu strecken. Das Fleisch schob ich beiseite und konzentrierte mich nur noch auf die Beilagen, welche nicht zu beanstanden waren.

In Mexico City hatten wir uns für jeden Tag eine der vielen Sehenswürdigkeiten vorgenommen. Zuerst begaben wir uns in den großzügig angelegten Chapultepec-Park, in dessen Nähe sich auch das Historische Museum befindet. Hier konnte man viel über die präkolumbianische Zeit Mexikos erfahren. Wir lernten zum Beispiel, dass vor den Azteken bereits andere Völker, wie Olmeken und Tolteken, das Land besiedelt hatten. Ebenso wie die Mayas besaßen die Azteken einen Kalender, der dem der Mayas ähnlich war. Ein übergroßes, in Stein gemeißeltes Abbild des Kalenders, der die Form eines riesigen Mühlsteins von über 1,50 Meter im Durchmesser aufweist, befindet sich vor dem Museum. Das Zentrum der Megastadt ist der Zócalo (großer Platz). Um ihn herum gruppieren sich die bedeutendsten Gebäude der Stadt. Als Erstes sollte die Kathedrale Erwähnung finden, die an der Stelle eines Aztekentempels errichtet wurde. Es folgen der Nationalpalast, der Gouverneurspalast, das Alte Rathaus und das Parlament.

Ursprünglich gedachten wir von Mexico City aus entweder per Taxi oder per Autobus über die Silberstadt Taxco nach Acapulco an die Pazifikküste zu reisen. Aufgrund eines ärgerlichen Vorfalls hatten wir unseren Plan geändert. Wir hatten bereits vom Zócalo aus ein Taxi gerufen, welches uns zum zentralen Busbahnhof in Mexico City bringen sollte. Dort angekommen, verlangte der Taxifahrer das Mehrfache dessen, was auf dem Taxameter stand. Ich hatte das untrügliche Gefühl, übers Ohr gehauen zu werden, und weigerte mich, den von ihm verlangten Preis zu zahlen. Daraufhin drohte er mit der Polizei. Ich gab ihm zu verstehen, dass **ich** jetzt die Polizei rufen würde. Er hielt das wohl für einen Bluff. Als er sah, dass ich Ernst machte und mich zum Inhaber eines in der Nähe befindlichen Kiosks begab, reduzierte er seine lautstarken Beschimpfungen. Der Kioskbesitzer war sehr freundlich und rief die Polizei. Es dauerte nicht lange, da baute sich ein stabil aussehender Polizeibeamter vor uns auf und fragte, was der Grund unseres Anrufes sei. Ich erklärte ihm die Situation, worauf sich der Beamte mit dem Taxifahrer unterhielt. Im Verlaufe des Gesprächs vernahm ich die Worte „Gringos" (Schimpfwort für Nordamerikaner). Danach wandte sich der Polizeibeamte wieder zu uns. Nun versuchte ich im holprigen Spanisch zu erklären, dass ich kein Gringo, sondern Deutscher sei. In diesem Moment erhellte sich das düstere Gesicht unseres Gegenübers und er begann ziemlich heftig auf den Taxifahrer einzureden. Hinterher erklärte uns der Beamte, dass wir nur zehn Prozent zusätzlich des auf dem Taxameter angezeigten Betrages zu zahlen hätten. Damit war ich einverstanden. Ich bedankte mich bei dem korrekten Polizeibeamten und zahlte den wirklichen Preis, ohne dem betrügerischen Fahrer auch nur einen Centavo Trinkgeld zu geben. Fluchend verließ der Taxifahrer Vollgas gebend den Ort des Geschehens. Nach dem unliebsamen Vorfall entschlossen wir uns, von einer Weiterreise nach Acapulco Abstand zu nehmen. Wer weiß, wie oft man unterwegs noch – im Gegensatz zu Guatemala – versucht hätte, uns über den Tisch zu ziehen. Unsere Urlaubskasse wies ohnehin schon starke Züge von Schwindsucht auf. Es gab ja noch weitere interessante Sehenswürdigkeiten in der Hauptstadt. An einem strahlenden Morgen machten wir uns zu Fuß auf den Weg zum Torre Latino Americana, einem 43-stöckigen Büro- und Geschäftsgebäude mit Aussichtsplattform, um Mexikos Hauptstadt von oben zu genießen. Auf dem Wege dorthin kamen uns hin und wieder Esels- und Maultiergespanne mit Agrarprodukten entgegen. Sie waren unterwegs zu einem der Märkte. Eine Vielzahl von Hotels hatten wir auf dieser Route wahrgenommen. Sie wurden von radelnden Bäckerburschen mit Brot und Brötchen beliefert. Als wir zufällig an einer Kreuzung standen, wurden wir Zeuge eines Unfalls. Die Verkehrsampel hatte gerade von Grün auf Gelb geschaltet, als ein radelnder Bäckerjunge, mit einem großen Wäschekorb voller Brötchen auf dem Gepäckträger, mit gehörigem Tempo von der Hauptstraße kommend in eine Nebenstraße, auf der wir uns befanden, einbog und dabei mit dem Vorderrad in eine feuchtwarme Hinterlassenschaft eines Muligespannes geriet und zu Fall kam. Dabei löste sich der Korb vom Gepäckträger des Fahrrades und der Inhalt des Korbes landete auf der Fahrbahn. Dem Brötchenverteiler war Gott sei Dank nichts passiert. In Windeseile sammelte dieser die Brötchen auf, warf sie in den Korb, den er wieder auf dem Gepäckträger lose befestigte, und steuerte das nächstgelegene Hotel an, wo er die Brötchen ablieferte. Da konnte man nur „Guten Appetit“ wünschen. An einem weniger sonnigen Tag machten wir einen Abstecher zur Universitätsstadt (Ciudad Universitaria), die im Süden der Hauptstadt liegt. Den Abschluss und gleichzeitig den Höhepunkt unseres Mexiko-Aufenthaltes bildete der Besuch von Teotihuacán mit der Sonnenpyramide, die von der Grundfläche her noch größer ist als die Cheopspyramide in Ägypten. Es war ein erhabenes Gefühl, von der abgeflachten Spitze der Pyramide auf die kleinere Mondpyramide und die archäologischen Ausgrabungen im Pyramiden-Umfeld herunterzuschauen. Am 18.04.1964 brachte uns eine Boeing B-720 der Eastern Airlines wieder nach New Orleans. Ein interessanter Urlaub war zu Ende gegangen. Reisen dieser Art waren nur dem Umstand zu verdanken, dass meine Frau und ich beide berufstätig waren und Geld für Reisen zurücklegen konnten.

Abschiedsbesuch des obersten Chefs

Nun hieß es, sich wieder in die Niederungen des Alltags zu begeben und der miesen Laune des Chefs ausgesetzt zu sein, dessen Beförderung zum Oberstleutnant auf sich warten ließ. Für mich standen wieder Routineverladungen auf dem Programm. Zwischenzeitlich machte der Chef unserer vorgesetzten Dienststelle in Washington, General Müller, aufgrund seiner bevorstehenden Versetzung nach Deutschland bei den ihm unterstellten Dienststellen Abschiedsbesuche. Unter anderem stattete er auch unserer Dienststelle in New Orleans einen Besuch ab. Er machte auf uns Mitarbeiter der Nebenstelle New Orleans einen sympathischen Eindruck. Zu unserem Chef, dem Major Brasow, schien der General, wie man feststellen konnte, ein etwas gespreiztes Verhältnis zu haben. Kurze Zeit später erhielt ich eine von General Müller unterzeichnete, schriftliche Belobigung für meine hervorragenden dienstlichen Leistungen und mein vorbildliches Verhalten. So ein Schreiben oder zumindest eine Beförderung hätte sich unser Major gerne gewünscht. Er ging allerdings leer aus. Das muss ihn gewurmt haben.

Eine lang ersehnte Beförderung

Der Wechsel an der Führungsspitze bedeutete für Major Brasow einen Hoffnungsschimmer in Richtung einer baldigen Beförderung. Der Nachfolger von General Müller, ebenfalls im Generalsrang, war ein guter Bekannter unseres Chefs, wie sich bald herausstellte. Und siehe da, nach einigen Telefonaten und einigen Wochen Wartezeit war die lang ersehnte Beförderung zum Oberstleutnant da. Major Brasow hatte endlich sein Ziel erreicht. Selbstverständlich haben wir ihm hierzu gratuliert. Gleichzeitig keimte bei uns, seinen Mitstreitern, die Hoffnung auf, dass sich von nun an eine Besserung des Arbeitsklimas einstellen würde. In dieser Hinsicht wurden wir leider enttäuscht. Die Dinge gestalteten sich sogar schwieriger als zuvor. Zu allem Unglück wurde der tüchtige, zuverlässige und an Teamarbeit gewohnte Obergefreite Wissinger wegen Ablaufs seiner Auslandsdienstzeit wieder nach Deutschland zurückversetzt. Als Nachfolger meldete sich ein blutjunger Obergefreiter namens Hartwig Berthold, der erst in seine neuen Aufgaben eingewiesen werden musste. Es war von großem Vorteil für ihn, dass er über perfekte englische Sprachkenntnisse verfügte, die er durch einen längeren Aufenthalt während seiner Kinder- und Jugendjahre in Rhodesien (südliches Afrika) erworben hatte.

Arbeit unter erschwerten Bedingungen

Für Anfang Juli 1964 war in einem texanischen Hafen eine Verladung von militärischem Großgerät angekündigt. Es handelte sich um Raketen mit den dazugehörenden Transportsystemen. Zu deren Identifizierung, Überwachung und Schadensfeststellung waren der jetzige Oberstleutnant Brasow und ich abgeordnet. Für den gesamten Verladevorgang waren acht Tage angesetzt. Am 8. Juli flogen wir morgens mit einer Turbo-Prop-Maschine vom Typ Lockheed Electra der Eastern Airlines nach Texas. Dort meldeten wir uns bei der zuständigen Hafenbehörde und der Reederei, um anschließend dem Kapitän der an der Pier festgemachten MS „Iserlohn“ unsere Aufwartung zu machen. Wie sich schon zu Beginn feststellen ließ, handelte es sich um einen Job unter erschwerten Bedingungen:

1. Das Frachtgut war schlecht bzw. unvollständig gekennzeichnet;
2. diverses Material war nicht in den Verladelisten erfasst;
3. die Erfassung und Identifizierung von über 1.000 Gerätschaften und Packstücken vollzog sich an manchen Tagen bis in die Nacht;
4. Schadensmeldungen mussten zu Papier gegebracht werden und
5. die ganze Aktion fand bei 38 °Celsius Hitze und 90 % Luftfeuchtigkeit statt.

Am zweiten Tag wurde es dem Herrn Oberstleutnant zu viel. Er verabschiedete sich mit den Worten, dass in New Orleans eine dringende private Angelegenheit auf ihn warte. In einem leicht sarkastischen Ton wünschte er mir „viel Vergnügen“ und verschwand. Er ließ mich mit einer Bänderzerrung, die ich mir beim Heben und Bewegen der schweren Packstücke zugezogen hatte, allein zurück. – Danach fanden in New Orleans einige kleinere Verladungen statt, die ich mit dem neuen Kameraden Berthold durchführte. Das war für ihn eine gute Gelegenheit, außer der Theorie auch die Praxis kennenzulernen. Gleich zu Anfang war festzustellen, dass es dem Obergefreiten Berthold, im Gegensatz zu seinen beiden Vorgängern, aufgrund seiner Jugend noch an der nötigen Reife fehlte.

Wieder eine große Herausforderung

Im Dienst hatte sich während meiner Abwesenheit allerhand Arbeit angehäuft. Für eine bevorstehende Dienstreise nach North Carolina mussten noch die erforderlichen Unterlagen zusammengestellt werden. Am 19. Oktober 1964 trat ich die Reise in einer DC-8 der Delta Airlines an, in der Annahme, dass es sich um eine dreitägige Routinereise handele. Deshalb hatte ich kein großes Gepäck mitgenommen. Als ich am späten Vormittag des 22. Oktober, es war ein Donnerstag, wieder in New Orleans landete, wurde mein Name über den Lautsprecher ausgerufen, mit dem Hinweis, mich am Schalter der Eastern Airlines zu melden. Ich begab mich direkt dorthin und erkundigte mich nach dem Grund des Aufrufs. Ohne viel Worte drückte man mir einen Flugschein zu einer weniger bekannten Hafenstadt in Texas in die Hand mit der Maßgabe, mich im dortigen Hafen auf einem deutschen Schiff mit Namen MS „Illstein“ zu melden. Kurze Zeit später bestieg ich eine Convair 480 der Eastern Airlines und war eine Stunde später am Bestimmungsort gelandet. Vor Ort erfuhr ich, dass unser Dienststellenleiter und der Kraftfahrer schon vor mir eingetroffen waren. Es ging wieder einmal um die Verladung von Großmaterial: Raketen mit Trägerfahrzeugen. Als ich mich beim Oberstleutnant zum Dienst melden wollte, sagte mir der Obergefreite Berthold, der ziemlich hilflos zwischen Fahrzeugen, Gerätschaften und Packstücken herumstand, dass sich unser Chef nach einem längeren Gespräch mit dem Kapitän der „Illstein“ nicht mehr auf der Verladerampe habe blicken lassen. Nachdem ich mich beim Kapitän vorgestellt hatte, stürzte ich mich gleich ins Getümmel. Hier herrschte das gleiche Durcheinander wie vor drei Monaten bei einer anderen Großgeräteverladung. Kein Wunder, dass unser Chef bei diesem Chaos das Weite gesucht hat, dachte ich. Schnell hatte ich den Kameraden Berthold in die Materie eingewiesen. Gott sei Dank stand uns beim Auseinanderdividieren der einzelnen Frachtstücke ein Mr. Green von der zuständigen Reederei zur Seite. Selbst Mr. Green, ein Mann vom Fach, hatte Schwierigkeiten, einen Durchblick zu erlangen. Aus Frust und Verzweiflung tat er einen Ausspruch, den ich mir gut gemerkt habe: „Bei so viel ‚red tape‘ ist es kein Wunder, dass Deutschland den Krieg verloren hat.“ Es ging bereits auf den Feierabend zu. Die Stauer räumten schon die Arbeitsgeräte beiseite, als unser Oberstleutnant auftauchte. Er fragte, wie weit die Arbeit gediehen sei, und sagte anschließend, wir sollten auch Schluss machen. Morgen sei auch noch ein Tag. Große Fortschritte bei der Identifizierung des Materials waren nicht erzielt worden, zumal sich unter den Frachtstücken auch Material für andere NATO-Staaten befand, welches aussortiert werden musste. Der Kamerad Herold und ich waren am nächsten Morgen (Freitag, den 23.10.1964) bereits seit 7:00 Uhr am Wirken. Gegen Mittag erschien unser Chef mit der Bemerkung, dass er am heutigen Tag in New Orleans eine Party gebe, wo er unbedingt anwesend sein müsse. So ließ der Herr Oberstleutnant seine beiden Kameraden allein zurück. Obergefreiter Berthold und ich waren noch bis zum späten Abend des nächsten Tages beschäftigt. Erst als die letzte Rakete an Bord war, hatten wir Feierabend. Bald darauf machte auch die „Illstein" die Leinen los und fuhr in Richtung Heimat. Zu Hause war mein erster Gang unter die Dusche. Ich war total verschwitzt und hatte acht Tage keine Wäsche zum Wechseln gehabt. So ist das Leben in der Fremde!

Neue Bekanntschaften

Nun möchte ich auf angenehme, private Dinge zu sprechen kommen. Wie ich schon einmal erwähnte, gingen wir mit unseren deutschen Nachbarn fast regelmäßig einmal im Monat zum Gottesdienst in deutscher Sprache. Hier lernten wir viele nette Menschen kennen. So kamen wir auch in Kontakt mit Mitarbeitern des Deutschen Generalkonsulats in New Orleans und per Zufall auch mit dem Journalisten Peter Merseburger. Einige Mitarbeiter des Generalkonsulats traf ich später in Bonn wieder, als ich ebenfalls im Auswärtigen Dienst tätig war. Bei einem der Gottesdienstbesuche lud der Pfarrer uns mit Familie Rotter/O'Quin in ein Erholungszentrum (Dielman Center) in Biloxi im Bundesstaat Mississippi ein, das von seinem Bruder geleitet wurde. Wir nahmen die Einladung dankend an und begaben uns an einem Wochenende, wo ich dienstfrei hatte, dorthin. Es war ein erholsamer Nachmittag. Wir hielten Picknick unter Schatten spendenden Bäumen und hatten nur wenige Meter bis zum Golfstrand, wo wir schwimmen und uns erfrischen konnten. Über unseren Abstecher nach Biloxi zum Dielman Center hat sich die kleine Tochter von Frau O'Quin besonders gefreut. Sie war viel im Wasser, sang und führte uns die neuesten Tänze vor. Am schönsten vollführte sie den „Twist". Wir amüsierten uns köstlich.

Judy, die bislang der katholischen Glaubensrichtung angehört hatte, hatte sich entschieden, zum evangelischen Glauben zu konvertieren. Als Kind und auch später war sie häufig mit ihren evangelisch-lutherisch geprägten Großeltern zum Gottesdienst gegangen. Daher war ihr das Evangelische nicht fremd. Am 25. Oktober 1964 wurde sie in der Sankt Johanneskirche (St. John) in New Orleans konfirmiert.

Der „Tiefe Süden" der USA

Der Spätherbst ist eine gute Zeit für Reisen in die nähere Umgebung. Das Klima erlaubt zu dieser Jahreszeit Überlandfahrten, ohne dass man im Auto die Klimaanlage einschalten muss. Wir nutzten diese Jahreszeit zu Besichtigungen bekannter und historischer Plantagenhäuser in Louisiana und Mississippi, wie zum Beispiel die Greenwood-Plantage, die Elmwood-Plantage, die Madewood-Plantage oder die Oak-Alley-Plantage. Es handelte sich ausschließlich um Baumwollplantagen im Landesinneren. Man findet solche kaum in unmittelbarer Küstennähe. Um zu ihnen zu gelangen, muss man zunächst den südlichen Marsch- und Sumpfgürtel durchqueren, bevor man zu den etwas höher gelegenen Baumwollfeldern gelangt. Beim Durchqueren der Sümpfe (Swamps) beschlich uns ein merkwürdiges Gefühl. Man fühlte sich wie in eine andere, verwunschene Welt versetzt.

Landschaft mit Sumpfzypressen

Unmittelbar neben der Landstraße erstreckten sich rechts und links Sumpflandschaften. In den Wasserflächen, die zum Teil bis an die Fahrbahn heranreichten, standen Sumpfzypressen und mit spanischem Moos behangene Urwaldbäume. Wenn man mit gedrosseltem Tempo fuhr, konnte man bei geöffnetem Wagenfenster lautstarke Froschkonzerte oder hin und wieder das Röhren eines Alligators hören. Alles war in ein mystisches Grün getaucht. Als wir aus dem Dunkel des Waldes herauskamen, erstrahlte vor uns das weiße Gold des Südens im grellen Tageslicht. Baumwollfelder, die bis zum Horizont reichen. Nach einer halbstündigen Fahrt tauchten die ersten Hütten auf. Es handelte sich offensichtlich um die Unterkünfte der ehemaligen farbigen Baumwollpflücker. Später kam ein herrschaftliches, von hohen Bäumen umgebenes Plantagenhaus in Sicht. Eine Führung durch eines dieser Häuser ist stets zu empfehlen. Im Inneren tritt die ganze Pracht des vergangenen Jahrhunderts zutage. Beeindruckend sind die stattlichen Säulen an der Vorderfront der Häuser. Vielfach sind auch umlaufende Balkons zu sehen. Im Inneren findet man hohe, mit erlesenen Teppichen ausgelegte Räume, mit Gemälden und Gobelins verzierte Wände, Kamine aus teuerstem Marmor, Fenstervorhänge aus Samt und Seide, Kandelaber und Besteck aus reinstem Silber. Echte Kristallkronleuchter sind zu bewundern. Häufig ergänzt ein teurer Flügel die erlesene Einrichtung. Man zeigte sich gebildet und gab zu bestimmten Gelegenheiten Konzerte. Die Essenszubereitung fand in einem separaten Gebäude hinter dem Herrenhaus statt. Als Kühlschrank diente damals ein kleiner Erdbunker. Mitte des 19. Jahrhunderts besaßen die wohlhabenden Baumwollpflanzer in größeren Städten Stadthäuser, wie zum Beispiel in New Orleans oder in Baton Rouge.

Ein Bummel durch das French Quarter mit einem Abstecher zum Café „Vier Jahreszeiten“ und zu „Joe's Record Shop“ am Wochenende war schon obligatorisch. Unsere Schallplattensammlung nahm allmählich beängstigende Ausmaße an. Gelegentlich trafen wir uns mit unserem befreundeten deutsch-amerikanischen Ehepaar, Al und Elfriede Ducoing, entweder zu einem Bummel durch den City Park oder zu einem Kaffee im Café du Monde im French Quarter. Al arbeitete nach wie vor bei der Stadtverwaltung von New Orleans und Elfriede kümmerte sich um das Haus.

Privater Besuch aus Arizona

Es ist höchste Zeit, dass ich wieder mit erfreulicheren Dingen aufwarte. Es hatte sich bei uns ein Kamerad, den ich noch von der vorfliegerischen Ausbildung in Uetersen kannte, bei uns zu Besuch angemeldet. Es handelte sich um Walter Arno und seine Ehefrau Margot. Sie befanden sich auf der Durchreise von Arizona, wo er auf Posten war, nach Florida. Sie hatten sich in einem Motel außerhalb von New Orleans eingemietet. Nun bemühten wir uns, ihnen innerhalb der kurzen zur Verfügung stehenden Zeit das berühmte French Quarter zu zeigen. Im Verlaufe unseres Gesprächs stellte sich heraus, dass Walter, ebenso wie ich, bei der Stammdienststelle der Luftwaffe in Köln-Wahn stationiert gewesen war, bevor er nach Arizona versetzt wurde. Die Arnos luden uns zu einem Gegenbesuch nach Arizona ein, den wir gerne annahmen, zumal wir für den Monat Juni ohnehin eine große US-Reise geplant hatten.

Miese Stimmung auf der Dienststelle

Die Stimmung an unserer Neben- bzw. Außenstelle war gedrückt, erst recht als bekannt wurde, dass wir den Chef noch etliche Monate würden ertragen müssen. Dabei hätte der Aufenthalt in New Orleans für alle Beteiligten recht angenehm sein können. Er spürte sehr wohl, dass wir ihn und seine Machenschaften innerlich ablehnten. Das führte wiederum dazu, dass er uns Schikanen bereitete, wo er nur konnte. Ein gutes Beispiel ist die Tatsache, dass er mich am 31. Mai, unmittelbar vor Antritt meines Jahresurlaubs, der für den 6. Juni 1965 vorgesehen war, auf eine mehrtägige Dienstreise nach North Carolina schickte. Dank der Kooperationsbereitschaft der Amerikaner konnte das Dienstgeschäft gerade einen Tag vor meinem Urlaubsantritt beendet werden.

Aufbruch zu einer großen Urlaubsreise

Hurra! Endlich konnten meine Frau und ich den lang ersehnten Urlaub, der schon seit längerer Zeit geplant war, antreten. Am 6. Juni bestiegen wir gut gelaunt eine DC-8 der Delta Airlines, die uns zunächst nach Dallas in Texas brachte. Dort verweilten wir nicht lange und flogen noch am selben Tag ebenfalls mit einer DC-8 der American Airlines weiter nach Phönix im Staate

Arizona. Dort wurden wir am Flughafen von Walter und Margot freudig in Empfang genommen. Wir hatten unser Kommen ja schon einige Wochen vorher angekündigt. Sie luden uns zu sich zum Abendessen und zum Übernachten ein. Während des Essens besprachen wir die Planung für den nächsten Tag. Walter schlug einen Ausflug zum **Grand Canyon** vor. Wir waren begeistert. Am nächsten Morgen brachen wir in deren Auto zum größten Canyon auf dem amerikanischen Kontinent auf. Wir trafen dort rechtzeitig ein, um uns zur Teilnahme an einem Maultierritt zur Talsohle des Canyons anzumelden. Der nicht ganz ungefährliche Ritt auf dem schmalem **Bright Angel Trail** entlang der hoch aufragenden Canyonwand zog sich bis zum Mittag hin. Es ging 1.600 Meter ziemlich steil abwärts. Wir vertrauten auf die Schwindelfreiheit und die Trittsicherheit der Maultiere. Millionen von Jahren hat es gedauert, bis sich der Colorado derart tief in den Felsen eingegraben hatte. Etwas oberhalb vom Ufer des laut dahindonnernden Colorado Rivers machten wir (eine zehnköpfige Reittiergruppe) Picknick. Am späten Nachmittag kehrten wir total verstaubt und müde vom Ritt zurück. Als ein Naturschauspiel besonderer Art bot sich eine farbliche Veränderung der Canyonwände zu den unterschiedlichen Tageszeiten. Es konnten fast alle Regenbogenfarben beobachtet werden. Am beeindruckendsten war, wenn die Wände in einem lila Licht leuchteten. Jedenfalls war der Abstecher zum Grand Canyon ein tolles Erlebnis. Da es für eine Rückfahrt nach Luke bereits zu spät war, übernachteten wir am Grand Canyon in einem Motel mit zwei Schlafzimmern. Die Rückreise erfolgte am nächsten Tag entlang des Oak Creek Canyons, eine von rotem Sandstein geprägte Landschaft. Außerdem nahmen wir eine weitere Sehenswürdigkeit, nördlich von Phoenix gelegen, in Augenschein: **Montezuma Castle**. Hierbei handelt es sich um eine von Pueblo-Indianern in einer riesigen Felsenhöhle errichtete, quasi uneinnehmbare Festung. Sie liegt circa 50 Meter über dem normalen Niveau, wurde im

12. Jahrhundert erbaut und ist nur über Leitern zu erreichen. Wir blieben noch eine Nacht bei Walter und Margot zu Gast. Am nächsten Morgen ging unser Flug in einer Convair 880 der Western Airlines nach Los Angeles. Dort besuchten wir Verwandte meiner Frau: Tante Erna und Onkel Erwin. Einen Besuch des berühmten Disneylands sowie der Universal City Studios in Hollywood haben wir uns nicht entgehen lassen. In Los Angeles hielten wir uns nur zwei Tage auf. Am Morgen des 10. Juni profitierten wir von einem Shuttle-Flug der United Airlines in einer Boeing B-720 nach San Francisco zu einem Spottpreis von nur 45,00 US-Dollar pro Person. Dank Judys großer Verwandtschaft hatten wir auf unserer Reise fast überall „Stützpunkte" in Form von Tanten, Onkeln und Geschwistern. In San Francisco mieteten wir uns am Flughafen einen VW Käfer und suchten in der Innenstadt zunächst unser vorbestelltes Hotel auf. Am nächsten Morgen brachen wir zu einem Abstecher in den **Yosemite National Park** auf. Nachdem wir in späteren Jahren viele National Parks in den USA besucht hatten, mussten wir immer wieder feststellen, dass der Yosemite National Park zu den schönsten Parks dieser Art in den USA zählt. Ein liebliches Tal, umrahmt von steilen Felsen, wie zum Beispiel vom **El Capitan** am Parkeingang oder dem **Half Dome,** die vielen Wasserfälle, wie zum Beispiel der **Obere** und der **Untere Yosemite Fall**, der **Nevada Fall** oder der **Bridal Veil Fall,** ließen das Besucherherz höherschlagen. In einem abgelegenen Winkel des Parks entdeckten wir riesige Rotholzbäume (Sequoia), auch Mammutbäume genannt. Sie erreichten eine Höhe von fast 100 Metern und hatten einen Durchmesser von über acht Metern. Es handelt sich dabei um einen Nadelbaum, der sehr alt werden kann. Im Yosemite Park gibt es Bäume dieser Art, die tausend Jahre und älter sind. Durch einen der Bäume hatte man sogar einen Tunnel gebohrt, sodass Pkws hindurchfahren können. Da es uns hier in der unberührten Natur so gut gefiel, entschlossen wir uns, in einem kleinen, inmitten des Parks gelegenen, aus

Naturstein errichteten Hotel zu übernachten. Das Innere des Hotels glich einer Kunstgewerbeausstellung. Alles indianische Handarbeit! Nach unserer Rückkehr aus dem National Park suchten wir in San Francisco unser Hotel vom Ankunftstag wieder auf, wo wir zwei weitere Nächte verbrachten. Der nächste Tag war ausgefüllt mit einem ausgiebigen Stadtbummel in San Francisco, bevor es am 14. Juni 1965 wieder weiterging mit einer Lockheed Electra der Western Airlines in Richtung Salt Lake City. Von dort aus flogen wir in einer Douglas DC-6 weiter nach Idaho Falls im Staate Idaho. Dort angekommen, mieteten wir uns einen Chevrolet Corvair und begaben uns nach Jackson Hole im schönen Wyoming, wo wir uns ein gemütliches Motel mit Blick auf das Grand Teton Massiv mit dem Snake River im Vordergrund aussuchten. Nach der langen Flugreise waren wir hungrig und begaben uns zu einem einladend aussehenden Restaurant in der Nähe. Dort wurden auf der Speisekarte frische Forellen mit Mandeln angeboten. Das hörte sich gut an und wir machten von dem Angebot Gebrauch. Doch bald hatte ich meine Wahl bereut. Hätte ich im Voraus gewusst, wie viele feine Gräten sich in einer Forelle befinden, hätte ich eher ein Steak bestellt. Ich wäre beim Essen fast verhungert, so viel Zeit nahm das Entfernen der Gräten in Anspruch. Judy lachte ungeniert und schadenfroh. Der folgende Tag sollte uns in den **Yellowstone National Park** bringen. Die Fahrt ging eine Weile am Grand Teton Massiv und dem Snake River entlang. Bislang hatten wir während der gesamten Reise Glück mit dem Wetter gehabt, jeden Tag Sonnenschein. Als wir nach mehrstündiger Reise den rauen Yellowstone Park erreichten, empfing uns exakt am 15. Juni, also mitten im Sommer, ein Unwetter mit Hagel und Schnee. Es darf aber nicht übersehen werden, dass wir uns auf einer Höhe von über 2.000 Metern über dem Meeresspiegel befanden. Die Sommerreifen unseres Corvairs gerieten einige Male ins Rutschen. Froh und erleichtert waren wir, als wir die Umrisse des urig aussehenden „Old Faithful Inns“ in der Abenddämmerung erspähten. Es hatte den Charakter eines größeren Gasthauses. Da in den USA die Schulferien bereits begonnen hatten, hatten wir Glück, noch ein freies Zimmer zu erwischen. Zum Abendessen wählten wir leichte Kost: Hühnerfrikassee. Das sollten wir bereuen! Einige Stunden später rumorte es verdächtig in unseren Mägen und es dauerte auch nicht lange, bis wir beide abwechselnd die Toilette aufsuchen mussten. Das Spiel dauerte die ganze Nacht. Die Toilettenspülung war ununterbrochen in Betrieb. Am Morgen des folgenden Tages waren wir total gerädert. Der Gedanke an ein Frühstück verursachte Würgegefühle. Aber das sollte uns nicht davon abhalten, die wilde Schönheit des Nationalparks zu genießen. Das tags zuvor herrschende Unwetter war wie weggewischt. Es zeigte sich ein klarer, frischer Morgen. Bei unserer gemächlichen Fahrt durch den Park kreuzte eine Bärenmutter mit zwei Bärenkindern unseren Weg. Wir hielten an und machten Fotos aus dem Fahrzeug heraus. Gelegentlich stiegen wir aus dem Fahrzeug aus, um die vielen heißen Quellen und Geysire, die über Holzstege zu erreichen sind, anzuschauen. Viele von ihnen haben Namen. Der bekannteste Geysir im Yellowstone Park ist der **Old Faithful**. Er stößt in regelmäßigen (90-minütigen) Abständen eine circa 50 Meter hohe und 120 °Celsius heiße Wasserfontäne aus. Der vorherrschend gelbe Kalkstein hat dem Park seinen Namen gegeben. So gibt es auch einen **Yellowstone River** und einen **Yellowstone Fall**. An verschiedenen Stellen des Parks entdeckten wir wunderschöne, aus den mineralischen Rückständen der heißen Quellen geformte Terrassen. Die Minerva-Terrassen gefielen uns besonders gut. – Gott sei Dank hatte sich unser Gesundheitszustand im Laufe des Tages wieder stabilisiert. Da die Tageszeit schon fortgeschritten war, hielten wir auf den nördlichen Parkausgang zu, um noch vor Einbruch der Dunkelheit die Stadt Bozeman in Montana zu erreichen. Agnes und Leroy (Tante und Onkel meiner Frau) hatten sich dort vor längerer Zeit niedergelassen. Wir wurden herzlich empfangen und verbrachten bei ihnen eine Nacht. Am nächsten Morgen lieferten wir unseren Mietwagen beim Autoverleiher Hertz in Bozeman ab und bestiegen einen Greyhound-Bus in Richtung Mandan/North Dakota, wo Judys Eltern wohnten. Mit Mühe und Not bekamen wir einen Platz in dem Bus. Er war fast bis auf den letzten Platz mit japanischen Musikstudenten ausgebucht. Sie befanden sich auf einer Reise von der West- zur Ostküste der Vereinigten Staaten. Wir waren die einzigen Nichtasiaten in dem Bus. Schnell kamen wir mit den Studenten ins Gespräch. Als sie erfuhren, dass wir aus Deutschland kamen, war ihr Interesse an uns besonders groß. Wir wurden mit Fragen aller Art überhäuft. Es war erstaunlich, was sie alles über Deutschland wissen wollten. Wir standen ihnen, so gut es ging, Rede und Antwort. Es war nicht immer ganz einfach, sie zu verstehen, da sie das „L" nicht sprechen konnten und dies stets durch ein „R" ersetzten. Dadurch kam es zuweilen zu Sinnentstellungen, bis wir die aussprachliche Besonderheit mitbekamen. So hörten wir des Öfteren den Satz: „You are traverring de rux." („You are travelling de luxe.") Die Busreise zog sich unendlich lange hin. Sie wollte einfach kein Ende nehmen. Nach 16 Stunden waren wir am Ziel. Wir wünschten unseren japanischen Reisegefährten einen angenehmen Aufenthalt in den USA. Sie bedachten uns ebenfalls mit guten Wünschen. Dann verließen wir mit einem „Good-bye" den Bus, nahmen unser Reisegepäck in Empfang und begaben uns, fast gegen Mitternacht, zum Haus von Judys Eltern. Der Empfang war wie immer herzlich. Wir waren einfach zu müde, um von unserer bisherigen Reise zu erzählen. Das hoben wir uns für die kommenden Tage auf und suchten unsere hergerichteten Betten auf. Die folgenden Tage waren ausgefüllt mit Verwandtenbesuchen. Judys Großeltern, Emma und Philipp Morast, galt unser erster Besuch. Sie wohnten nicht mehr auf der Farm und hatten in der Kleinstadt Hazen, die zum Zeitpunkt unseres Besuches ihr 50-jähriges Stadtjubiläum feierte, ein Haus in der Stadt. Mit ihnen gemeinsam machten wir einen Ausflug zum nahe gelegenen Wasserkraftwerk am Garrison Damm, der das Wasser des Missouris und des Sees Sakakawea speichert. Von der Größe des lang gestreckten Sees, der eine Länge von circa 50 Kilometern und eine Breite bis zu 15 Kilometern aufweist, war ich ungemein beeindruckt. Gleich in der Nähe des Staudammes, bei der Ortschaft Pick City, lag die Isaak Farm, die von Judys Tante Hulda und Onkel Walter bewirtschaftet wurde. Sie hatten auch einige wunderschöne Pferde, die mein Interesse erregten. Judys Onkel bot einen Proberitt auf „Dynamite" an. Ich war ganz begeistert und sagte sofort zu. Kaum saß ich im Sattel, sauste „Dynamite" wie eine Rakete davon. Ich hatte alle Mühe, das temperamentvolle Pferd in den Griff zu bekommen. Ein Proberitt reichte mir. Auf dem Rückweg von der Farm kamen wir an einem museumsreifen Dampftraktor aus den 1890er-Jahren vorbei. Mit seinem waagerecht liegenden Dampfzylinder und angrenzenden Feuerplatz am Führerstand sah er aus wie eine Lokomotive mit fast mannshohen Eisenrädern, die auf der Lauffläche ein pfeilförmiges Profil aufwiesen. Am besten gefiel mir der lange Schornstein mit einem trichterförmigen Aufsatz, der an eine der ersten amerikanischen Lokomotiven vom Typ „Jupiter" der Central Pacific Eisenbahnen erinnerte. Bis wir allen Verwandten unsere Aufwartung gemacht hatten, war beinahe eine Woche vergangen. Es gab immer viel zu erzählen. Über eine Frage war ich mehr als verwundert. Man wollte wissen, ob es in Deutschland Lastkraftwagen gebe. Vermutlich hatte man noch ein Deutschlandbild im Kopf, wie es unmittelbar nach dem Kriegsende aussah. Ich konnte den Fragesteller aber beruhigen und antwortete, dass es bereits zu viele Lastkraftwagen in Deutschland gibt und diese mit ihren Abgasen die Luft unnötig verpesten. – In der letzten uns noch zur Verfügung stehenden Woche entschlossen wir uns, mit dem Auto der Schwiegereltern einen Abstecher in die Black Hills, im südlichen Nachbarstaat South Dakota, zu machen. Ich begab mich mit Judy und meiner Schwiegermutter im Auto der Schwiegereltern auf die Reise. Der Schwiegervater blieb zu Hause. Er konnte aus gesundheitlichen Gründen keine längeren Reisen mehr machen. In flotter Fahrt ging es über den Interstate Highway Nr. 94 in westlicher Richtung bis nach Bellfield. Dort schwenkten wir um 90 Grad nach links auf den Highway Nr. 85 nach Süden und hielten auf Spearfish zu. Nach gut sechsstündiger Fahrt waren wir am Rande der **Black Hills**. Dort suchten wir uns zunächst eine Unterkunft, um am nächsten Morgen zu den Sehenswürdigkeiten in den Black Hills zu starten. Spearfish ist für seine Passionsspiele in den USA ebenso bekannt wie Oberammergau für seine Passionsspiele in Deutschland.

Mount Rushmore-Denkmal in South Dakota

Die Black Hills sind in etwa vergleichbar mit unserem Schwarzwald, also ein Mittelgebirge. In den höheren Lagen war überwiegend Kiefernwald festzustellen. Der Harney Peak ist mit fast 2.400 Metern die höchste Erhebung in den Black Hills. Auf unserer Fahrt durch die „Schwarzen Berge“ kamen wir an interessanten Felsformationen vorbei. Eine von ihnen nennt sich

Needles (Nadelfelsen). Hohe, spitze Felsen recken sich gruppenweise in den Himmel. Eine dieser spitzen Felsen ist durchlöchert und sieht tatsächlich aus wie ein Nadelöhr. Von hier aus war es nicht mehr allzu weit zu unserem Hauptziel, dem **Mount Rushmore National Memorial**. Dieses Denkmal ist bekannt wegen der in einen Felsen gemeißelten Köpfe der vier hervorragendsten Präsidenten der USA: Washington, Jefferson, Roosevelt und Lincoln. Gleich gegenüber dem Denkmal befindet sich ein Restaurant, in dem Büffelfleisch serviert wird. Ich war neugierig und habe ein Menü mit Büffelfleisch bestellt. Ich muss sagen, ich war angenehm überrascht. Es war überhaupt nicht zäh, wie ich vermutet hatte. Genau das Gegenteil war der Fall. Das Fleisch war zart und geschmacklich ganz hervorragend. Sehr zu empfehlen! Es war das erste Mal in meinem Leben, dass ich Büffelfleisch gegessen habe. Im und außerhalb des **Custer State Parks** sahen wir größere Weideflächen, auf denen Büffelherden grasten. Nachdem diese schönen Tiere fast ausgestorben, oder besser gesagt, ausgerottet waren, bemüht man sich heutzutage mit deren Neuaufzucht. Nicht allzu weit vom Mount Rushmore entfernt begann man ebenfalls ein Denkmal in den Fels zu schlagen, nämlich das des Häuptlings Crazy Horse (auf einem Pferd reitend), der gemeinsam mit dem Sioux-Häuptling Sitting Bull im Jahre 1876 dem General Custer am Little Bighorn River in Montana eine entscheidende Niederlage beigebracht hatte. Ich weiß leider nicht, ob das Denkmal inzwischen vollendet wurde. Das vom Bildhauer Korczak Ziolkowski in den Marmorfelsen gemeißelte Denkmal soll höher werden als die Cheopspyramide. Es fiel uns auf, dass sich in Denkmalsnähe ein Trupp Indianer in der Tracht der Sioux-Indianer aufhielt. Mein Interesse war geweckt. Ich wollte unbedingt mit ihnen ins Gespräch kommen und auch Filmaufnahmen von ihnen machen. Also hielt ich an und ging auf den Ältesten, der wie ein Häuptling aussah, zu und fragte ihn, welchen Stamm er repräsentiere.

Sioux-Häuptling BLACK ELK

Er nannte seinen Namen, **Black Elk**, vom Stamme der Sioux. Ich stellte mich als ein Tourist aus Deutschland vor. Sogleich redete er mich auf Deutsch mit „Guten Tag“ an. Ich war ganz verdutzt, von einem Angehörigen der amerikanischen Urbevölkerung auf Deutsch angesprochen zu werden. Im Laufe des Gesprächs stellte sich heraus, dass er als einer der Repräsentanten zur Einführung des Films „How the West Was Won“ („Das war der Wilde Westen“) die größeren Städte Deutschlands bereist hatte. Wir verabschiedeten uns von ihm mit einem kräftigen Handschlag und wünschten einander viel Glück. Die Zeit verging wieder viel zu schnell und wir mussten an die Heimreise denken. Auf der Rückfahrt machten wir noch rasch einen Abstecher in den Nachbarstaat Wyoming, wo es ein seltenes Naturdenkmal zu sehen gibt: den **Devils Tower**. Mitten in einer Ebene erhebt sich ein riesiger, oben abgestumpfter Basaltkegel. Seine Höhe beträgt annähernd 290 Meter. Er hat einen Durchmesser von 330 Meter. Er entstand vor rund 50 Millionen Jahren als vulkanisches Produkt. – Noch am gleichen Tag traten wir von hier aus die Rückreise an und erreichten, ohne längere Pausen zu machen, am späten Abend Mandan. Am darauffolgenden Tag hieß es wieder Abschied nehmen. Die Schwiegereltern versprachen, uns im Frühjahr 1966 in New Orleans zu besuchen. In Bismarck bestiegen wir am 30. Juni 1965 eine Boeing B-720 der Northwest Airlines, die uns zunächst über Minneapolis nach Chicago brachte. Von dort aus ging es noch am selben Tag mit einer Douglas DC-8 der Delta Airlines nach New Orleans. Hier mussten wir uns erst einmal wieder an das Waschküchenklima gewöhnen.

Ein neuer Mitarbeiter

Zu meiner Überraschung erblickte ich nach der Rückkehr vom Urlaub auf unserer Dienststelle ein neues Gesicht. Es war ein vorübergehender Neuzugang, der mir als Maat Koppel vorgestellt wurde. Er kam von der Marine und hatte eine zehnwöchige Wehrübung abzuleisten. Seine mitgebrachten fachlichen Kenntnisse und praktischen Erfahrungen waren für unser tägliches Geschäft von Vorteil. Bei seinem Debüt soll er sich gleich mit unserem Chef angelegt haben. Der Grund ist mir nicht bekannt. Der Kamerad Koppel hatte sich schnell als ein guter Mitarbeiter erwiesen. Über seine Abkommandierung nach New Orleans war er einerseits erfreut, andererseits machte ihm die Trennung von seiner Frau in Nonnenhorn am Bodensee zu schaffen. Sie war im dritten Monat schwanger. Meine Frau und ich luden Otto, so hieß er mit Vornamen, öfter zu uns zum Essen ein. Es entwickelte sich ein gutes freundschaftliches Verhältnis. Später in Deutschland besuchten wir uns hin und wieder. Die Freundschaft existiert heute noch.

Eine angenehme Überraschung

Der Routinealltag hatte mich bald wieder voll im Griff: Dienstreisen und Ärger mit dem Chef. Dieser benutzte den Dienst-Pkw seit Jahr und Tag mehr oder weniger für private Zwecke und machte unseren Kraftfahrer für Schäden an dem Fahrzeug allein verantwortlich. Nur die Wochenenden bildeten noch den einzigen Lichtblick. Am 5. August 1965 gab es für mich einen weiteren Lichtblick: Ganz unerwartet ereilte mich eine Beförderung zum Oberfeldwebel. Ich erblickte darin eine wohlverdiente Entschädigung für die Erschwernisse am Dienstort und gleichzeitig eine Honorierung meiner erbrachten Leistungen. Oberstleutnant Brasow überreichte mir die Urkunde mit nur einem Satz: „Da ist eine Urkunde für Sie eingegangen." Damit war die Sache für ihn erledigt. Später erfuhr ich von einem Kameraden der Stammdienststelle der Luftwaffe in Köln-Wahn, der dort im Personaldezernat tätig war, dass meine Beförderung, nicht wie ich irrtümlich angenommen hatte, von unserem „guten" Oberstleutnant in New Orleans, sondern in Washington vom Deutschen Militärischen Vertreter veranlasst worden war. Der Beförderungsvorschlag soll auf Weisung des amtierenden Generals in Washington mit dem Zusatz: „Feldwebel Rösel ist baldigst zum Oberfeldwebel zu befördern" versehen gewesen sein.

Ein Urlaub in den Smoky Mountains

Ich stellte fest, dass ich noch Anspruch auf eine Woche Jahresurlaub hatte, und reichte Urlaub für Anfang September ein. Diesen gedachte ich mit Judy in den Smoky Mountains, im Dreiländereck von Alabama, Georgia und Tennessee zu verbringen. Die drei genannten Staaten gehörten vor gut 100 Jahren mit weiteren acht Südstaaten zu einer Konföderation, die sich von den Vereinigten Staaten von Amerika, also der Union, losgesagt hatten und nach einem schrecklichen, vierjährigen Bürgerkrieg (1861–1865) wieder in die Union eingegliedert wurden. In Gesprächen mit eingefleischten Südstaatlern kann man eine gewisse Sehnsucht nach der Zeit, als Jefferson Davis noch Präsident der Konföderierten Staaten von Amerika und Robert E. Lee deren genialer Feldherr war, heraushören. Auf General Sherman, den Nordstaatengeneral, der Atlanta, die Hauptstadt Georgias, hatte niederbrennen lassen, waren sie gar nicht gut zu sprechen. So reisten Judy und ich in unserem alten Plymouth, Baujahr 1955, durch vom Herbst geprägte Landschaften bis nach Chattanooga im Staate Tennessee. Übernachtet hatten wir in einem Motel außerhalb der Stadt. Von dort aus war es nicht mehr weit bis zu einer Zahnradbahn, die uns hoch zum Lookout Mountain brachte. Die Smoky Mountains, die den südlichen Teil der Appalachen darstellen, ziehen jährlich wegen der reizvollen Landschaft und etlichen Naturwundern Tausende von Besuchern an. Es kann durchaus vorkommen, dass man bei Wanderungen einem Schwarzbären begegnet. Als besondere Attraktion sei die aus merkwürdigen Felsgebilden im Laufe von Jahrtausenden durch Erosion entstandene **Rock City** zu erwähnen. Man findet dort zu Stein erstarrte Pilz-, Hut-, Schirm- und Tischformationen. Außerdem kann man eine durchlöcherte Felsspitze, die einem Nadelöhr ähnelt, bewundern. Vorbei an Wasserfällen, über Felsengänge, Stein- und Hängebrücken im Bereich des Lookout Mountains gelangt man zum Lover's Leap (Liebessprung). Hierbei handelt es sich um eine über einer steil abfallenden Felswand weit vorspringende Felsplattform, die eine fantastische Sicht auf sieben amerikanische Staaten bietet, die einst zu den Konföderierten Staaten von Amerika zählten. Bis auf einen kleinen Zwischenfall, den ich gern schildern möchte, war die Reise ein Erfolg: Wir befanden uns auf einem Picknickplatz, um uns zu stärken und uns mit Obstsäften, die überall preiswert angeboten wurden, zu erfrischen. Es war Erntezeit.

Überall lagen zum Teil angefaulte Obstreste herum. Das war natürlich ein gefundenes Fressen für Bienen und Wespen. Sie liebten etwas Berauschendes und Süßes. Dass Judy nun auch zu ihren Lieblingsspeisen gehören sollte, war mir neu. Jedenfalls wurde sie in diesem Fall nicht von Männern, sondern von mehreren Wespen umschwärmt. Judy versuchte ständig, die ungebetenen Liebhaber mit den Händen abzuwehren, was ihr aber nicht gelang. Plötzlich ließ sich ein allzu aufdringliches Exemplar an Judys Hals, in der Nähe der Halsschlagader nieder. Einen Schlag mit der Hand quittierte das Insekt mit einem deftigen und schmerzhaften Stich. Als ich dies sah, stürzte ich mich auf Judy und versuchte, die Stichstelle mit dem Mund auszusaugen. Mindestens ein Dutzend Mal habe ich gesaugt und ausgespuckt und immer wieder gesaugt und ausgespuckt. Die umstehenden Menschen, welche die Wespenattacke nicht mitbekommen hatten, glaubten in mir einen auferstandenen Dracula zu erkennen und machten ganz entsetzte Gesichter. Ich hörte, wie jemand sagte: „Look! What is he doing?“ Als ich dann von Judy abließ, standen eine Menge Leute um uns herum. Ich berichtete ihnen von dem Wespenstich und erklärte ihnen, wie ich durch meine Methode, die einst einem Teil meiner militärischen Ausbildung entsprach, Judy von Schmerzen befreit und eine Schwellung an der Einstichstelle verhindert hatte.

Ein riesiger Wirbelsturm im Anmarsch auf New Orleans

Unterwegs erfuhren wir von einem Hurrikan mit ungeheuren Ausmaßen, der sich vom Golf von Mexiko auf New Orleans zubewegte. Das war für uns das Signal, auf schnellstem Wege die Rückreise anzutreten, um vor dem Sturm wieder daheim zu sein. Am späten Nachmittag des 8. Septembers 1965 erreichten wir New Orleans. Die Vorboten des Wirbelsturms, dem man den Namen **Betsy** gegeben hatte, machten sich bereits bemerkbar. Der Himmel war bedeckt und über der Stadt herrschte eine merkwürdige Stille. Kein Hundegebell und auch kein Vogelgezwitscher waren zu hören. Nur die Ladenbesitzer waren damit beschäftigt, die Schaufenster zum Schutze gegen herumfliegende Trümmer mit Brettern zu vernageln. In tiefer gelegenen Stadtteilen hatte man damit begonnen, die Hauseingänge gegen mögliche Überflutung mit Sandsäcken zu verbarrikadieren. An eine Durchführung von Evakuierungsmaßnahmen kann ich mich nicht erinnern. Lediglich die Arbeiter auf den Ölplattformen im Golf von Mexiko wurden evakuiert. In den Lebensmittelgeschäften herrschte Hochbetrieb. Man wollte sich vor dem großen Sturm noch reichlich mit Nahrungsmitteln eindecken. Das haben wir selbstverständlich auch getan, da wir unsere Vorräte vor unserem Reiseantritt aufgebraucht hatten und Kühl- sowie Gefrierschrank eine gähnende Leere aufwiesen. Mit einem mulmigen Gefühl gingen wir zu Bett, mit der bangen Frage, was uns der nächste Tag oder die nächsten Stunden wohl bringen würden. Der Vormittag des 9. September zeigte sich mit viel Regen und starkem Wind. Der Himmel war düster bzw. wolkenverhangen. Wind und Regen verstärkten ihre Aktivitäten von Stunde zu Stunde. Betriebe und Geschäfte schlossen gegen Mittag. Auch die städtischen Bediensteten wurden vorzeitig nach Hause geschickt. Gegen 18:00 Uhr war es bereits dunkel. Der Himmel schien alle seine Schleusen zu öffnen und die Windstärke betrug mindestens 180 km/h. Die Bevölkerung von New Orleans wurde über Radio und Fernsehen dazu angehalten, zumindest einen Regionalsender ständig auf Empfang geschaltet zu lassen, um über den Verlauf des Hurrikans immer im Bilde zu sein und Warnhinweise entgegenzunehmen. Etwa gegen 19:00 Uhr wurden die Radiohörer von New Orleans Zeugen eines Dramas, das sich weit draußen an der Mississippimündung abspielte. Dort befand sich eine einsame Lotsenstation, die noch besetzt war. Von dort fand genau zu diesem Zeitpunkt eine Radioübertragung statt, welche die Bevölkerung von New Orleans über den anrückenden Wirbelsturm auf dem Laufenden hielt. Der Reporter erschien uns sehr mutig. Neben der Stimme des Reporters konnte man am Mikrofon das Heulen des Sturmes und Krachen von Holz vernehmen. Ich erinnere mich noch an die ziemlich letzten Worte des tapferen Mannes. „Die Wellen werden immer höher. Das Haus beginnt zu schwanken. Oh Gott, eine Riesenwelle. Help us God!" Das Mikrofon verstummte und die Lotsenstation hatte aufgehört zu existieren. Zum selben Zeitpunkt hatten riesige Flutwellen die Hütten auf der Insel Grand Isle, wenige Kilometer vom Festland entfernt, fortgespült. Gegen 20:00 Uhr begann sich der Hurrikan über der Stadt so richtig zu entfalten. Die Sturmböen betrugen über 200 km/h. Hinzu kamen heftige Gewitter und der Himmel hatte inzwischen alle verfügbaren Schleusen geöffnet. Das Toben der entfesselten Naturgewalten steigerte sich zu einem Inferno. Donnerschlag folgte auf Donnerschlag, begleitet von wolkenbruchartigen Regengüssen. Hinzu kam das sich zu einem Crescendo steigernde Heulen des Sturmes. Es war die Hölle los. Der ganze Ablauf erinnerte mich an die Kriegszeiten und die Bombennächte im Luftschutzkeller. Einer der vielen Blitze traf eine Starkstromleitung direkt gegenüber von unserem Apartmenthaus. Die Leitung war gerissen und die Leitungsenden knallten, vom Wind hin- und hergepeitscht, ständig funkensprühend gegeneinander. Unser ausschließlich aus Holz gebautes und überwiegend von Nägeln und Holzpflöcken zusammengehaltenes Haus, noch aus der Mitte des 19. Jahrhundert stammend, begann einige Male zu schwanken, aber es hielt dem starken Druck des Superorkans stand. Plötzlich gab es einen lauten Knall und ein Dachziegel vom Nachbarhaus hatte die hölzerne Außenwand in Höhe unseres Schlafzimmers durchschlagen. – Das Inferno hielt bis Mitternacht an. Dann trat plötzlich eine unheimliche Stille ein. Wir befanden uns augenblicklich im „Auge" des Wirbelsturms.

Nach schätzungsweise zwei Stunden – das Auge hatte New Orleans soeben passiert – brach die Hölle wieder von Neuem los. Die letzte Information, die wir besaßen, war ein Deichbruch am **Lake Pontchartrain**. An Schlaf war in dieser Nacht nicht zu denken. Wir hatten Gummistiefel, Axt und Spaten sowie eine Taschenlampe bereitliegen, um uns notfalls aus Trümmern befreien bzw. uns vor Überflutungen in Sicherheit bringen zu können. Ganz allmählich ließ das Toben der entfesselten Elemente nach. Am Morgen des 10. September, gegen 06:00 Uhr, schien das Schlimmste vorbei zu sein. Der Wind blies nicht mehr so heftig und der Regen ließ allmählich nach. Ein Blick aus dem Fenster ließ uns erschauern. Die gewohnte Umgebung war kaum wiederzuerkennen: umgestürzte Bäume (Palmen), umgeknickte Telegrafenmasten, Starkstromleitungen auf der Fahrbahn, platt gemachte Holz- und Ziegelhäuser und Straßen, teilweise unter Wasser stehend, waren die Hinterlassenschaften von **Betsy**. Im Hafen von New Orleans hatten sich Ozeanriesen selbständig gemacht. Sie wurden von einer großen Flutwelle, dabei kleinere Schiffseinheiten zwischen sich zerquetschend, gegen die Hafenmauer geworfen. Bei einem Versuch, unsere in einem anderen Stadtteil wohnenden Bekannten telefonisch zu erreichen, mussten wir feststellen, dass die Leitung tot war. Es gab keine Verbindung mehr zur Außenwelt. Auch der elektrische Strom war ausgefallen. Das bedeutete nicht nur, dass die Hausbeleuchtung, sondern auch, dass die dringend benötigte Klimaanlage sowie Kühl- und Gefrierschränke ausgefallen waren. Der Hurrikan **Betsy,** einer der bis dahin schlimmsten Hurrikane, der New Orleans und einen großen Teil Louisianas heimgesucht hatte, hinterließ auf einer circa 100 Kilometer breiten Schneise zu beiden Seiten des Mississippis eine Spur von Tod und Verwüstung. Seine Vorgänger, ich erinnere mich noch gut an die Hurrikane **Carla**, **Cindy** und **Hilda,** waren nicht so stark ausgeprägt gewesen und hatten auch nicht derart verheerende Spuren hinterlassen. Spätere Luftbildaufnahmen ließen eine verwüstete Stadt erkennen, etwa so schlimm wie nach einem Bombenangriff. Trotz alledem ist New Orleans mit knapper Not an einer unglaublichen Katastrophe vorbeigeschrammt. Wie bereits erwähnt, war an dem nordöstlich von New Orleans gelegenen Lake Pontchartrain ein Deich gebrochen und Wasserfluten ergossen sich, Giftschlangen und Alligatoren aus dem Uferdickicht mit sich reißend, in die tiefer gelegenen Stadtteile von New Orleans. Nicht auszudenken, was passiert wäre, wenn ein Deich des Mississippis, dessen Wasserspiegel circa drei Meter über dem Stadtniveau liegt, gebrochen wäre! Einzig das Altstadtviertel, als French Quarter bekannt, hätte eine Überlebenschance gehabt. Ansonsten wäre New Orleans von der Landkarte verschwunden. Die von Betsy verursachten Schäden waren ungeheuer. Sie wurden erst 40 Jahre später, im Jahre 2005, von dem Hurrikan **Katrina** übertroffen. Eine Zusammenfassung der von Betsy verursachten Schäden ergab eine erschreckende Bilanz: Über 400 Menschen verloren in ganz Louisiana ihr Leben. Allein in New Orleans waren 76 Menschenleben zu beklagen. Wie wir einige Tage später erfuhren, befand sich unter den Opfern unser netter Herr Dingeldein, der Inhaber des Cafés „Vier Jahreszeiten". Das hat uns sehr betroffen gemacht. Mitten im Toben des Hurrikans soll Herr Dingeldein einen Herzschlag erlitten haben. Die meisten Toten wurden erst nach Rückgang des Hochwassers entdeckt. Viele Menschen, meist Alte und Behinderte, fielen den Bissen giftiger Wasserschlangen zum Opfer. Nicht nur Reptilien, auch riesige Moskitoschwärme, unter denen sich auch die Denguefieber verbreitende Tigermücke befand, hatte Betsy im Gepäck gehabt. Man konnte sich vor diesen Plagegeistern kaum retten. Tausende Rinder sind in den Fluten umgekommen. Die gesamte Zuckerrohrernte in Südostlouisiana war vernichtet. 160.000 Häuser waren ganz oder teilweise zerstört. Der materielle Schaden belief sich auf über eine Milliarde US-Dollar (ca. vier Milliarden DM). Der damalige Präsident Johnson hatte Louisiana zum Notstandsgebiet erklärt. Am Tag nach dem Hurrikan begab ich mich zur Dienststelle. Oberstleutnant Brasow und Obergefreiter Berthold waren schon vor mir da. Nur unsere Sekretärin, die im Bezirk Metairie wohnte, war noch nicht aufgetaucht. Wie sich herausstellte, waren der Kamerad Berthold und ich Gott sei Dank nicht sturmgeschädigt. Unser Chef hatte zwei Nächte in der Dienststelle verbracht, und nachdem er festgestellt hatte, dass sein an der Peripherie der Stadt gelegenes Haus einen Wassereinbruch hatte, hatte er kurzfristig ein möbliertes Apartment in der Innenstadt angemietet. Den ganzen Ärger hätte sich der Herr Oberstleutnant ersparen können, wenn er nicht aus Neid und Habgier eine Verlängerung seines Auslandsaufenthaltes beantragt hätte. Soweit ich mich erinnern kann, war seine Familie seit dem letzten Heimaturlaub nicht mehr nach New Orleans zurückgekehrt. Der Obergefreite Berthold und ich boten unserem Chef sofort an, ihm bei der Sicherstellung von Möbeln und Wertgegenständen in seinem Bungalow behilflich zu sein. Das Angebot nahm er dankend an. Als das Hochwasser zurückgewichen war, machten wir uns mit dem VW-Bus auf den Weg zu seinem Haus, um zu retten, was noch zu retten war. Zum allgemeinen Erstaunen war das Haus unbeschädigt. Nur auf den Fluren und in den Zimmern des Bungalows stand das Wasser circa 30 Zentimeter hoch. Wir nahmen so viel Groß- und Kleinmöbel mit, wie das Fahrzeug fassen konnte, und deponierten das Mobiliar, nach Rücksprache mit dem Leiter des US-Army Terminals, in einem abgelegenen Winkel des Terminals. Nach drei oder vier Fahrten waren die wichtigsten Dinge in Sicherheit gebracht. Als ich nach Hause kam, sagte Judy: „Dieter, wir haben nichts mehr zu essen. Der Kühlschrank arbeitet nicht und die ganzen Lebensmittel darin sind verdorben." Einige Lebensmittelgeschäfte hatten zwar wieder geöffnet, aber es kam kein Nachschub in die Stadt, weil sämtliche Zufahrtsstraßen von Geröll und umgestürzten Bäumen blockiert waren. Die Nahrungsmittel wurden daher von Tag zu Tag teurer. Ein

Toastbrot, das normalerweise für 25 Cents zu haben war, kostete inzwischen etwas mehr als einen Dollar. Selbst auf dem Luftwege kam nichts herein, da der Flugplatz unter Wasser stand und dort Flugzeuge weder starten noch landen konnten. Am dringendsten wurden Medikamente benötigt, besonders für die von Schlangenbissen verletzten Opfer. Die Hitze machte den Menschen in den Wohnungen, bedingt durch die ausgefallenen Klimageräte, schwer zu schaffen. Mühsam arbeitete sich die Nationalgarde, von Alabama kommend, an die Stadt New Orleans heran. Nach acht Tagen war der Durchbruch geschafft und die Stadt konnte wenigstens über eine der Hauptmagistralen wieder versorgt werden. Menschen in den ärmeren Vierteln hatten kaum noch etwas zu essen. Bis die Stromversorgung allein in den Innenstadtbezirken wieder funktionierte, dauerte es über zwei Wochen. Bis alles wieder im Lot war, dauerte es noch Monate. Wenige Tage nach dem Hurrikan hörten wir ganz in unserer Nähe Gewehr- bzw. Revolverschüsse. Wir begaben uns sofort nach draußen, um zu sehen, was los war. Zwei Querstraßen von unserem Haus entfernt hatte ein Sheriff einen Bull-Alligator mit gezielten Schüssen ins Jenseits befördert. Das Tier war mit der Flutwelle in die Stadt gespült worden und watschelte völlig orientierungslos durch die Straßen.

Denguefieber

Als der Hurrikan vorüber war, zeigten sich die Nachwehen. Die vorher schon erwähnten Moskitos breiteten sich zu einer Plage aus. Wolken von Moskitos waren an Straßenlaternen und Bushaltestellen zu sehen, wo sie sich auf die wartenden Fahrgäste stürzten. Die Plagegeister ließen sich durch nichts vertreiben. Man erfand derweil ein geflügeltes Wort für die an den Haltestellen nach Moskitos schlagenden Leute: „Moskito-

Twist". Auch mich hatten die Blutsauger fürchterlich heimgesucht. Unter ihnen mussten sich auch ein paar Tigermücken befunden haben, denn einige Tage nach dem Sturm wurde ich vom Denguefieber befallen. Denguefieber weist ähnliche Symptome auf wie Malaria oder Gelbfieber. Im Unterschied zu Gelbfieber oder zu Malaria gibt es beim Denguefieber weder eine Prophylaxe noch eine Therapie. Der menschliche Körper ist gezwungen, ohne medizinische Hilfe eigene Abwehrkräfte gegen das Denguevirus zu entwickeln. Bei mir zeigte sich die Infektion anfangs wie eine schwere Grippe. Ein relativ junger und unerfahrener amerikanischer Militärarzt hatte die Krankheit auch als solche diagnostiziert und verabreichte mir haufenweise Aspirintabletten, die ich fleißig schluckte. Kritisch wurde es erst, als sich hohes Fieber (40 °C) und in den Morgenstunden ein nicht zu bändigender Schüttelfrost einstellten. Hinzu kamen Kopf- und Gliederschmerzen, Appetitlosigkeit, ein großes Durstgefühl sowie Übelkeit und Schwindelgefühle. Da meine Anwesenheit im Dienst zu der Zeit dringend erforderlich war, habe ich mich in dem miserablen Gesundheitszustand, in dem ich mich befand, zur Dienststelle geschleppt. Meine Kräfte ließen kontinuierlich nach. Schließlich konnte ich nicht mehr. Ich wurde dienstunfähig und meine Frau hat mich zu Hause gepflegt und versorgt. Es dauerte gut 14 Tage, bis ich die Krise überwunden hatte. Ein Tropenarzt sagte mir, dass ich nicht an Grippe, sondern an dem gefährlichen Denguefieber erkrankt war. Diese Diagnose wurde vom Chefarzt des Gesundheitsdienstes des Auswärtigen Amts später bestätigt. Aspirintabletten hätten gar nicht verabreicht werden dürfen. Sie verursachten durch deren vermehrte Einnahme Magenbluten und Magengeschwüre, die ich durch sogenannte Rollkuren erst nach Wochen wieder loswurde. Heute noch, nach fast 50 Jahren sind die Einstiche der Tigermücke bei mir an Armen und Beinen gut zu erkennen.

Befehlsverweigerung

Im Dienst gab der Chef durch sein merkwürdiges Verhalten zu denken. Die Stimmung unter den Mitarbeitern der Nebenstelle New Orleans war auf den Nullpunkt gesunken. Der Oberstleutnant schien zu spüren, dass seine Untergebenen jeglichen Respekt vor ihm verloren hatten. Deshalb versuchte er, sich durch Schikanen an seinen Mitarbeitern die nötige Achtung zu verschaffen. So delegierte er für ihn angeordnete Dienstreisen an mich weiter. Eines Tages präsentierte mir Oberstleutnant Brasow eine Vernichtungsverhandlung über eine Anzahl von Verschlusssachen (VS-Vertraulich) mit der Weisung, mit meiner Unterschrift deren Vernichtung zu bestätigen. Da ich weder die in der Vernichtungsverhandlung aufgeführten Verschlusssachen jemals gesehen hatte noch an deren Vernichtung beteiligt war, verweigerte ich die Leistung einer Unterschrift. Dies war, wenn man so will, meine **zweite** Befehlsverweigerung während meiner gesamten militärischen Laufbahn. Von diesem Tage an war zwischen dem Oberstleutnant und mir das Tuch endgültig zerrissen. Er ließ mich nun ganz offen seinen Ärger spüren. Bei jeder sich bietenden Gelegenheit versuchte er, mir Knüppel zwischen die Beine zu werfen. So delegierte er zum Beispiel Dienstreisen, die **er** laut Dienstreiseanordnung hätte antreten müssen, an mich weiter. Vorzugsweise „durfte" ich an Wochenenden und Feiertagen Dienst machen. Ich weiß nicht, wie ich die schwierige Zeit ohne den Beistand meiner Frau durchgehalten hätte. Das Verhalten des Oberstleutnants, nicht nur mir gegenüber, sondern auch gegenüber den beiden anderen Mitarbeitern auf der Dienststelle, artete schon in schlimme Schikane aus. Der Kraftfahrer klagte mir sein Leid: Er werde von Oberstleutnant Brasow häufiger dazu angehalten, nicht der Wahrheit entsprechende Eintragungen im Kfz-Fahrtenbuch zu machen. Als sich der Obergefreite Berthold einmal weigerte, unwahre Eintragungen zu machen, habe ihm der Oberstleutnant gedroht, seine sofortige Rückversetzung nach Deutschland zu veranlassen. Ich geriet in dieser Situation in ernsthafte Gewissenskonflikte. Wie sollte ich mich verhalten? Sollte ich die geschilderten Vorkommnisse der vorgesetzten Dienststelle in Washington melden oder mich zu einer falsch verstandenen Loyalität gegenüber meinem unmittelbaren Vorgesetzten entschließen? In letzterem Falle könnte ich immerhin der Komplizenschaft bei seinen zweifelhaften Machenschaften verdächtigt werden. Ständig plagten mich Zweifel. Viele schlaflose Nächte habe ich verbracht. Letztendlich kam mir das Schicksal zu Hilfe und brachte eine Lösung, die mich von meinen Gewissenskonflikten befreite: Oberstleutnant Brasow hatte wieder einmal eine Dienstreise nach North Carolina an mich delegiert, wohl wissend, dass ich von der durchgemachten Krankheit noch nicht genesen war. Da ich mir keine weitere Befehlsverweigerung zuschulden kommen lassen wollte, trat ich die Reise an. Dies geschah am 05.01.1966. Eine DC-8 der Delta Airlines brachte mich von New Orleans nach Charlotte in North Carolina. Dort musste ich auf eine Fairchild F-27 der Piedmont Airlines umsteigen, die mich zum Zielort in North Carolina bringen sollte. Unterwegs wurde ich luftkrank. Auch kreislaufmäßig war ich angeschlagen. Unter Aufbietung aller Kräfte schaffte ich es nach der Landung gerade noch zum Hotel, wo ich die Nacht verbrachte. Als es mir am nächsten Morgen noch nicht besser ging, wusste ich, was ich zu tun hatte: Ich griff zum Hörer und rief anstatt den Oberstleutnant in New Orleans den stellvertretenden Leiter des Deutschen Militärischen Vertreters in den USA und Kanada, Kapitän zur See Paulo, in Washington an. Diesen informierte ich über meinen angeschlagenen Gesundheitszustand und teilte ihm mit, dass ich nicht wisse, ob ich den gesamten Verladezeitraum in North Carolina würde durchstehen können. Als Kapitän Paulo meine Stimme vernahm, fuhr er aus allen Wolken: „Oberfeldwebel Rösel, was machen Sie in North Carolina? Oberstleutnant Brasow hatte den ausdrücklichen Befehl erhalten, den Verladevorgang persönlich wahrzunehmen.“ Ich teilte dem Kapitän Paulo mit, dass Oberstleutnant Brasow die Dienstreise an mich delegiert habe. „Oberfeldwebel Rösel, Sie melden sich nach Beendigung des Dienstgeschäftes bei General Bensberg zu einer Anhörung (Rapport).“ – Sobald mein Auftrag in North Carolina erledigt war, begab ich mich in einem Greyhound-Bus nach Washington. Man bereitete mir bei meiner Ankunft einen freundlichen und erwartungsvollen Empfang. Bei der Anhörung waren zugegen: General Bensberg, Kapitän zur See Paulo, Fregattenkapitän Fritz und ein Protokollführer, dessen Name mir nicht mehr erinnerlich ist. Gleich zu Beginn der Anhörung ließ man mich wissen, dass in Washington immer wieder Beschwerden über Oberstleutnant Brasow eingegangen seien. Dabei wurden auch dubiose Vorgänge zur Sprache gebracht. Unter anderem ging es um ein erotisches Abenteuer des Herrn Oberstleutnant, das er zusammen mit dem Kapitän eines deutschen Frachters und dessen Freundin während der Liegezeit des Schiffes in North Carolina hatte. Kapitän Paulo fragte mich, ob ich von diesem Vorfall gewusst habe. Die Frage konnte ich bejahen, da mir der Erste Offizier desselben Schiffes, das einige Monate später wieder in dem besagten Hafen festgemacht hatte, die Eskapaden des Oberstleutnants Brasow ausführlich geschildert hatte. Ergänzend kam noch hinzu, dass die Freundin des Kapitäns danach schwanger geworden sei und nicht feststehe, wer von den beiden Herren der Vater sei. Während dieser fraglichen Zeit hatte unser Oberstleutnant auffallend viel mit einer Anwaltskanzlei in New Orleans zu tun. General Bensberg fragte mich, ob ich aus meiner Sicht noch etwas auf dem Herzen bzw. zu ergänzen habe. Bei dieser Gelegenheit brachte ich verschiedene sicherheitsrelevante Vorkommnisse zur Sprache. Hierzu zählte auch meine Unterschriftsverweigerung unter eine Vernichtungsverhandlung über Verschlusssachen mit vertraulichem Charakter, die ich nie gesehen hatte und an deren Vernichtung ich nicht beteiligt gewesen war. Ferner berichtete ich über die schikanöse Behandlung unseres Kraftfahrers, der weder die Kraft noch den Mut besaß, sich zur Wehr zu setzen. Unsere Sekretärin wagte trotz mancher beleidigender Gesten und abwertender Worte von Oberstleutnant Brasow nicht aufzumucken, da sie ansonsten eine Rückversetzung nach Deutschland befürchtete. Im Verlaufe des Gesprächs fielen seitens der Leitungsebene häufig Bemerkungen wie „unglaublich" und „mangelnde Fürsorge". Während der ganzen Zeit verspürte ich ein gewisses Wohlwollen, das mir aus der Runde entgegenströmte. Aus verschiedenen Bemerkungen hörte ich heraus, dass der Oberstleutnant Brasow in Washington kein unbeschriebenes Blatt war. Die Anhörung dauerte gut zwei Stunden. Ich hatte das Gefühl, dass meine Berichterstattung nicht auf taube Ohren gestoßen war. Bei meiner Verabschiedung bedankte ich mich, besonders bei General Bensberg und Kapitän Paulo, dafür, dass man mir überhaupt die Gelegenheit zu einer Anhörung gegeben hatte. Am 09.01.1966 trat ich an Bord einer Convair 880 mit Delta Airlines die Rückreise nach New Orleans an. Bei meiner Rückmeldung in New Orleans sagte der Oberstleutnant kein Wort. Sein Verhalten mir gegenüber ließ erkennen, dass er aus Washington bereits über den Vorfall informiert worden war. Mir war klar, dass es von nun an für mich ein Spießrutenlaufen in der Dienststelle geben würde. Deshalb war ich bestrebt, dem Oberstleutnant keine Angriffsfläche zu bieten. Ich tröstete mich mit dem Gedanken, dass die Rückversetzung des Oberstleutnants in wenigen Wochen bevorstand.

Meine letzte Dienstreise

Auf einer meiner letzten Dienstreisen hatte ich ein mehr oder weniger heiteres Erlebnis in North Carolina. Es muss Ende März / Anfang April des Jahres 1966 gewesen sein. Es war eine größere Seeverladung angesagt, die sich über eine Woche hinzog. Das Schiff, es könnte die „Hasselburg" gewesen sein, blieb übers Wochenende im Hafen liegen, um die Verladearbeiten erst am darauffolgenden Montag fortzusetzen. Ich hatte die Weisung erhalten, vor Ort zu bleiben. Da kam die Frage auf, wie ich das Wochenende gestalten könne. Für den Samstag hatte ich mir vorgenommen, ein im Hafen liegendes amerikanisches Schlachtschiff zu besichtigen und auch mal ins Kino zu gehen. Für den Sonntag hatte ich noch keinen Plan gemacht. An der Rezeption meines Hotels machte man mir den Vorschlag, einmal die nördlichste Reisplantage der USA zu besichtigen. Miss Taylor, eine pensionierte Lehrerin, mache nach Absprache Führungen zu dieser Plantage in ihrem „Yellow Jeepster". Sie wolle sich neben ihrer Pension noch ein kleines Zubrot verdienen, hieß es. Ich war mit einer Besichtigung einverstanden. Die Tour wurde vom Hotel aus organisiert. Pünktlich um 15:00 Uhr kam Miss Taylor in ihrem offenen gelben Jeep am Hotel vorgefahren. Wir machten uns miteinander bekannt, ich nahm neben ihr Platz und schon ging die Fahrt los. Außer mir befanden sich keine weiteren Touristen im Jeep. Der Tag war schön, Felder und Kiefernwälder rauschten vorbei. Die Stadt war schnell außer Sichtweite. Nach einstündiger Fahrt folgten wir einem Hinweisschild: „Zur **Orton Plantage**". Es war wenig Verkehr auf der Strecke. Deshalb machte ich mir weiter keine Gedanken, wenn die alte Lady beim Abbiegen an Straßenkreuzungen die Blinker (Fahrtrichtungsanzeiger) nicht betätigte oder an roten Ampeln nicht anhielt. Unterwegs kamen wir miteinander ins Gespräch. Als sie erfuhr, dass ich aus Deutschland komme, war sie sehr interessiert und bombardierte mich förmlich mit Fragen. Während des angeregten Gesprächs übersah sie manches Schlagloch oder auch mal den Randstreifen der Fahrbahn. Aber das machte dem Jeep nichts aus. Er war ja robust genug gebaut. Schließlich gelangten wir zur Plantage. Das Herrschaftshaus mit den riesigen Säulen am Eingang war schon von Weitem zu sehen.

Orton-Plantage in North Carolina

Wir waren offensichtlich angemeldet. Ein junges Mädchen öffnete die Tür und meldete uns bei der Besitzerin an. Miss Taylor wurde wie eine alte Bekannte begrüßt. Soviel ich mitbekommen hatte, war die Plantage nicht mehr im Besitz der Familie Orton. Der Name der neuen Besitzer ist mir nicht bekannt. Die neue Besitzerin hieß uns zunächst herzlich willkommen und lud uns zu einer Tasse Tee ein. Es war jedenfalls kein „Five o'Clock Tea", dafür war es noch ein wenig zu früh. Wir nahmen Platz auf der Terrasse des Herrschaftshauses mit Blick auf einen weitläufigen, gepflegten, englischen Rasen. Die nette Gastgeberin hielt uns einen kleinen Vortrag über die Familiengeschichte der Ortons und die Entstehung der nördlichsten Reisplantage in den USA. Es war interessant, der Frau mit ihrem typisch südlichen Dialekt (southern drawl) zuzuhören. Nach einer guten Stunde war es an der Zeit aufzubrechen. Wir bedankten uns für den freundlichen Empfang und den Tee und machten uns auf den Rückweg. Als wir aus dem ländlichen Bereich herauskamen und uns einer Kreuzung mit einem Stoppschild näherten, standen mir plötzlich die Haare zu Berge. Anstatt an dem besagten Schild zu halten, rollte Miss Taylor mit dem Jeepster gemütlich über die Kreuzung, ohne zu halten. An anderer Stelle war eine Verkehrsampel. Sie stand auf Rot. Meine Fahrerin machte keine Anstalten anzuhalten. Ich machte sie auf die rote Ampel aufmerksam, worauf sie sagte, das sei nicht Rot, sondern Grün, und donnerte mit Vollgas über die Kreuzung. Mir stockte der Atem. Erst jetzt wurde mir bewusst, in welcher Gefahr ich schwebte. Die alte Dame konnte in Wirklichkeit ganz schlecht sehen. Das war nicht das einzige Manko. Mit dem Zustand des Jeeps sah es nicht besser aus. Da ich auf dieser Fahrt nicht unbedingt im Krankenhaus landen wollte, ergriff ich die Initiative und bat sie, mich doch eine kleine Strecke fahren zu lassen. Es sei schon immer mein Wunsch gewesen, einmal in meinem Leben einen amerikanischen Jeep zu fahren. Sie ging sofort auf meine Bitte ein und überließ mir das Steuer. Wir näherten uns der Stadtgrenze. Es gab vermehrt Ampeln und Stoppschilder, die beachtet werden mussten. An der ersten Ampel trat ich vorsichtig auf die Bremse. Dabei verspürte ich keine Reaktion. Ich trat fester auf die Bremse, bis ich mit dem Pedal den Boden berührte. Noch immer keine Reaktion! Es nützte auch kein Pumpen! Wir waren fast an der Ampel, als mir bewusst wurde, dass die Bremsanlage völlig außer Betrieb war. Nun musste ich die Handbremse ziehen, in der Hoffnung, dass diese wenigstens funktionierte. Sie funktionierte, aber schwach! Nach der Kreuzung habe ich erst einmal tief durchgeatmet. Das gleiche Prozedere spielte sich an den Stoppschildern ab. Danach musste ich mal nach links abbiegen, dann wieder nach rechts. Wie gewohnt, betätigte ich die Blinker. Es tat sich nichts. Meine Absicht, abzubiegen, tat ich dann jeweils mit meinem linken Arm kund, wie das so in Amerika in Notfällen üblich ist. Endlich war mein Hotel erreicht. Jetzt konnte ich aufatmen. Bei meiner Verabschiedung gab ich Miss Taylor nebenbei den Rat, mit ihrem Jeepster bei Gelegenheit zur Inspektion in die Werkstatt zu fahren. Danach verschwand ich im Hotel. Im Nachhinein fragte ich mich, wie jemand wie Miss Taylor überhaupt einen Führerschein bekommen konnte. Da mussten wohl Beziehungen und großes Entgegenkommen seitens der Behörden im Spiel gewesen sein. Jedenfalls hatte ich die Besichtigungsfahrt zur Orton-Plantage ohne Blessuren überstanden und konnte am nächsten Morgen ausgeruht meinem Dienstgeschäft nachgehen.

Wechsel auf der Leitungsebene bei der Außenstelle New Orleans

Während meiner Dienstreise hatte auf der Nebenstelle in New Orleans ein Dienstpostenwechsel stattgefunden. Oberstleutnant Brasow hatte sich verabschiedet. Sein Nachfolger war ein Oberstleutnant Stempel. Den Oberstleutnant Brasow habe ich nie wieder gesehen. Ich habe ihm auch keine Träne nachgeweint. Er war ein schwarzes Schaf im Kreise seiner Offizierskameraden. Oberstleutnant Stempel machte gleich einen sympathischen Eindruck. Sein Verhalten erwies sich in der mir verbliebenen Zeit bei der Nebenstelle New Orleans als korrekt, vorbildlich, kameradschaftlich, fürsorglich und verständnisvoll. Genau so, wie man sich einen guten Vorgesetzten vorstellt.

Einige Wochen später erschien auch **mein** Nachfolger auf der Bildfläche. Es handelte sich um den Oberfeldwebel Josef Kauf Er war ein solider Typ, mit dem sich gut zusammenarbeiten ließ. Jetzt waren meine Tage in New Orleans gezählt. Vor meiner Abreise musste ich mit dem neuen Chef und meinem Nachfolger noch zwei Dienstreisen unternehmen, um beide in ihre neuen Aufgaben einzuweisen. Die erste Reise führte nach North Carolina zu einer Munitionsverladung und die zweite Reise ging nach Texas, wo uns eine Geräteverladung erwartete. Auf dem Flug nach North Carolina fragte mich Oberstleutnant Stempel, ob das Haus von Oberstleutnant Brasow während des

Hurrikans Betsy einen Schaden abbekommen habe. Ich teilte ihm wahrheitsgetreu mit, dass das Haus circa wadentief im Hochwasser gestanden habe, ebenso Möbel sowie Kühl- und Gefrierschrank. Ich fragte zurück, ob er in dieser Gegend ein Haus anmieten oder kaufen wolle. Seine Antwort war ein **Nein**. Er habe mich nur deshalb gefragt, weil sein Vorgänger ihm dessen Haus angeboten und Elektrogeräte quasi zum Neupreis vermachen wollte. Da man ihn bei seinem Antrittsgespräch bei der vorgesetzten Dienststelle in Washington bereits vor dem schlitzohrigen Oberstleutnant Brasow gewarnt habe, habe er das Angebot seines Vorgängers dankend abgelehnt. Mein Kommentar dazu war: „Da waren Sie gut beraten."

Meine Versetzungsverfügung von der Stammdienststelle der Luftwaffe war eingetroffen. Darin hieß es, dass ich meinen Dienst am 1. Oktober 1966 bei einem Wehrbezirkskommando in München anzutreten habe. Vorher sei noch der mir zustehende viermonatige Heimaturlaub abzugelten. Tag der Rückversetzung sei der 28.05.1966. Zum Heimaturlaub ist Folgendes zu sagen: Laut Heimaturlaubsverordnung hat der Soldat, der in gesundheitsgefährdenden Gebieten stationiert ist, alle zwei Jahre Anspruch auf drei Monate Heimaturlaub. Nach fünf Jahren Aufenthalt in einem **gesundheitsgefährdenden** Gebiet hätten mir mindestens sechs Monate Heimaturlaub zugestanden. Dies war in meinem Falle nicht möglich, weil kein ausgebildeter und tropentauglicher Ersatz zur Verfügung stand. Bei einer Zusammenfassung des Heimaturlaubs dürfen jedoch nicht mehr als insgesamt vier Monate gewährt werden. So steht es in der Vorschrift. So gingen mir zwei Monate Heimaturlaub verloren. Wenige Wochen vor dem angekündigten Versetzungstermin traf in unserer Dienststelle ein Telegramm von der Wehrbereichsverwaltung VI in München ein, mit der Mitteilung, dass für mich zurzeit keine Bundesdarlehenswohnung zur Verfügung stehe und ich mir auf dem freien Wohnungsmarkt eine passende Wohnung suchen müsse. Diese Nachricht löste eine große Niedergeschlagenheit bei mir aus. Wie sollte ich von den USA aus eine Wohnung in München auftreiben? Ich zeigte unserem neuen Chef das Telegramm, worauf er sagte: „So etwas kann man nicht mit Ihnen machen. Ich werde mich darum kümmern." Daraufhin verfasste er ein geharnischtes Schreiben, indem er auch auf die Fürsorgepflicht des Dienstherrn hinwies. Dieses Schreiben wurde über unsere vorgesetzte Dienststelle in Washington an die Wehrbereichsverwaltung VI in München gerichtet. Es enthielt den Zusatz, dass, wenn bis zum Versetzungstermin des Oberfeldwebels Rösel keine Wohnung zur Verfügung gestellt werde, man sich direkt an das Verteidigungsministerium in Bonn wenden werde. Der Zusatz hatte offensichtlich seine Wirkung nicht verfehlt. Wenige Tage vor meiner Abreise aus New Orleans traf erneut ein Telegramm aus München ein, mit der Nachricht, dass man für mich die Wohnung eines Nicht-Darlehenswohnungsberechtigten in München auf der Schellingstraße 157 habe räumen lassen und ich diese aber erst nach Abschluss der erforderlichen Renovierungsarbeiten beziehen könne. Wenn ich in Deutschland eingetroffen sei, möge ich mich direkt mit der Wohnungsfürsorge bei der Wehrbereichsverwaltung VI in Verbindung setzen. Jetzt war ich erleichtert und war eine große Sorge los. Ich wusste nicht, wie ich unserem neuen Chef für seine Hilfe danken sollte. Einen solchen Chef hatten wir uns schon immer auf unserer New Orleaner Dienststelle gewünscht. Das Umzugsgut hatte ich wegen des Fehlens einer bezugsfertigen Wohnung in München und wegen dringend benötigter Dinge, wie Kleidung etc., an die Anschrift meiner in Unna wohnenden Eltern schicken lassen.

Abschied von New Orleans

Die Zeit des Abschieds war gekommen. Der Hausrat wurde aufgelöst. Dinge, die wir nicht mit nach Deutschland nehmen wollten, haben wir größtenteils verschenkt. Den Plymouth habe ich meinem Ansprechpartner von der Reederei im Hafen von New Orleans für 250,00 US-Dollar überlassen. Die Pistole (6,35 mm Beretta), die ich einige Jahre zuvor zur Selbstverteidigung meiner Frau gekauft hatte, habe ich zerlegt und im Lake Pontchartrain entsorgt. So gehörten nicht mehr allzu viele Gegenstände zum Umzugsgut. Das gesamte Mobiliar blieb zurück. Zu den wenigen Dingen, auf die wir nicht verzichten wollten, gehörte unsere auf inzwischen 700 Langspielplatten angewachsene Schallplattensammlung.

In der Dienststelle wurde ich von Oberstleutnant Stempel verabschiedet. Anschließend verabschiedete ich mich von unserer Sekretärin, der jetzigen Frau Peterson, meinem Nachfolger Oberfeldwebel Kauf und dem Obergefreiten Berthold, dem ich für seine tatkräftige Unterstützung in all den zurückliegenden Jahren dankte. Vorher wünschten wir einander noch „Soldatenglück". Besonders rührend war der Abschied von unseren Nachbarn, der Familie Rotter/O'Quin. Wir versprachen, wiederzukommen und sie zu besuchen. Lange Zeit haben wir mit unseren New Orleaner Freunden noch in Kontakt gestanden.

Am Morgen des 28. Mai 1966 traten meine Frau und ich die Rückreise über Washington D. C. und New York nach Deutschland an. Der Kamerad Berthold brachte Judy und mich auf Weisung von Oberstleutnant Stempel mit dem Dienst-Pkw zum Flughafen. Ein großes Abenteuer ging zu Ende. Bei einem Zwischenstopp in Washington ließen wir uns die Gelegenheit nicht entgehen, das Weiße Haus, das Kapitol und das Smithsonian Institute zu besichtigen. In New York besichtigten wir die Freiheitsstatue und das Empire State Building, bevor wir uns vom Dach des Pan Am Buildings mit dem Hubschrauber zum John F. Kennedy International Airport bringen ließen. Am Abend des 31. Mai 1966 bestiegen wir eine Boeing B-707 der Lufthansa, die uns nach einem achtstündigen Flug nach Deutschland brachte. Am Vormittag des 1. Juni landeten wir auf dem

Köln-Bonner Flughafen, wo uns mein Schulfreund Wolfgang wieder in Empfang nahm und uns in seinem Fiat 600 bei meinen Eltern in Unna absetzte. Groß war die Wiedersehensfreude bei Eltern und Geschwistern.

ENDE